FRANCISCO GARZÓN SEVILLANO
NOTAS DE MI VIAJE A FILIPINAS

JOSÉ MOREIRO PÍRIZ

Francisco Garzón Sevillano
Notas de mi viaje a Filipinas

UN UNIVERSITARIO SALMANTINO EN LA GUERRA DE FILIPINAS
1896-1898

Diputación de Salamanca
2025

Ediciones de la Diputación de Salamanca
Serie Publicaciones Generales, n.º 72

1.ª edición: 2025

DIPUTACIÓN DE SALAMANCA
e-mail: ediciones@lasalina.es
www.lasalina.es/cultura/publicaciones

Diseño de cubierta: Ignacio Navarro Polo

Gráficos: José Moreiro Píriz

I.S.B.N.: 978-84-7797-770-4

Depósito legal: S. 99-2025

Impreso en España

Preimpresión: Intergraf

Imprime: Imprenta Kadmos. Salamanca

PRESENTACIÓN

En este trabajo se realiza la transcripción del diario del viaje que realizó el protagonista, Francisco Garzón, con ocasión de su desplazamiento a Filipinas. Ejerció como soldado de remplazo y luego como alférez de milicias durante la tercera Guerra Carlista.

Destinado a una de las unidades creadas para restablecer el orden y luchar ante el levantamiento que hubo contra el gobierno colonial español.

Este texto inédito del viaje tiene un interés considerable para conocer de primera mano lo que ocurrió en una de aquellas guerras de finales del s. XIX, así como para disfrutar de las descripciones de los bellos parajes por los que la compañía discurrió.

El relato finaliza poco antes de su embarque en Manila, en 1898, para regresar a la Península, lo que consiguió aunque falleció al poco tiempo de llegar a consecuencia de las enfermedades adquiridas durante su permanencia en Filipinas.

No solamente sus vecinos mirobrigenses, sino toda la provincia debemos rendir un homenaje a este ilustre personaje que fue elogiado tanto por la prensa local como por la provincial en aquellos años.

Esperamos que las páginas de esta pequeña obra resulten atractivas al lector que pueda sentirse intrigado y atraído por su contenido.

DAVID MINGO PÉREZ
Diputado de Cultura

En la guerra con los Estados Unidos no fracasaron el soldado ni el pueblo (que dio cuanto se le pidió), sino un Gobierno imprevisor, desatento a los profundos e incoercibles anhelos de las colonias, e ignorante, tanto de las codicias solapadamente incubadas como del incontrastable poderío militar de Yanquilandia.

Santiago Ramón y Cajal
(El mundo visto a los ochenta años - Impresiones de un arteriosclerótico, 1934)

Pocas veces en la historia de España hubo tanto valor por una parte y tanta infamia por la otra.

Arturo Pérez Reverte
(Una historia de España, 2019)

A la que fue directora del Programa Universitario de la Experiencia de la USAL, María de la Paz Pando Ballesteros, por sus consejos y orientaciones.

A mis compañeros alumnos del mismo programa: a Ciriaco, por su ayuda desinteresada para corregir erratas y animarme a finalizar el trabajo, y a José Ramón, por alentarme al mismo fin.

A mi primo Emilio López Píriz, por haber dedicado su tiempo a leer el texto y por orientarme para mejorar su redacción.

ÍNDICE

1. RESUMEN

Esta pequeña obra tiene como objeto dar a conocer a los lectores interesados por nuestra historia no muy lejana la figura del ilustre salmantino Francisco Garzón Sevillano.

Nuestro personaje nació en Ciudad Rodrigo en el año 1852 y fue un universitario que se licenció en Ciencias Fisicoquímicas y en Filosofía y Letras en la Universidad de Salamanca. Alcanzó el grado de doctor en la segunda de las mencionadas carreras, en la Universidad Central de Madrid, allá por el año 1892.

También fue militar y tras su ascenso a capitán en el mes de diciembre de 1896, cuando estaba encuadrado en el Batallón de Cazadores de Ciudad Rodrigo, fue destinado a una de las unidades que se crearon para restablecer el orden en la llamada Insurrección de Filipinas, que se produjo cuando la sociedad secreta filipina Katipunan inició un levantamiento contra el gobierno colonial español, lo que desencadenó una auténtica guerra entre España y los insurrectos filipinos.

Esta modesta obra de investigación comprende esencialmente la transcripción del diario del viaje que Garzón Sevillano escribió con ocasión de su desplazamiento a Filipinas, cuando formó parte del contingente militar que desde la península se desplazó a la por entonces colonia española. También habla en detalle de su estancia en aquellas latitudes, que finalizó poco antes de su embarque para regresar a la metrópoli.

Una vez terminados aquel conflicto armado y la posterior contienda bélica de España contra los Estados Unidos, Garzón Sevillano, ya muy enfermo, logró embarcarse en Manila el 31 de octubre de 1898 para su regreso al suelo peninsular.

El día 13 de diciembre del mismo año consiguió su objetivo, pero, desdichadamente, con solo 46 años y a consecuencia de las enfermedades adquiridas durante su permanencia en Filipinas, le llegó la muerte en el hospital militar de Barcelona. Falleció pocos días después de su llegada a puerto, por lo que no logró volver a pisar sus añoradas tierras salmantinas ni su localidad de origen.

Sus compañeros de la Universidad de Salamanca, sus paisanos de Ciudad Rodrigo y también los salmantinos, o no, quieran saber de la historia de las últimas posesiones coloniales de España deben conocer y no olvidar a este ilustre charro que, tras su muerte en Barcelona, con justicia, fue elogiado por la prensa local y provincial, aciago suceso del que también se hicieron eco periódicos de aquella ciudad.

El contenido del texto manuscrito e inédito que nuestro personaje titula *Notas de mi viaje a Filipinas* tiene, sin duda, un interés considerable para conocer, de la mano de un universitario de la USAL y militar de graduación intermedia, lo que ocurrió en una de aquellas guerras de finales del siglo XIX que llevaron a nuestro país al llamado Desastre del 98. Es importante recordar que, en aquellos conflictos bélicos, fueron muchos los españoles que participaron y sufrieron por cumplir con su deber, y no solo los llamados y sobradamente conocidos Últimos de Filipinas o Héroes de Baler.

2. INTRODUCCIÓN

2.1. El personaje

Por casualidad, hace ya algún tiempo, llegó a mis manos un manuscrito inédito, titulado por su autor, el capitán de infantería del Ejército español don Francisco Garzón Sevillano, *Notas de mi viaje a Filipinas*.

En dicho documento original, en su mayor parte a modo de diario, el aludido oficial relata con suma minuciosidad el desplazamiento que realizó a las islas Filipinas en el año 1896, su estancia en aquellas latitudes y su retorno a España a finales del año 1898.

El original del diario se encuentra en poder de Antonio Garzón González, nieto del referido militar, quien me ha dado autorización para su publicación en cualquier medio escrito.

Al efectuar una primera lectura del manuscrito, quedé impresionado por su contenido, por su ameno estilo y por una templada forma de escribir, que, sin embargo y en mi opinión, denota nostálgica tristeza, abatimiento, soledad y cierto desaliento.

Como quedé deslumbrado con lo que leía, inicié la transcripción del texto y, motivado por mi afición a la historia de Salamanca y de la comarca de Ciudad Rodrigo, decidí ahondar en lo allí narrado, para más tarde intentar su publicación en algún medio, si las circunstancias eran favorables.

Con este trabajo solo pretendo que los interesados puedan conocer algo más de las acciones que realizaron y de los reveses que soportaron, allende los mares, un buen número de españoles en general y un salmantino mirobrigense en particular en las postrimerías del siglo XIX, época triste y cruel de la historia de España que hoy conocemos como Desastre del 98, un apelativo que, sin duda, encarna lo ocurrido en nuestro entorno en ese fin de siglo, cuando se perdieron las últimas colonias que aún nos quedaban en América y Asia, hechos que ocasionaron en España un gran descontento y la aparición de una visión filosófica y cultural muy crítica con la política y con la sociedad.

A los naturales de Salamanca, a los de Ciudad Rodrigo y su comarca, y también a otros que se interesen por la lectura de este trabajo, les diré: Antonio Garzón González Toñín es uno de los hijos de Cristino Garzón Guitian, quien después de la Guerra Civil Española estaba destinado como carabinero y luego como guardia civil en Fuentes de Oñoro.

Cristino, al pasar a retirado en 1944 y hasta su muerte en 1971, fijó su residencia y la de su familia en Aldea del Obispo. Algunos años antes había quedado viudo de su primera esposa, Piedad, y en 1939 se casó en segundas nupcias con Tomasa González Fernández, natural de Villar de Ciervo. De ambos matrimonios tuvo un total de 16 hijos, murieron 6 al nacer o siendo muy niños, otro con 8 años y dos más con 17 y 24 años; Carmen, Luisa, Luis, Paco, Soledad, Juliana y el propio Toñín sobrevivieron y son bien recordados en Aldea del Obispo[1].

Francisco Garzón Sevillano, autor del manuscrito que tratamos, padre de Cristino y abuelo de Toñín, había nacido en Ciudad Rodrigo el día 21 de agosto de 1852 y fue bautizado en la parroquia de San Andrés el día 23 de ese mismo mes. Sus progenitores fueron Julián Garzón Encarnación, herrero de profesión, y Cristina Sevillano Cid. (Véanse las imágenes 1 y 2 al final de este epígrafe).

Nuestro personaje cursó los primeros años de segunda enseñanza en el Seminario Conciliar de Ciudad Rodrigo, en los años 1866/67 y 1867/1868[2].

El día 7 de septiembre de 1873, a los 21 años, durante la Primera República española, inició su andadura en el ejército, al ser filiado como soldado de caballería, *por su suerte*[3].

En esos años, de conformidad con lo dispuesto en el Artículo 2.º de la ley de 17 de febrero de 1873, publicada en la Gaceta de Madrid el día 23 de ese mismo mes, las quintas habían sido abolidas. La fuerza militar encargada de la defensa nacional se componía de ejército activo y reserva.

El ejército activo, cuya fuerza debía fijarse anualmente según preceptuaba la constitución de 1869, que en esta parte seguía vigente, se constituiría con soldados voluntarios, y la reserva debía formarse cada año con todos los mozos que el día 1 de enero tuvieran 20 años cumplidos.

Para movilizar las fuerzas de la reserva dentro de las respectivas provincias, bastaba un decreto del Gobierno, y este también tenía potestad para acordar la

---

1 Información facilitada por Antonio Garzón González.

2 Archivo Histórico de la Universidad de Salamanca (AHUSAL): Caja 4097/9, *Expediente académico de Francisco Garzón Sevillano*, p. 2.

3 Archivo General Militar de Segovia (AGMS): Sección 1.ª, Legajo 62059, *Hoja de Servicios de Francisco Garzón Sevillano*, 2.ª Subdivisión, p. 1.

movilización dentro de los respectivos distritos militares cuando las Cortes estuviesen cerradas, pero en este caso debería darles cuenta de su acuerdo en cuanto se reunieran. Para la movilización en todos los demás casos era necesaria una ley.

Con motivo del estallido de la Tercera Guerra Carlista, las cortes constituyentes de la efímera Primera República española, en uso de su soberanía, decretaron y sancionaron por ley de 16 de agosto de 1873, publicada en La Gaceta de Madrid número 229 del día 17 de ese mismo mes y año, la movilización de 80.000 hombres de los adscritos a la reserva, los cuales debían ingresar en el ejército activo. Esta debió de ser la situación en que se vio nuestro personaje.

Como soldado, Garzón Sevillano tuvo su primer destino en el Regimiento de Lanceros n.º 5 de Valladolid. Allí, durante los días 4 y 5 de enero de 1874, vivió los denominados Sucesos de Valladolid[4].

Tales sucesos se produjeron cuando los 2 000 voluntarios de la República, que en su mayoría se identificaban con las ideas del republicanismo intransigente, instigados por el alcalde Manuel Pérez Terán, se inclinaron por la resistencia frente al gobierno instaurado tras el golpe de Estado perpetrado por el general Pavía el día 2 de enero de ese año. De este modo se puso fin a la Primera República española, y se dio inicio a la dictadura de Serrano, que duró casi todo el año 1874, y posteriormente comenzó la restauración borbónica.

Esa resistencia se manifestó a primeras horas de la mañana del día 4 formando barricadas en las calles. En Valladolid las fuerzas militares eran escasas: 80 carabineros, 40 guardias civiles de infantería, unos 140 quintos, una batería de artillería de campaña y unos 200 caballos de distintos cuerpos. Además, ese día la densa niebla que cubría la ciudad fue otro inconveniente añadido para neutralizar a los insurrectos.

Los voluntarios tenían como cuartel el antiguo convento de los Mostenses, se habían apoderado también de la estación de ferrocarril, que más tarde consiguieron tomar los carabineros, y que una segunda vez volvió a ser ocupada por los voluntarios. Estos desde las ventanas del teatro Lope de Vega defendían también sus posiciones.

El cuartel de San Benito, que era un lugar estratégico por hallarse allí el telégrafo, fue defendido por los quintos y parte del regimiento de caballería. El cuartel de caballería de la Merced fue hostilizado por varias compañías de voluntarios, y el cuartel del Principal fue defendido por los carabineros.

Cuando llegó la noche, la resistencia continuaba, y el capitán general aguardó en la Academia nuevos refuerzos prometidos, que no hicieron falta, pues los voluntarios desistieron de seguir resistiendo. Las bajas de los voluntarios se calcularon

[4] AGMS: *loc. cit.*, 7.ª Subdivisión, p. 4.

entre 10 y 12 muertos y de 50 a 60 heridos, mientras que las del ejército fueron 7 muertos, 16 heridos y 6 contusos[5].

La Gaceta de Madrid del día 6 de enero de 1874, con un extracto de telegrama recibido de Valladolid, se refería a esos sucesos con el siguiente texto:

> Declarados en rebelión los voluntarios de Valladolid, se vio obligado el Capitán general a situarse en el Campo Grande con las escasas fuerzas de que disponía; y al iniciar en la madrugada de ayer el ataque llamó su atención que no hicieran fuego los sublevados, viniendo en conocimiento de que habían abandonado sus posiciones. Ocupada militarmente la ciudad con los refuerzos enviados de esta capital, se procedió al desarme de los Voluntarios, quedando el orden asegurado por completo.

Garzón Sevillano ascendió a cabo 2.º el día 1 de abril de 1874, y continuó en el mismo destino hasta el fin de ese mes. Pasó luego a la Academia Militar de Caballería también en Valladolid, donde permaneció hasta el último de julio. Fue después destinado al Escuadrón de Herradores del Establecimiento Central de Instrucción del arma de Caballería de Alcalá de Henares (Madrid). Allí, con fecha de 1 de febrero de 1875, ascendió a cabo 1.º, y mantuvo el mismo destino hasta el 22 de marzo del mismo año.

El 22 de marzo de 1875, con 23 años, obtuvo el empleo de alférez, de la Escala de Milicias Provinciales[6], que había sido creada por decreto de 10 de noviembre de 1874, publicado en La Gaceta de Madrid n.º 3015, de 11 noviembre de 1874, para paliar la necesidad de aumentar el número de oficiales subalternos tras el estallido y posterior desarrollo de la tercera guerra carlista, y también para constituir los Batallones de Reserva que se organizaron mediante decreto de 18 de julio de ese mismo año.

A aquella escala de milicias provinciales, primer antecedente de la luego llamada *escala de complemento o milicias universitarias*, se pudo acceder con titulaciones universitarias de Derecho, Medicina, Farmacia, Ingeniero en sus diversas ramas, Ayudantes de Obras Públicas, Arquitectura, Peritos Agrónomos y Maestros de Obras con título. También bastaba ser alumno de las Escuelas de Ingenieros Civiles y Arquitectura, o tener aprobados dos años de Facultad Mayor. Garzón Sevillano, al ser nombrado alférez tenía 23 años y solamente había iniciado los estudios de bachillerato o segunda enseñanza. Para obtener dicho empleo, debió concurrir al examen previsto en el Art. 3.º del Real Decreto citado, que también determinaba

---

[5] Sobre esos hechos se publicaron breves artículos en los siguientes periódicos: El Gobierno. Diario político de la tarde, de 5 de enero de 1874, El Constitucional, de 6 de enero de 1874, y Crónica Meridional. Diario liberal independiente y de intereses generales, del 08 del mismo mes y año.

[6] AGMS: *loc. cit.*

que podrían acceder a esa escala, acreditando mediante examen su suficiencia en Aritmética, Algebra, Geometría y Geografía práctica, aun cuando carecieran de títulos académicos o estudios antes referidos.

Ya como alférez, Garzón Sevillano fue destinado al Batallón Provincial de Salamanca n.º 25, que estaba acantonado en Burgos. Con dicha unidad prestó servicios en Burgos, Santander y Castro Urdiales hasta fin de octubre de 1875[7].

Con posterioridad, y con el mismo empleo de alférez, pasó al Batallón Provincial de Pamplona (Navarra) de guarnición en Santander, donde permaneció hasta el 1.º de mayo de 1876, y pasó después y hasta finales de septiembre del mismo año a Pamplona[8].

Según Real Decreto de 3 de julio de 1876, fue declarado benemérito de la patria[9].

Más tarde, fue destinado al Batallón de Reserva Provincial de Salamanca, y se quedó en dicha unidad hasta finales de agosto de 1877. Entonces le fue conferido el empleo de alférez de infantería, con antigüedad de 22 de marzo de 1876, y conservó la antigüedad adquirida cuando había sido nombrado alférez de Milicias[10].

Desde el 1 de septiembre de 1877 y hasta el fin de agosto de 1884, estuvo encuadrado en el Batallón de Reserva de Ciudad Rodrigo, del que debemos señalar que entonces estaba acantonado en Leganés y no en la ciudad que su nombre sugiere[11].

Aun cuando no consta en su historial, se supone que su pase al Batallón de Reserva de Ciudad Rodrigo lo fue como agregado, en virtud de lo dispuesto en el Art. 60 del Real Decreto de 27 de julio de 1877, de desarrollo de la ley de organización y reemplazo del ejército de 10 de enero de ese mismo año, que determinaba:

> Los Tenientes y Alféreces que resulten sobrantes a consecuencia de esta organización serán destinados como agregados con dos terceras partes de sueldo a los batallones de reserva ínterin les corresponde ser colocados en plazas reglamentarias, pudiendo los que lo prefieran quedar de reemplazo en el punto que elijan ínterin obtienen colocación.

En esa situación y de conformidad con lo dispuesto en el artículo 8 de la ley antes referida, pudo establecer su residencia en su ciudad natal, donde entre los años 1878 y 1880, en un colegio adscrito al Instituto de Salamanca, reanudó y finalizó los estudios de segunda enseñanza, y obtuvo el Título de Bachiller con fecha de 24 de mayo de 1880, a la edad de 28 años.

---

7 AGMS: *loc. cit.,* 7.ª Subdivisión, p. 4.

8 AGMS: *loc. cit.*

9 AGMS: *loc. cit.*

10 AGMS: *loc. cit.*

11 AGMS: *loc. cit.*

Pasó luego al Batallón de Cazadores Tarifa n.º 5 de guarnición en Vitoria, donde permaneció durante el mes de septiembre de 1884, y quedó en la situación de reemplazo hasta fin de noviembre de 1885.

El 6 de noviembre de 1885 ascendió a 2.º teniente, y el 1 de diciembre de 1885 fue destinado al Batallón de Reserva de Salamanca n.º 103, donde permaneció hasta fin de junio de 1889.

Entre los años 1881 y 1889, en Salamanca, cursó los estudios de Ciencias Físico Químicas, y consiguió licenciarse en el año 1889[12].

Entre los años 1886 y 1890, cursó también la carrera de Filosofía y Letras, y obtuvo el título de licenciado en el año 1890. En 1892 alcanzó el Grado de Doctor en la Universidad Central de Madrid en esta disciplina[13].

Al menos durante el curso 1887 a 1888 fue becario del Colegio Mayor San Bartolomé[14], que también es conocido como Colegio de Anaya o Colegio Viejo, adscrito a la Universidad de Salamanca.

A lo largo de toda su trayectoria como estudiante universitario, en la mayor parte de las asignaturas y pruebas realizadas, obtuvo calificaciones de notable y sobresaliente.

Ejerció como profesor de Física y Química en el Seminario Conciliar de Ciudad Rodrigo en el año 1880[15]. Fue profesor auxiliar interino de Geometría y Trigonometría en el Instituto de Salamanca.

También, durante los cursos 1891/92 y 1892/93, practicó la docencia en la Academia Politécnica de Salamanca, que se inauguró el día 15 de marzo de 1891[16]. Al mismo tiempo ejerció como ayudante de clases prácticas en la Facultad de Ciencias de la universidad salmantina[17].

Siendo ya primer teniente de la escala de reserva de infantería, en el año 1893, ejerció como director del Colegio del Socorro sito en la calle de San Lorenzo 16 de Madrid[18].

---

[12] AHUSAL: *loc. cit.*, p. 29.

[13] AHUSAL: Caja 10008/23, p. 14.

También en: Archivo Histórico Nacional (AHN), Código de referencia: ES.28079. AHN//UNIVERSIDADES, 6553, EXP. 6, Expediente personal de Francisco Garzón Sevillano. (Aquí se indica que su tesis doctoral versaba sobre: *La moral budista representa la reacción de la caridad contra las desconsoladoras doctrinas del brahmanismo...*

[14] Universidad Literaria de Salamanca, *Memoria sobre el estado de la instrucción en esta universidad y establecimientos de enseñanza de su distrito correspondiente al curso académico de 1887 a 1888,* Salamanca 1888, pp. 80 y 81.

[15] Estado del personal del clero y dependencias eclesiásticas de la Diocesis de Salamanca a fecha de 31 de diciembre de 1880, p. 53.

[16] El Fomento: Diario de Salamanca, 12 de marzo, Año 1891, p. 2.

[17] BECEDAS GONZÁLEZ, Margarita y CHAGUACEDA TOLEDANO, Ana: *Actividad bibliográfica de los primeros compañeros de Unamuno en Salamanca (1891-1900)*, Salamanca 1998, p. 21.

[18] El Reservista: Publicación periódica, 17 de julio de 1893, p. 1.

El 22 octubre de 1896, de conformidad con lo dispuesto en la Real Orden de 9 de diciembre de 1896, que fue publicada en el Diario Oficial del Ministerio de la Guerra del jueves 10 de diciembre, Francisco Garzón Sevillano alcanzó la categoría y el empleo de capitán.

Nuestro personaje estaba en esas fechas encuadrado en el Batallón de Cazadores de Ciudad Rodrigo n.º 7, del que sabemos que, en el año 1810, durante la Guerra de la Independencia, había surgido en la ciudad mirobrigense como Batallón de Auxiliares de Plaza de Ciudad Rodrigo y que, con posterioridad, mediante Real Decreto de 30 de abril de 1847, se reorganizó en Leganés con las compañías de Cazadores de Extremadura y Gerona, y que desde septiembre de 1896 estaba acantonado y de guarnición en Madrid.

Tras el que fue su último ascenso, pasó destinado al Batallón Cazadores Expedicionario n.º 11, creado por Real Orden Circular de 9 diciembre de 1896, que disponía la organización de siete batallones de infantería con destino al distrito de Filipinas[19] para acudir a sofocar la llamada Insurrección de Filipinas.

Permaneció en aquellas islas hasta el final de la contienda militar, y también durante el desarrollo de la Guerra Hispano-Estadounidense de 1898, que se declaró tras el hundimiento, por causas aún hoy desconocidas, del buque americano acorazado de segunda clase El Maine en el puerto de La Habana. Los Estados Unidos acusaron del hundimiento a España y con un ultimátum exigieron a los españoles el abandono y la retirada total de Cuba.

Francisco Garzón Sevillano llegó a Filipinas el 17 de enero de 1897, participó de forma destacada en las operaciones y en los combates desarrollados contra los tagalos insurrectos y, por los hechos que se citan, obtuvo las condecoraciones que se refirieren a continuación:

> Por los reconocimientos del río Zapote entre los días 16 al 20 de febrero y protección del fuerte avanzado de Las Piñas, se le concedió por el Excmo. Sr. Capitán General y en Jefe del Ejército de operaciones la cruz de 1.ª clase de Mto. Mar. Con distintivo rojo, según oficio de la Subinspección Gral. de las Armas Grales. de este Distrito n.º 206 de 13 de abril[20].
>
> Según oficio de la Subinspección Gral. de la Armas generales n.º 398, fecha 9 de Julio, y propuesta aprobada por el Excmo. Sr. Capitán General y en Jefe del Ejército de operaciones se le concede la cruz de 1.ª clase de Mto. Mar, con distintivo rojo por los que contrajo en el ataque y toma de Talisay en 30 de Mayo[21].

---

[19] Diario Oficial del Ministerio de la Guerra (DOMG): 10 de diciembre de 1896, pp. 1314-1318.

[20] AGMS: *loc. cit.,* 7.ª Subdivisión, p. 6.

[21] AGMS: *loc. cit.,* p. 6v.

> Según oficio de la Subinspección Gral. n.º 718 de 29 de octubre, y propuesta aprobada por el Excmo. Sr. Capitán General y en Jefe del Ejército de operaciones se le concede la Mención honorifica, por los méritos que contrajo en la acción de Taclang-anang el día 12 de Agosto[22].
>
> Según oficio de la Subinspección Gral. de las Armas generales de 2 de Noviembre, y propuesta aprobada por el Excmo. Sr. Capitán General y en Jefe de este Ejército de operaciones, se le concede la cruz de 1.ª clase de Mº. Mar. con distintivo rojo por los méritos que contrajo en el ataque y toma de Magaludo el día 13 de septiembre[23].
>
> Según oficio de la Subinspección Gral. de la Armas generales n.º 894 de 9 de Diciembre, y en propuesta aprobada por el Excmo. Sr. Capitán General y en Jefe de este Ejército de operaciones se le concede la cruz de 1.ª clase de M.º Mar. con distintivo rojo pensionada, por los méritos que contrajo en las operaciones realizadas en los pueblos de S. Pablo y Alaminos en los días 8, 9, 10 y 11 de Octubre pasado[24].

Tras innumerables fatigas, penalidades y padecimientos, Francisco Garzón Sevillano causó baja por enfermedad en el Batallón Cazadores Expedicionario n.º 11, pasó al *cuadro eventual de reemplazo* en expectativa de destino[25].

Estuvo en Manila durante todo el tiempo que duró el asedio de la flota de los Estados Unidos a la plaza, desde el 25 de abril de 1898 hasta agosto de dicho año.

El 7 de noviembre de 1898, en Manila, embarcó en el vapor Buenos Aires[26], el cual arribó y fondeó en el puerto de Barcelona el día 8 de diciembre con 800 militares enfermos y 151 pasajeros; durante la travesía fueron sepultados en el mar 55 soldados[27]. Entre los enfermos que llegaron a España, estaba nuestro personaje el capitán Garzón, que desembarcó en gravísimo estado, motivo por el que fue ingresado en el Hospital Militar de esa ciudad, donde falleció a los cuatro días.

En el diario El bien público, Diario de Mahón, del día 16 de diciembre de 1898, página 4, se publicaba un artículo con el siguiente contenido:

> Barcelona 10. Repatriados del Buenos Aires. Por mucho que se diga, resulta pálido al presenciar la realidad. El desembarque de los enfermos y heridos llegados anteayer de Filipinas a bordo del vapor «Buenos Aires» fue una de las notas más tristes que se han registrado en Barcelona y que arrancó a muchas personas lágrimas de indignación y amargura. De las expediciones llegadas hasta ahora a Barcelona la de ayer fue

22 AGMS: *loc. cit.,* p. 7.

23 AGMS: *loc. cit.,* p. 7.

24 AGMS: *loc. cit.,* p. 7v.

25 AGMS: *loc. cit.,* 7.ª Subdivisión, p. 8.

26 AGMS: *loc. cit.,* 4.ª Subdivisión, p. 3.

27 El bien público, Diario de Mahón: de 9 de diciembre de 1898, p. 3; y de 16 de diciembre de 1898, p. 4.

en la que venían los repatriados en peor estado. A medida que se desembarcaba a los enfermos de los vaporcillos «golondrinas» eran colocados en camillas y trasladados al pabellón de la Cruz Roja, en donde gran número de asociados les atendían dándoles tazas de caldo y vino generoso ofrecido por el Hotel de Inglaterra. El Beneficiado de San Agustín reverendo don Felipe Pesas administró a varios moribundos el sacramento de la Extremaunción, alentándoles con frases cariñosas. El Capitán General y varios jefes visitaron a todos los enfermos prodigándoles también sentidas palabras de consuelo. Las exclamaciones de los infelices repatriados llegaban al alma de los presentes. Algunos al llegar al Hospital militar eran ya cadáveres. De a bordo fueron trasladados en camilla otros siete.

Cuando desembarcaron los sanos, que no parecen otra cosa que calaveras en movimiento, separóse de las filas un joven imberbe, demacrado, con una pierna solamente y, como es natural con muletas. Paseó su mirada por un grupo de mujeres que estaba cerca del embarcadero, y ¡cuál sería su sorpresa al divisar a su propia madre!

—¡Madre mía! —exclamó derramando copioso llanto.

Adelantóse enseguida la pobre mujer, y extrañada y estupefacta, miró al que le dirigía tan cariñosa palabra, y después de vacilar unos momentos reconoció a su hijo, en cuyos brazos cayó sin sentido. ¡Tanta fue la emoción y pena que causó en su alma ver a su hijo mutilado y con tan desencajado semblante! La pobre mujer tuvo que ser trasladada al pabellón y auxiliada convenientemente, Dicha escena fue en extremo conmovedora.

Desembarcaron también varios soldados convalecientes, y la gente que les rodeaba les hacía muchas preguntas sobre los padecimientos que pasaban. En coro contestaban que lo que más les había perjudicado fue el hambre.

También llamó la atención del público un caballero de Manila que sirvió a la patria durante treinta años. Al contar los horrores perpetrados por los tagalos, manifestó de qué manera eran juzgadas en el Archipiélago las torpezas del Gobierno. Se dolía de la indiferencia que manifestaba el país al recibir a los heridos, cuyo proceder contrastaba con el de la colonia española en Filipinas, que había dado pruebas de patriotismo y caridad. De una sola «golondrina» desembarcaron 70 heridos, cuyo conjunto producía verdadera pena. Unos venían sin pierna, otros sin brazos, apoyados en una caña. La procesión de mutilados era dolorosísima.

Los comentarios que se hacían eran por demás gráficos y justos.

—He aquí la obra del Gobierno —dijo un caballero con acento de coraje.
—¿Por qué no viene Sagasta a presenciar el desfile? —exclamaban otros.

Y así por el estilo se condenaba la política de imprevisión que ha ocasionado tantos desastres.

De los enfermos, fueron trasladados al depósito de Ultramar en los cuarteles nuevos 406; al hospital militar, 111; al hospital provisional, instalado en los cuarteles de Alfonso XIII, en Hostafranchs, 100, y al Sanatorio de la Cruz Roja, 110. De los embarcados, a 8 debieron administrarles inyecciones de morfina en el entoldado de la Cruz Roja. A otros cinco se les administró la extremaunción en el mismo local. Uno falleció al servírsele una taza de caldo. Otro de los enfermos, al pasar junto a él el Capitán general, se levantó trabajosamente y dijo, quitándose el cigarrillo de la boca: «¡Hola general!». Otro, al ser depositada en tierra la camilla en que era conducido, separó la manta que le cubría y con desfallecida voz gritó: «¡Viva Barcelona! ¡Viva el ejército!» y, como si al dar estos gritos hubiera agotado toda su energía, cayó desplomado. Varios de ellos fumaban, y causaba penosa impresión verles con el cigarrillo entre los labios chupando con fruición como si de ello dependiera su salud. No todos eran jóvenes, pues veinte o treinta usaban luenga barba y pelo canoso. El desembarque duró hasta las dos y media de la tarde.

La carrera militar y también la vida de Garzón Sevillano terminaron cuando estaba en posesión de las siguientes condecoraciones: Medalla de Alfonso XIII; cuatro Cruces de 1.ª clase del Mérito Militar con distintivo rojo, una de ellas pensionada. Medalla de la campaña de Luzón 1896-98, constando, además, en su hoja de servicios, que tenía Valor Acreditado[28].

El Adelanto, Diario político de Salamanca, época 2.ª, año XIV, número 4098, de fecha de 17 de diciembre de 1898, en su página 2, se hizo eco del infortunio con el siguiente tenor literal:

Víctima de una dolencia adquirida en la campaña de Filipinas, a donde fue como capitán de uno de los batallones expedicionarios, ha muerto en Barcelona, el 13 de los corrientes, don Francisco Garzón Sevillano. No se habrá olvidado ese nombre por los militares que residieron en Salamanca hace algunos años, y de quienes el difunto fuera compañero, ni por los alumnos de Filosofía y Letras de esta Universidad, por aquel entonces, ya que unos y otros pudieron apreciar en el finado las inapreciables dotes que le adornaban, en especial su laboriosidad extremada y su honradez a toda prueba.

De estudiante captóse con su afable trato y su modestia suma, el cariño de sus condiscípulos, y con su aplicación y aprovechamiento, el aprecio de sus profesores, que en él admiraban su afición al estudio tan grande, que le hizo seguir tres carreras distintas, licenciándose en Ciencias y en Letras con éxito brillante en sus exámenes, y empleando el poco tiempo que sus ocupaciones le dejaban libre, en dar lecciones de Matemáticas, materias en que fue muy entendido, con el fin de satisfacer su vocación

[28] AGMS: *loc. cit.*, 5.ª Subdivisión, p. 3.

por la enseñanza y tener así un recurso más con que atender al sostenimiento de su familia numerosa.

De clara inteligencia, cortés en su trato, servicial par sus amigos, cariñoso para sus subordinados, fue, como militar, modelo en el cumplimiento de su deber, llegando por el estudio a ser uno de los oficiales de más ilustración de nuestro ejército. Buen patriota, cuando estalló la revolución contra la madre patria en las colonias, pidió pasar de la reserva en que estaba a la situación de activo, al objeto de tomar parte en la lucha, y a Filipinas fue, donde contrajo la enfermedad que le ha llevado al sepulcro, causada por el rigor del clima y las penalidades de la ruda campaña.

Allí se distinguió en las acciones en que tomo parte, mereciéndose ser propuesto para recompensas aún no conseguidas, y con mala suerte en su vida, fue también desgraciado en sus postreros días, puesto que espiró ya de regreso como enfermo en la Península, en el mismo puerto de su desembarque, sin tener el consuelo de llegar a su país, a Salamanca, donde viven su esposa y sus seis hijos y donde hubiera muerto al menos con la satisfacción de verse rodeado de los suyos.

A su familia, a quien tal desgracia sume en honda pena y deja en una situación bien crítica, ya que modelo de honradez el difunto jamás pensó en medrar en sus carreras, por malas artes, damos nuestro pésame y deseamos que encuentre un lenitivo en su acervo dolor, en la consideración de que le tienen todos los que tuvieron ocasión de tratar a nuestro amigo.

También en El Clarín, Semanario literario, noticiero y defensor de los intereses morales y materiales de Ciudad Rodrigo y su partido, año II, número 68, página 2, del día 18 de diciembre de 1898, se publicó la luctuosa noticia con el siguiente contenido:

El día 13 del actual, falleció en el Hospital Militar de Barcelona nuestro querido amigo e ilustre paisano el bizarro capitán de infantería D. Francisco Garzón Sevillano, que procedente de Filipinas, donde luchó con heroísmo por el patrio honor, arribó, gravemente enfermo a las playas españolas en el vapor «Buenos Aires».

Ciudad Rodrigo ha perdido uno de sus más predilectos hijos; el ejército español uno de sus más ilustrados capitanes; la patria un bravo defensor; su esposa un buen compañero; sus hijos un amantísimo padre, y nosotros un cariñoso y fiel amigo, a cuya memoria derramamos abrasadoras lágrimas de dolor, a la par que lamentamos no haber tenido el consuelo de estrechar contra nuestro corazón aquél noble y generoso pecho, que abrazó durante toda su vida la ardiente fiebre del saber, bajo la guerrera del pundonoroso militar envuelto en el rico manto de la más sencilla modestia. A esta noble ciudad que fue su cuna, al ejército, a la patria, a su esposa e hijos, y a toda la familia del mártir del deber, enviamos nuestro sentido pésame, y a ellos nos unimos para elevar al cielo fervientes plegarias, por el eterno descanso del alma del que nos honró con su amistad, nos ilustró con su ciencia y nos cautivó con su modestia ejemplar.

La muerte le llegó de forma inesperada, pues tras haber regresado a España en el vapor Buenos Aires, al finalizar la contienda bélica con los Estados Unidos, falleció[29] en el Hospital Militar de Barcelona a consecuencia de las graves dolencias contraídas durante su permanencia en Filipinas. Por aquel entonces tenía tan solo 46 años. Dejó viuda y seis hijos, lo cual supuso para su familia una gran desdicha.

IMAGEN 1. Iglesia de San Andrés en Ciudad Rodrigo donde fue bautizado Francisco Garzón Sevillano. Fotografía del año 2019, cedida por Juan Antonio Martín Sánchez.

[29] DOMG, de 25 de enero de 1899, p. 343.

IMAGEN 2. Fotografía de Francisco Garzón Sevillano, cedida por su nieto Antonio Garzón.

2.2. FILIPINAS DURANTE LOS AÑOS 1896-1898

Resulta de sobra conocido que Las Filipinas, cuyo nombre oficial en la actualidad es República de Filipinas, es un país formado por un enorme grupo de islas que, según la Oficina de Información Diplomática del Ministerio de Asuntos Exteriores, Unión Europea y Cooperación del Gobierno de España, alcanza un total de 7.107 y tiene 298.170 km^2 de superficie. Luzón es la isla más grande, con 105.000 km^2; seguida por Mindanao, con 95.000 km^2. La línea de costa es una de las más largas del mundo y se sitúa en torno a los 36.289 kilómetros, bañados por diferentes mares: al este por el mar de Filipinas, al oeste por el mar de la China meridional, al sur por el mar de Célebes y al norte por el estrecho de Luzón, que las separa de Taiwán.

Esos territorios recibieron su nombre en honor del rey Felipe II y formaron parte del Imperio español desde mediados del siglo XVI hasta el año 1898.

Los primeros navegantes castellanos las llamaron islas de Poniente; los portugueses, islas del Oriente, y Magallanes las llamó islas de San Lázaro.

A partir del año 1543, el marino malagueño Rui López de Villalobos, que trató, sin éxito, de colonizar esos territorios, las llamó Filipinas, y fue ese el nombre que adoptó el adelantado (oficial real de la administración de Justicia y militar que ejercía sus funciones en la zona fronteriza de la Corona de Castilla, por lo que también se le denominó Adelantado de la Frontera o Adelantado del Rey)[30] Miguel López de Legazpi a partir de 1560. Más tarde, dicho nombre fue aprobado por el rey de España[31].

Dadas las dimensiones al principio mencionadas, son varios los historiadores que señalan que las fuerzas militares españolas nunca lograron estar en todas las islas, y ni siquiera pudieron controlar con eficacia las grandes islas en su totalidad.

Hasta el año 1821, las Filipinas dependían del virreinato de Nueva España con capital en México. A partir de ese año, tras la guerra de independencia de México, se administraron directamente desde Madrid como una Capitanía General que incluía, además del archipiélago filipino, las Palaos, la isla de Guam[32], las Marianas y las Carolinas, y que subsistió hasta el 12 de junio de 1898, fecha en la que Emilio Aguinaldo declaró en Cavite la efímera independencia de Filipinas, la cual duró solo hasta el 10 de diciembre de 1898, cuando, por el Tratado de París que puso fin a la guerra hispano-estadounidense, las Filipinas y Guam fueron cedidas a los Estados Unidos. (Véase la imagen 3, al final de este epígrafe).

Desde el punto de vista político-constitucional, podemos decir que: el Estatuto de Bayona de 1808, refiriéndose a los reinos y provincias españolas de América y Asia, se reconocía la posibilidad de dos diputados para Filipinas.

En las Cortes de Cádiz hubo representantes de aquellas islas. En los primeros meses de funcionamiento, Filipinas estuvo representada por dos diputados suplentes. Después una Junta Electoral, compuesta por el gobernador general, el arzobispo de Manila y tres representantes del ayuntamiento de Manila, eligió a Ventura de los Reyes como representante de la provincia el 6 de noviembre de 1810. Esto fue posible a partir de la Real Orden del 22 de enero de 1809, donde se se declaró que los dominios españoles en Indias no eran colonias, sino que formaban parte integrante

---

30 Diccionario del español jurídico, DEJ.

31 DÍAZ ARENAS, Rafael: *Memorias Históricas y Estadísticas de Filipinas, particularmente de la grande isla de Luzón,* Manila 1830, p. 28.

32 Guam, en la época colonial española, tenía el nombre de Guaján y formaba parte del archipiélago de las Marianas, que estaba constituido por 16 islas.

de la monarquía española. Por ello, se estableció que cada uno de los virreinatos, Río de la Plata, Nueva Granada, Nueva España y Perú, y de las capitanías generales, Chile, Venezuela, Cuba, Puerto Rico, Guatemala y Filipinas, enviara a la Junta Central un representante[33].

En la Constitución de 1812, que elaboraron las cortes gaditanas, su Art. 28 preveía la existencia de representantes de Filipinas en las cortes señalando: *La base para la representación nacional es la misma en ambos hemisferios.*

La Constitución de 1837 en un artículo adicional decía: *Las provincias de Ultramar serán gobernadas por leyes especiales.*

La Constitución de 1869, en el TÍTULO X. DE LAS PROVINCIAS DE ULTRAMAR, rezaba:

> Art. 108. Las Cortes Constituyentes reformarán el sistema actual de gobierno de las provincias de Ultramar, cuando hayan tomado asiento los Diputados de Cuba o Puerto Rico, para hacer extensivos a las mismas, con las modificaciones que se creyeren necesarias, los derechos consignados en la Constitución.
>
> Art. 109. El régimen por que se gobiernan las provincias españolas situadas en el Archipiélago filipino será reformado por una ley.

Y en la llamada Constitución de la Monarquía Española de 30 de junio de 1876, vigente a finales del siglo XIX, solamente se refería las colonias en el TÍTULO XIII y último de aquel texto legal, titulado DEL GOBIERNO DE LAS PROVINCIAS DE ULTRAMAR, y en un artículo transitorio, con el siguiente tenor:

> Art. 89. Las provincias de Ultramar serán gobernadas por leyes especiales; pero el Gobierno queda autorizado para aplicar a las mismas, con las modificaciones que juzgue convenientes y dando cuenta a las Cortes, las leyes promulgadas o que se promulguen para la Península.
>
> Cuba y Puerto Rico serán representadas en las Cortes del Reino en la forma que determine una ley especial, que podrá ser diversa para cada una de las dos provincias.
>
> Artículo transitorio. El Gobierno determinará cuándo y en qué forma serán elegidos los representantes a las Cortes de la isla de Cuba.

Como podemos observar, a partir de 1837 quedó cerrada la posibilidad de que Filipinas tuviera representantes en las Cortes españolas, y, en la práctica, el gobernador capitán general del archipiélago vio reafirmada su prepotencia con una real

---

[33] ELIZALDE PÉREZ-GRUESO, María Dolores: *Filipinas en las cortes de Cádiz.* Revista Historia y Política. del Centro de Estudios Políticos y Constitucionales, número 30, julio/diciembre 2013. P.181.

orden de 7 de marzo de 1837 y otras disposiciones posteriores que le permitieron gobernar en permanente estado de sitio[34].

En la Constitución de 1876, ni siquiera se hacía mención explícita a las islas Filipinas, pero de su contenido se desprende que serían leyes especiales las que organizarían y regirían tanto para las colonias de Cuba y Puerto Rico como para la de Las Filipinas. Así los nativos de las islas y los peninsulares allí residentes no gozaban de los mismos derechos ni se regían por las mismas leyes que los españoles residentes en la metrópoli, y, para el caso de Filipinas, no estaba prevista representación alguna en el Congreso ni en el Senado.

En los años que nos interesa, la gobernación y administración de las Filipinas estaba en manos de autoridades militares: el gobernador general de las islas era el Capitán General, representante de la nación, delegado de los ministerios de Ultramar, Guerra, Marina y Estado. Su autoridad se extendía a todo cuanto conducía al mantenimiento de la integridad del territorio, la observancia y ejecución de las leyes, la conservación del orden público y la protección de las personas y propiedades. Además, tenía el mando superior del Ejército y la Armada en las islas, y todos los demás cargos del archipiélago quedaban subordinados a su autoridad.

El capitán general y gobernador era también presidente de la Audiencia, y en cada distrito o provincia filipina había un gobernador con atribuciones político-militares, judiciales y civiles.

Variando, en las distintas provincias e islas y a lo largo del tiempo, cada población estaba administrada por un dirigente indígena denominado gobernadorcillo o también capitán municipal, que era elegido a propuesta del gobernadorcillo saliente y los 12 barangay[35] más antiguos que supieran leer, escribir y hablar castellano, con supervisión del gobernador jefe provincial, llamado también alcalde mayor, y del cura párroco. Cada elector proponía tres nombres, de entre los que el gobernador General designaría para el cargo a uno de los más votados. La elección era para un año, y podía ser reelegido. Entre las funciones que tenía el gobernadorcillo estaba la de cobrar los impuestos especiales en su municipio.

Con unos decretos de Antonio Maura y Montaner, de fecha 19 de mayo de 1893, que fueron publicados en *La Gaceta de Madrid*, números 142 y 143, de 22 y 23 de mayo 1893, se produjo una reorganización administrativa de Filipinas.

---

[34] Celdrán Ruano, Julia: La administración municipal de Filipinas en el último tercio del siglo xix: Reformismo versus Autonomismo. *Revista Anales de Derecho*. Universidad de Murcia. n.º 25, 2007. p. 437.

[35] Moreno, Rafael: *Manual del cabeza de barangay en castellano y tagalog*, Manila 1874, pp. 22 y 23. Dice que: *Un barangay es cada uno de los grupos de 45 a 50 familias de raza indígena o de mestizos en que se dividía la vecindad de los pueblos, y que estaba bajo la dependencia y vigilancia de un jefe que era elegido por un periodo cuando menos de tres años.*

Destaca de entre todos los decretos, uno sobre la reforma de los municipios de los pueblos de las provincias de Luzón y de Visayas.

En la norma referente a los municipios, se encomienda la gestión de las corporaciones municipales a cinco individuos que forman los llamados tribunales municipales[36], como guardianes inmediatos de los intereses generales. Otros doce vecinos, delegados por la clase más influyente, se ocupan de la llamada Principalia, como guardianes directos de los intereses especiales.

Respecto de los cinco individuos, de los cuales uno se denominará capitán y los otros cuatro tenientes, mayor, de Policía, de sementeras y de ganados, se establecieron reglas de sustitución para el caso de vacantes, ausencias o impedimentos[37].

La principalía de cada pueblo, con asistencia del devoto o reverendo cura párroco y del capitán saliente, designará como electores a doce vecinos: seis de ellos de entre los cabezas de barangay que lo hubieran sido sin nota desfavorable por espacio de diez años consecutivos y de los que estuvieran en ejercicio al tiempo de la elección; tres de entre los capitanes pasados, y otros tres de entre los mayores contribuyentes del pueblo que no pertenezcan a ninguna de las categorías anteriores. Si no pudieran designarse en algún pueblo los seis cabezas de barangay, se completará ese número con Capitanes pasados y, en defecto de estos, con otros contribuyentes[38,39].

Según ha señalado Julia Celdrán Ruano en el artículo *La administración municipal de Filipinas en el último tercio del siglo XIX* antes reseñado, las pretensiones de esta norma eran las de adaptar a las islas el espíritu de la ley municipal vigente en la península de 2 de octubre de 1877 (de evidente carácter centralista), pero acomodándola a las instituciones propias del archipiélago, para que el indígena tomara conciencia de la vida municipal moderna. Pero intenta también, en línea similar a su proyectada reforma antillana, satisfacer a los filipinos y desviarlos de sus sueños de emancipación.

Es de resaltar que, en este Real Decreto, la elección del capitán municipal o gobernadorcillo ya no recae en el gobernador general, como anteriormente, sino que es la propia base electoral la encargada de hacerlo directamente, y solo se reserva al respectivo gobernador de provincia la expidiendo del título, tras recibir el acta que acredite[40].

---

36 Real decreto de Régimen Municipal para los pueblos de las provincias de Luzón y de Visayas., de 19 de mayo de 1893, publicado en *La Gaceta de Madrid,* n.º 142, de 22 mayo 1893, artículo 1.º.

37 *Ibidem,* Artículo 3.

38 *Ibidem,* Artículo 4.

39 La principalía fue creada por Felipe II en el año 1594. Estaba formada por la clase dominante e ilustrada de los nativos filipinos, y la componían los gobernadorcillos o capitanes municipales, que eran las autoridades de los pueblos con funciones similares a la de los alcaldes en la peninsula, y los cabezas de barangay o grupos de familias con una misma vecindad.

40 *La Gaceta de Madrid, loc. cit.,* artículo 5.

Las amplias facultades tanto políticas como administrativas hicieron del capitán municipal un auténtico gobernador de su municipio, con un amplio poder descentralizado, pero sujeto al control de la junta provincial, del gobernador de provincia, y, en última instancia, del gobernador general, presidente nato de todos los tribunales municipales de las islas[41].

Algo sorprendente en el texto fue la exclusión de peninsulares y mestizos de español a los cargos municipales, lo que originó en los medios de comunicación una fuerte crítica[42].

Por otra parte, debemos señalar aquí que, según refieren distintos estudios en los que no entraremos, los chinos tenían la prerrogativa de vivir en unos barrios exclusivos y aparte, gobernados por ellos mismos[43].

Asimismo, no debemos dejar de señalar que, durante el siglo XIX, las órdenes religiosas, principalmente la Orden de Agustinos Descalzos de Filipinas y de las Indias u Orden de Recoletos de San Agustín (ORSA), hoy conocida como Orden de Agustinos Recoletos (OAR) tenían una importancia primordial en la vida y organización de las Filipinas, debido sobre todo a que eran los únicos españoles peninsulares presentes en la mayor parte de los pueblos y a que ejercían una labor de interlocutores entre el gobierno y los oriundos de aquellas tierras.

Tras inaugurarse en 1869 el canal de Suez, la travesía entre España y Filipinas, en barcos de vapor, duraba unos treinta días, dependiendo de las condiciones meteorológicas. Tal circunstancia tuvo notable trascendencia para Barcelona, porque se convirtió en el puerto español que recibía todo el tráfico marítimo procedente del Pacífico.

Entre los años 1896 y 1897, se produjo la llamada por unos insurrección filipina, y por otros revolución filipina, que en mi modesta opinión no son más que ironías o eufemismos, pues lo que allí se desarrolló fue una guerra de independencia, que se produjo con ocasión de un levantamiento insurreccional, rebelde o insurgente, y armado, contra el gobierno de la metrópoli.

Ciertamente se enfrentaron dos ejércitos, eso sí, organizados de diferente forma, pero, sin lugar a dudas, suficientemente estructurados, y, en ambos casos, con una organización jerárquica definida a la perfección.

Los procesos de guerra de emancipación contra el gobierno español, en las colonias hispanoamericanas fueron muy diferentes del que se desarrolló en Filipinas.

---

41 *Ibidem*, Artículos 20 a 24.

42 CELDRÁN RUANO, Julia: *op. cit*, p. 447.

43 Este asunto se puede ver en: JORDANA Y MORERA, Ramón: *La inmigración china en Filipinas*. Madrid, 1886.

Para el caso de América, la lucha fue liderada por los criollos[44], que eran descendientes de españoles peninsulares. Los indígenas y las masas populares combatieron indistintamente en el bando español, también llamado realista, y en el criollo, denominado en muchas ocasiones patriota o revolucionario, lo que dio lugar a que algunos historiadores se refirieran a este proceso como guerra civil.

Sin embargo, en el caso de Filipinas, los que lideraron el proceso fueron esencialmente los tagalos[45], indígenas de origen malayo.

El ejército rebelde filipino tenía una clara intención: la de liberar al país de la colonización española y obtener la emancipación política por la fuerza de las armas. Esta pretensión en principio no triunfó y hasta llegó a firmarse un pacto para el cese de hostilidades, pero, con la posterior intervención de los Estados Unidos en la llamada guerra hispano-estadounidense, tuvo su fin la dominación española en aquellos territorios.

Las hostilidades se generaron después de que en aquella colonia o territorio se generalizara el descontento contra la metrópoli. De ahí que aparecieran determinadas asociaciones, algunas de las cuales tenían un carácter meramente *autonomista* y hallaron simpatías entre algunos españoles. Entre esas asociaciones estaba la *Liga Filipina,* fundada en el año 1892 por José Rizal, médico, político e intelectual, autor de la novela *Noli me tangere*, que creó mucha polémica.

Rizal pretendía que el archipiélago abandonase el régimen colonial para integrarse a las instituciones españolas con los mismos derechos que las provincias peninsulares y representación en las cortes, es decir, era un reformista convencido y en las soluciones que proponía, según algunos estudiosos sobre el tema, no parece que cuestionara la unión con España. Otros, sin embargo, dicen que también pretendía la independencia[46].

Otras asociaciones optaron por una vía más radical, entre ellas estaba la conocida en el idioma tagalo como *Katipunan*, y por las siglas en ese idioma KKK, *Kataas-taasang, Kagalang-galangang Katipunan nang mangá Anak nang Bayan,* que traducido viene a ser Suprema y Venerable Asociación de los Hijos del Pueblo. Esta era

---

[44] Del portugués *crioulo* ('lo crio'). Dicho de una persona: Hija o descendiente de europeos, nacida en los antiguos territorios españoles de América o en algunas colonias europeas de dicho continente. DLE. Muchos de ellos, eran dueños de las grandes plantaciones de café, azúcar, o tabaco, comerciantes e intelectuales enriquecidos.

[45] Los tagalos eran y son un pueblo indígena de Filipinas, de origen malayo, que habita en el centro de la isla de Luzón y en algunas otras islas inmediatas. DLE.

[46] TOGORES SÁNCHEZ, Luis Eugenio: «La revuelta tagala de 1896/97. Primo de Rivera y los acuerdos de Biac-na-Bató», *Revista Española del Pacífico*, n.º 6, año 1996, p. 10, Nota 4 a pie de página. Califica a la Liga Filipina como grupo nacionalista tagalo-filipino, liderado por Rizal, partidario de la adopción de medidas políticas para lograr reformas en el archipiélago, y cuyo objetivo final era el de la independencia.

una sociedad secreta nacida el 7 de julio de 1892, constituida por revolucionarios independentistas que, para conseguir la emancipación y soberanía, no descartaban los medios violentos. Este grupo tenía a Emilio Aguinaldo como líder más destacado, y sus objetivos eran: luchar por la soberanía de Filipinas, promover una sociedad más solidaria, y defender y extender los valores democráticos.

Desde agosto de 1895 existían informes emitidos por religiosos españoles de distintas provincias de la isla de Luzón sobre la importancia que estaba tomando el Katipunan. También hablaban de su actitud antiespañola y de que era muy grande el número de afiliados a esa sociedad.

El Gran Consejo del Katipunam, en fecha de 28 de junio de 1896, dio una orden para la insurrección de las islas filipinas. Su artículo 2 decía:

> ...cada hermano cumplirá con el deber que esta Gran Logia le ha impuesto, asesinando a todos los españoles, sus mujeres e hijos, sin consideraciones de ningún género, ni parentesco, amistad, gratitud etc.[47].

Las informaciones sobre la conspiración contra España continuaron llegando a las autoridades, entre ellas una, la del 5 de julio de 1896, dimanante del teniente Sytiar de la Guardia civil del puesto de Pasig, quien, en un extenso oficio dirigido al gobernador civil de Manila, informaba con detalle sobre la sociedad llamada Katipunan, sobre sus trabajos y sus fines, también sobre el pacto de sangre, etc. De esta comunicación oficial, como de otras anteriores, el gobernador civil daba cuenta al general Blanco diariamente. Este ni daba crédito ni tomaba nota de esos descubrimientos, al contrario, llamaba alarmista y miedoso al gobernador, y estuvo a punto de destituir al teniente de la benemérita[48].

Más tarde se completó el conocimiento de lo que se tramaba con más informes procedentes del prior de Guadalupe y del párroco de Santa Cruz, fra Mamerto de Lizasoain, los cuales señalaban puntos de reunión de los filibusteros[49], quienes concurrían a las reuniones, y también llegó a indicar dónde se guardaban algunas armas dispuestas para la revolución, anunciando que se preparaban operaciones para entrar de contrabando otras, pasando por la aduana de Manila[50].

Entonces el capitán general Ramón Blanco y Erenas, que había sido acusado por la prensa de ser demasiado transigente con los independentistas y que no había

---

47 Castillo y Jiménez, José M. del: *El Katipunan o El filibusterismo en Filipinas, Crónica ilustrada con documentos, autógrafos y fotograbados,* Madrid 1897, p. 115.

48 *Ibidem*, p. 78.

49 Con el termino *filibustero*, que hoy está en desuso, según el DLE debemos entender, individuo que luchaba por la emancipación de las que fueron colonias o provincias ultramarinas de España, podría equiparase a insurgente o sublevado.

50 Castillo y Jiménez, José M. del: *op. cit.*, pp. 80 y 81.

hecho mucho caso a los primeros informes, comenzó a tomar las medidas oportunas, y declaró el estado de guerra el 24 de agosto.

Iniciada la rebelión, algunas tropas tagalas alistadas en el ejército español se pasaron a Katipunan, pronto los desórdenes se extendieron desde Manila a las provincias de Cavite y Nueva Écija. Ante ello, el general Blanco interesó urgentemente refuerzos a Madrid. En principio por el gobierno que por entonces estaba presidido por Antonio Cánovas del Castillo del Partido Conservador, se acordó el envío de unos 2.000 soldados de infantería de marina y cazadores, más adelante la cifra superó los 20.000.

El capitán general, para combatir el movimiento rebelde, inició una acción represiva, se produjeron deportaciones, fusilamientos, expulsiones de tagalos de sus puestos de trabajo en la Administración, embargo de los bienes de los sublevados, para más tarde seguir con un amplio indulto, al que no se acogieron casi ninguno de los alzados. Las medidas tomadas por Blanco, a pesar de sus escasos efectivos y posibilidades, sirvieron para circunscribir la revuelta al centro de Luzón y a la etnia tagala.

También se puede decir que el fracaso de la conspiración se debió en parte a la carencia de armas que sufrieron desde el primer momento los sublevados. Al parecer, nunca dispusieron de más de 1.500 armas de fuego de todo tipo, y las mejores de estas fueron las que aportaron los desertores del ejército español, y también la relativa carencia de medios económicos del Katipunan.

El levantamiento tagalo produjo sorpresa, y en muy poco tiempo hubo no solo que frenar la insurgencia, sino que también se tuvo que remodelar la estructura del ejército español del archipiélago ante las grandes demandas que ocasionaba la guerra, hospitales, cuarteles, depósitos de munición, etc.

Hacia mediados de septiembre los desórdenes se limitaban a la provincia de Cavite y algunos pueblos de Nueva Écija, aunque se puede considerar que la sublevación había fracasado en su propósito de terminar de un solo golpe con el dominio español, pero había comenzado un conflicto que sería difícil de resolver dadas sus características.

A finales de 1896 un antiguo capitán general de Cuba, Camilo García Polavieja, es enviado para hacerse cargo de las operaciones militares, y poco después sustituyó a Banco en el mando de la Capitanía General de las Filipinas.

Polavieja llegó a Manila el 3 de diciembre de 1896, y el 8 fue nombrado capitán general del archipiélago, cargo que ocupó a partir del día 13. El general Blanco fue nombrado jefe del cuarto militar de la regente[51].

Cuando Francisco Garzón Sevillano llegó a Filipinas, cosa que ocurrió el 17 de enero de 1897, el cargo de gobernador general, capitán general y general en jefe del

[51] TOGORES SÁNCHEZ, Luis Eugenio: *op. cit.*, p. 10.

Ejército en el archipiélago ya lo ostentaba el teniente general Polavieja. Este permaneció en el cargo hasta el 15 de abril de 1897.

Pasó entonces el mando de forma interina y durante un breve periodo de tiempo a José Lachambre, quien el día 23 de abril de 1897 fue relevado por Fernando Primo de Rivera, y se mantuvo este último en el cargo hasta 11 de abril de 1898. (Véase la imagen 3, al final de este epígrafe).

Con la arribada de 15 batallones de cazadores expedicionarios que, como refuerzo para enfrentarse a la *insurrección*, llegaron procedentes de la península a lo largo de los últimos meses de 1896 y los dos primeros meses del año 1897, las unidades militares, en el Archipiélago fueron las siguientes: siete regimientos de infantería: Legazpi n.º 68, Iberia n.º 69, Magallanes n.º 70, Mindanao n.º 71, Visayas n.º 72, Joló n.º 73, Manila n.º 74. Quince batallones de cazadores expedicionarios, numerados del 1 al 15. Un regimiento de caballería: lanceros de Filipinas n.º 31, y un escuadrón de caballería expedicionario n.º 1. Dos regimientos de artillería de plaza y montaña. Un regimiento de ingenieros. Una brigada de transportes y de administración militar. Y dos regimientos de infantería de marina.

El total de las tropas alcanzó entonces la cifra de 41.889 hombres. Eran peninsulares 2.020 jefes y oficiales y 22.658 soldados y clases de tropa, y 17.211 soldados y clases de tropa indígenas[52].

También había en las islas tres tercios de la Guardia Civil; una sección de la Guardia Civil Veterana, que era una unidad que prestaba sus servicios en la capital del archipiélago filipino, y una compañía de Carabineros. La fuerza total del Instituto de la Guardia Civil, existente en las Islas Filipinas desde 1887, incluyendo la Veterana, según el Escalafón General del Ejército a 1 de enero de 1887, alcanzaba la cifra de 3851 componentes, los jefes y oficiales eran de origen peninsular, entre ellos se encontraban: 3 coroneles, 3 tenientes coroneles, 10 comandantes, 33 capitanes, 60 tenientes, 60 alféreces, que hacían un total de 169 oficiales; siendo el resto 3742 hombres de las clases de tropa, desde guardia a sargento, que eran mayoritariamente indígenas.

En la isla de Luzón el ejército quedó organizado del siguiente modo[53]:

1. División de la Comandancia General de La Laguna, Batangas y Tayabas, bajo mando del general de división don José Lachambre y Domínguez.

---

52 Adan García, Ángel Manuel: «La pérdida de las islas Filipinas y la micronesia española, guerra hispano americana de 1898», *Revista Digital Real Academia de Cultura Valencia*, 2015, p. 55.

53 Monteverde y Sedano, Federico de: *La campaña de Filipinas – La División Lachambre 1897*, Madrid 1898, pp. 101-108.

1.1. Fuerzas afectas al Cuartel General de la División: Infantería: voluntarios de Abra (200 hombres), voluntarios de Calamba (Ilocos del Sur) (300 hombres), voluntarios de Albay (500 hombres). Caballería: un escuadrón del regimiento de Filipinas n.º 31, un escuadrón de voluntarios movilizados de Ilocos del Norte, guerrilla montada de Ilocos del Sur (25 caballos). Artillería: dos obuses B. C. de 15 cm. Seis piezas de 9 cm. de la batería montada. Seis piezas de 9 cm del regimiento de montaña, cuatro cañones Whitworth. Ingenieros: una compañía para la 1.ª y 2.ª brigadas (150 hombres), un parque móvil. Hospitales de campaña: tres de 100 camas cada uno en Taál, Calamba y Biñang. Centros de aprovisionamiento: cuatro centros situados en Taál, Calamba, Biñang y Cuartel de Santo Domingo. Medios de transporte: media brigada; 600 chinos y cuantos pueda reunir en el territorio de su mando.

1.2. Primera brigada al mando del general don Pedro Cornell: tres batallones expedicionarios de cazadores, n.os 1, 2 y 12, Regimiento de Línea n.º 74 con dos batallones, dos guerrillas montadas.

1.3. Segunda brigada al mando del general don José Marina Vega: cuatro batallones expedicionarios de cazadores, el n.º 4 y el n.º 11 a 4 compañías, y el n.º 6 y el n.º 15 al completo. Regimiento de Línea n.º 73 a un Batallón. Un batallón de artillería de plaza. Una guerrilla montada.

1.4. Tercera brigada al mando del general don Nicolás Jaramillo: batallón expedicionario de cazadores n.º 13 al completo. Dos compañías del batallón expedicionario de cazadores n.º 8. Una compañía del Regimiento de Línea 70, y tres del regimiento de Línea 73. Una sección de artillería de montaña. Una sección de ingenieros (50 hombres) con un parque móvil. Una guerrilla montada. Centro de aprovisionamiento, municionamiento y hospital de esta brigada en Taál.

2. Brigada independientes al mando del general don Francisco Galbis Abella: Voluntarios de Infantería, afectos a la Brigada: Batallón Ilongos (500 hombres). Batallón de la Unión (100 hombres). Batallón de Cagayán (173 hombres). Batallón de la Isabela (200 hombres). Infantería: tres batallones expedicionarios de cazadores completos n.º 3, 7 y 14. Dos batallones expedicionarios de cazadores a cuatro compañías n.º 5 y 11. Tres guerrillas montadas. Caballería: un escuadrón peninsular. Artillería: dos morteros Mata. Dos piezas B. C. de 12 cm. Dos piezas B. C. de 8 cm. Cuatro piezas de montaña B.C. de 8 cm. Dos piezas B. C. antirreglamentarias. Dos piezas Krupp A. de 8 cm. Medios de transporte: media brigada.

3. Comandancia general del centro de Luzón, al mando del general don Diego de los Ríos: cuatro batallones expedicionarios números 4, 5 y 9 a cuatro compañías y el n.º 8 completo con sus seis compañías. Una compañía de los regimientos de línea n.º 68 y n.º 73. Cuatro compañías de infantería, dos del Regimiento de Línea n.º 70 y las otras dos del Batallón de Infantería de Marina n.º 2. Una sección de ingenieros (40 hombres). Voluntarios de Masbate (100 hombres). También los de las distintas localidades. Una guerrilla montada.
4. Comandancia general de Manila y Morong, al mando del general de división don Enrique Zappino y Moreno: Batallón Expedicionario n.º 10 completo. Cuatro compañías del batallón expedicionario de cazadores n.º 9. Tres compañías del Regimiento de Línea n.º 70. Tres del 2.º Batallón de Infantería de Marina del Regimiento n.º 2. Dos compañías del Regimiento de Artillería de Plaza. Un escuadrón de caballería del Regimiento de Filipinas n.º 31. Un batallón de infantería de voluntarios de Manila. Un escuadrón de caballería de voluntarios de Manila. Además, la Guardia Civil Veterana, la Guardia Civil de las dos provincias y los recursos de la Maestranza de artillería. (Véase la imagen 4, al final de este epígrafe).

Con el Capitán General Polavieja a la cabeza, la respuesta de las autoridades coloniales para impedir el triunfo de la referida *insurrección o rebelión o guerra de independencia* fue dura. Entre los afectados figuró José Rizal, quien, acusado de los delitos de rebelión, sedición, asociación ilícita, y de complicidad con el Katipunan, fue detenido, juzgado y fusilado por las tropas coloniales el día 30 de diciembre de 1896. Esta muerte supuso un error y prendió la mecha definitiva para la sublevación.

Cuando ya a partir del 7 de febrero de 1897 estaba completamente constituida la División Lachambre[54], dos de sus brigadas marcharon contra la aldea de Silang, mientras que la tercera realizaba un ataque disuasorio por el sur. Cinco días después, Silang quedó copada y sus defensores abandonaron la resistencia *porque el general Lachambre peleaba al revés*, en palabras textuales de uno de ellos, haciendo referencia a la sorpresa de verse atacados por flancos y retaguardia. La mayoría regresó a sus poblados y los hermanos Aguinaldo se refugiaron en Imús.

Lachambre, antes de proseguir las operaciones, advirtió a Polavieja de que la insurrección continuaba viva y de que era arriesgado avanzar sin dejar tropas en el territorio ocupado. El capitán general comunicó al Gobierno la situación y reclamó

---

[54] MONTEVERDE Y SEDANO, Federico de: *óp. cit.*

otros 25.000 hombres. Cánovas se negó a enviárselos y Polavieja solicitó regresar a la península, alegando que padecía paludismo.

Entretanto, Lachambre reanudó el avance hacia Imús. En Manila se creía que aquella posición era inexpugnable, pero mediante una audaz maniobra, Lachambre logró expulsar al enemigo de sus posiciones.

La caída de Imús produjo la total desbandada de los insurrectos. Críspulo Aguinaldo murió en el combate y su hermano Emilio, *el generalísimo*, escapó de Cavite y se refugió en las montañas situadas al norte de la provincia de Manila, el resto de los cabecillas se camuflaron entre los campesinos y aparentaron abandonar la lucha armada.

La orografía del terreno, la abrupta vegetación, la sensación de humedad, tenían efectos letales para los soldados peninsulares y su moral, por no hablar del insoportable hedor de miles de cadáveres pudriéndose en la selva. Al parecer, se sepultaron 8110 insurrectos durante aquella campaña, pero se calcula que otros tantos pudieron quedar sin recibir enterramiento[55].

La provincia de Cavite, en apariencia, quedó pacificada. Polavieja, mediante un decreto, prometió indultar a cuantos entregaran las armas y regresaran a sus poblados, disolvió la división de Lachambre y distribuyó sus tropas en pequeños destacamentos.

Las bajas que sufrió el ejército español durante la campaña de Lachambre fueron de algo menos de 200 hombres muertos en combate y poco más de 3000 por enfermedad. Esta cifra coincide con el diez por ciento de bajas considerado habitual en el trópico por los ejércitos europeos del siglo XIX e indica la poca entidad de los combates[56]. Los mantenidos en Silang y en Imús son los únicos que merecen tal nombre, en ellos intervinieron activamente 11.000 hombres, y se produjeron en las tropas españolas 183 muertos y 966 heridos en el enfrentamiento[57].

En esta situación, Madrid sustituyó a Polavieja por Fernando Primo de Rivera, el cual llegó a Manila el 23 de abril de 1897. Tras informarse adecuadamente, calculó que los insurrectos eran unos 25.000 con unas 1500 armas de fuego de todo tipo[58].

---

55 PUELL DE LA VILLA, Fernando: «Guerra en Cuba y Filipinas: combates terrestres», *Revista Universitaria de Historia Militar*, vol 2, n.º 3, 2013, p. 48.

56 Por combate debemos entender encuentro bélico de cierta importancia, pero de limitadas proporciones y que no alcanza la entidad de batalla que es el enfrentamiento entre dos ejércitos o armadas, entendiendo esto como grandes unidades. De inferior entidad son las llamadas escaramuzas o refriegas que tienen menor o poca importancia y que se sostienen especialmente por las avanzadas de los ejércitos.

57 MONTEVERDE Y SEDANO, Federico de: *op. cit.*, pp. 580 y 581.

58 PRIMO DE RIVERA, Fernando: *Memoria dirigida al Senado por el capitán general D. Fernando Primo de Rivera acerca de su gestión en Filipinas*, Madrid 1898, p. 24.

Primo de Rivera reorganizó el ejército de operaciones para una nueva campaña sobre la provincia de Cavite, en cuatro brigadas, que residirían en Santa Cruz al mando del general Suero, en Imús al mando del general Pastor, en Silang al mando del general Ruiz Serralde y en Lipa-Batangas al mando del general Jaramillo[59].

El propio capitán general con su cuartel general salió para Cavite el 30 de abril, y consiguió sus primeros triunfos al apoderarse de Indang y posteriormente por parte del general Suero de Naic, que era defendida por el propio Emilio Aguinaldo, que costó a nuestras fuerzas cien bajas entre muertos y heridos[60].

La pérdida de esta población supuso para los insurrectos 400 muertos y varios centenares de heridos y prisioneros. A esa victoria siguió la conquista de Maragondón y de otros enclaves, de forma que a finales de mayo de 1897 podía considerarse pacificada aquella provincia, aunque no de manera definitiva.

En la Memoria dirigida al Senado por Fernando Primo de Rivera, que citamos a pie de página, se señala que las bajas entre las fuerzas del ejército español durante la campaña que este capitán general desarrolló en Filipinas contra los tagalos, pudieron alcanzar la cifra de 487 entre muertos y heridos. En dicho documento no quedaban nada claras las cifras de unos y otros.

Cosa diferente es la cifra de fallecidos por enfermedad durante toda la guerra. Esta debió de ser muy cuantiosa y, según señala Primo de Rivera en la página 125 de la referida Memoria, se dice que se pueden perder a causa del clima el 40 por 100 en un año en muertos e inútiles, lo que podría representar 10.000 bajas año.

El capitán general no quiso pedir más refuerzos al Gobierno pues creía poder dominar la situación con las fuerzas que disponía. Además informó al Gobierno sobre las propuestas de rendición de los rebeldes.

El 4 de agosto de 1897 Primo de Rivera escribía a Cánovas para notificarle que se le había presentado el influyente tagalo don Pedro A. Paterno, con la oferta de negociar la paz con los rebeldes a cambio del perdón y una cantidad en torno a los 500.000 pesos para estos. Esta carta que no llegó a leerla Cánovas al ser asesinado, pero de la que sí se enteró su sustituto, el hasta entonces ministro de la Guerra Marcelo Azcárraga[61].

Tras la formación del nuevo Gobierno, Primo de Rivera envió un telegrama cifrado al presidente del Consejo de Ministros Sagasta, en el que ponía su cargo a disposición del nuevo Gobierno, y continuó más tarde con otras comunicaciones en relación a la guerra y los posibles acuerdos de paz.

---

59 *Ibidem*, p. 28.

60 *Ibidem*, p. 43.

61 *Ibidem*, p. 122 y siguientes.

El 14 de diciembre de 1897 se firmó el Pacto de Biak-na-Bato, que fue rubricado por Emilio Aguinaldo, que mandaba las facciones rebeldes filipinas, y el Capitán General español Primo de Rivera.

En dicho acuerdo se garantizaba la paz entre los beligerantes, con la condición de que Aguinaldo y otros 33 líderes insurrectos se exiliasen fuera del archipiélago. Se encargó directamente de la supervisión para el cumplimiento de lo acordado el entonces teniente coronel Miguel Primo de Rivera, sobrino del capitán general. El pacto fue ratificado y Aguinaldo se exilió en Hong Kong.

Tras esa supuesta paz, el Gobierno de la metrópoli redujo el número de efectivos militares destinados en algunas de sus guarniciones en las distintas provincias del archipiélago.

El 15 de febrero de 1898 en La Habana se produjo el hundimiento del acorazado estadounidense Maine, que fue el detonante para el inicio de la Guerra Hispano-Estadounidense. En esta contienda la Armada de los Estados Unidos destruyó dos flotas españolas, una en la batalla de Cavite, en Filipinas, y otra en la batalla naval de Santiago de Cuba.

El sitio de Manila, por parte del ejército estadounidense, costó a España 49 muertos, 350 heridos y 186 desaparecidos. Los sitiadores tuvieron 14 muertos y 60 heridos[62].

Tras las dolorosas derrotas, España cedió Guam, Puerto Rico y las Filipinas a los Estados Unidos por 20 millones de dólares, y Cuba se independizó y quedó bajo supervisión estadounidense. Las Marianas, Carolinas y Palaos fueron vendidas al Imperio alemán según el tratado germano-español del 12 de febrero de 1899.

Sobre el enfrentamiento bélico entre España y los Estados Unidos, Santiago Ramón y Cajal, que había ejercido como médico militar en la guerra de Cuba entre los años 1873 y 1875, escribió:

> En la guerra con los Estados Unidos no fracasaron el soldado, ni el pueblo (que dio cuanto se le pidió) sino un Gobierno imprevisor, desatento a los profundos e incoercibles anhelos de las colonias, e ignorante, tanto de las codicias solapadamente incubadas, como de incontrastable poderío militar de Yanquilandia[63].

Como no pretendemos extendernos a detallar lo que supuso para España, el llamado Desastre del 98, pues son cuantiosos los libros y artículos de todo tipo, que con más autoridad tratan sobre ese particular, damos por finalizada esta introducción, para pasar en las siguientes páginas a transcribir, al pie de la letra, las *Notas de*

---

[62] Flores Thies, Jesús: «Los repatriados de Filipinas», *Militaria Revista de Cultura Militar*, n.º 13, año 1999, p. 65.

[63] Ramón y Cajal, Santiago: *El mundo visto a los ochenta años*, Madrid 1939, p. 127.

Francisco Garzón Sevillano en su viaje a Filipinas, pues son ellas las que constituyen el porqué de este trabajo. Me mantengo fiel en todo aquello que no perturba la lectura, como la ortografía de la época decimonónica, se conserva la estructura del manuscrito, que está organizada del siguiente modo:

– El viaje a Manila y el año 1897 en las notas de Francisco Garzón Sevillano.
– El año 1898 en las notas de Francisco Garzón Sevillano.
– Ampliación de las Notas de mi viaje a Filipinas.
  - Mis distracciones y recreos en las notas.
  - Mis fatigas y malos ratos.
– Consideraciones a las Notas de mi viaje a Filipinas.
  - El Batallón Cazadores Expedicionario n.º 11.
  - Comparación entre mis fatigas y recompensas.
– Cuentas. Fin del diario.

En esos capítulos o apartados se permitirá el autor de este trabajo insertar de manera puntual notas a pie de página. De ellas unas pocas serán la referencia descriptiva que de algunos pueblos y ciudades hacen BUZETA Manuel y BRAVO Felipe (misioneros agustinos) en el *Diccionario geográfico-estadístico-histórico de las Islas Filipinas*, Madrid 1851, en los que estuvo o por los que transitó nuestro protagonista.

También insertaré algunos gráficos y fotografías de diversa procedencia con la intención de que todos ellos, sirvan al lector para situarse geográfica y temporalmente a lo largo del sugestivo, exótico y ciertamente conmovedor relato del viaje que

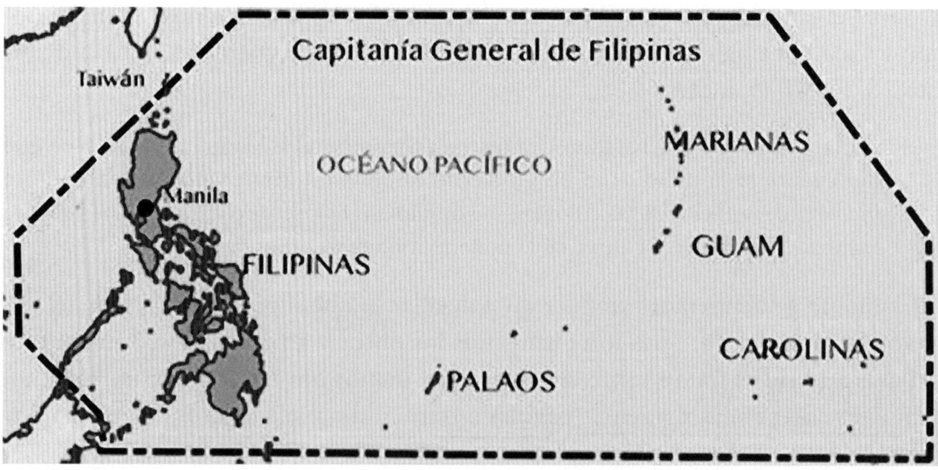

IMAGEN 3. Mapa de la Capitanía General de Filipinas que, hasta finales del año 1898, era una entidad territorial española que incluía: además del archipiélago filipino, las Palaos, la isla de Guam, las Marianas y las Carolinas.

efectuó ese ilustre mirobrigense a la entonces colonia española de las islas Filipinas, su estancia en aquellas latitudes durante la guerra de España contra los tagalos de Filipinas, y la posterior contienda contra los Estados Unidos.

A mi pesar, debo decir que se echa en falta en el diario la existencia de un capítulo que relate cómo pudo ser el viaje de regreso a España de Garzón Sevillano. Yo aventuro la idea de que tal vez durante este, la enfermedad de nuestro protagonista se lo impidió y no pudo dedicarse al menester de escribir, ese que, sin duda, tanto le gustaba y necesitaba.

IMAGEN 4. Retrato del general Camilo García de Polavieja y del Castillo-Negrete, marqués de Polavieja. Fotografía de Fernando Debás, publicada en la revista *La Ilustración española y americana*, año XL, n.º 48. Madrid, 30 de diciembre de 1896. p. 3.

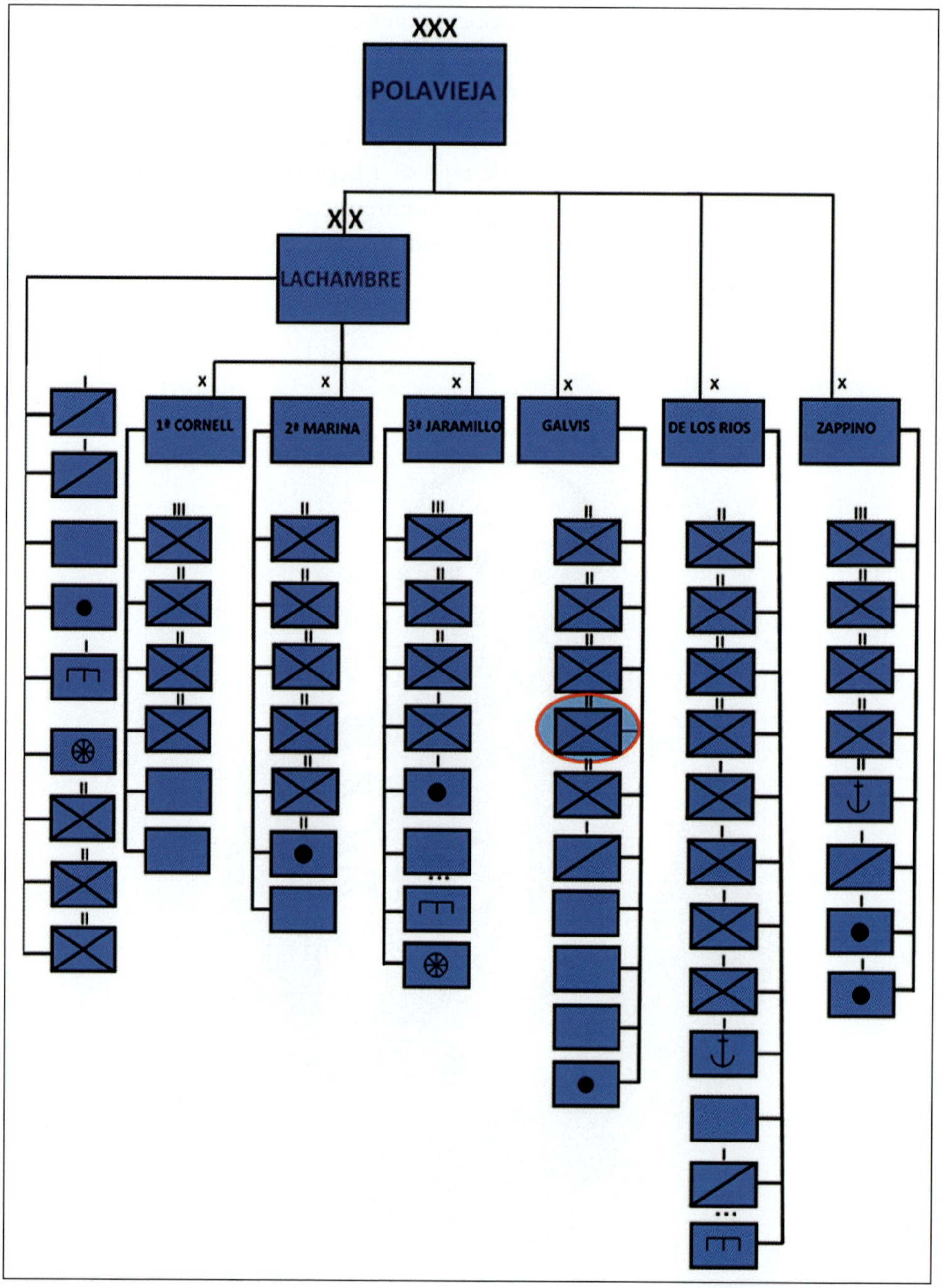

IMAGEN 5. Organigrama del autor, estructura del ejército en la isla de Luzón durante el mandato del general Polavieja, marcado con un óvalo rojo el batallón en el que estaba encuadrado Francisco Garzón Sevillano.

IMAGEN 6. Retrato del general de división José Lachambre y Domínguez. Fotografía de A. A. Cohner, grabado que apareció en la portada de la revista *La Ilustración española y americana*, 8 de marzo de 1895.

3. EL DIARIO

3.1. El viaje a Manila y el año 1897 en las notas de Francisco Garzón Sevillano

Notas de mi viaje a Filipinas.

I. Empieza en diciembre de 1896.

F. G. S. 1896-1897.

Diciembre 1896

13. A las 5 h de su tarde salí de mi casa con el corazón destrozado de dolor al tener que separarme de mi esposa e hijos.

En tanto que mi primo Luis y su tío don José Sanz de Diego me acompañaron hasta la salida del tren de Barcelona, que fue a las 7½, no había medido con la imaginación siquiera la gravedad que encerraba y los trastornos que tendría mi destino a Filipinas desesperado por haber sido destrozado mi colegio de El Socorro[64], al ser destinado a Cazadores de Ciudad Rodrigo, y casi imposibilitado de buscar medios de vida en la enseñanza[65] por las atenciones propias del activo servicio de las armas,

---

64 El Colegio El Socorro, del que fue director Francisco Garzón Sevillano, estaba situado en la calle San Lorenzo 16 de Madrid. Allí se impartían clases de primera y segunda enseñanza, y preparación para carreras especiales. En *El Reservista*, publicación periódica hoy desaparecida, el día 17 de julio de 1893, en la página 1, se publicaba un anuncio sobre dicho centro de enseñanza. No he podido determinar a qué se refería Garzón Sevillano con la expresión *haber sido destrozado mi colegio*.

65 Garzón Sevillano concurrió a oposiciones de diferentes cátedras, de institutos y también de las universidades de Salamanca y Sevilla. En la *Gaceta de Instrucción Pública*, del día 5 de marzo de 1891, aparece que concurría como opositor a las cátedras de Matemáticas de los institutos de Barcelona, Guadalajara, Orense y Tapia. En la *Gaceta de Madrid*, n.º 302, del día 29 octubre 1891, página 320, se le menciona como opositor a las cátedras de Matemáticas, vacantes en los institutos de Baeza y Figueras. También en la *Gaceta de Instrucción Pública*, del día 5 de agosto de 1894, se recoge que opositaba a la cátedra de Matemáticas de los institutos de Albacete y Cabra. En la *Gaceta de Madrid*, n.º 87, de 28 de marzo de 1895, figura su nombre como opositor a la cátedra de Lengua Griega de la Universidad de Salamanca. En la misma publicación, en el n.º 289, de 16 de octubre de 1898, página 264, se le menciona como opositor a la cátedra de lengua griega de la Universidad de Sevilla. En esa fecha, Garzón Sevillano, se encontraba en Manila a punto de iniciar su viaje de regreso a la península, es de suponer que habría solicitado concurrir a esa oposición bastante tiempo antes.

únicamente había vislumbrado las cosas bajo su aspecto más halagüeño sin detenerme en reflexionar sobre los puntos negros inherentes a toda empresa.

A medida que el tren avanzaba y que el vendaval y la lluvia arreciaban furiosos cual si pretendieran impedir el paso de la locomotora, me acurrucaba más y más en un rincón del coche y medía las miles de leguas que me iban a separar de mi familia, pensaba en las molestias consiguientes al viaje que mi mujer y nuestros hijos se veían obligados a hacer para trasladarse a nuestro pueblo (Ciudad Rodrigo), preveía las dificultades que surgirían a mi hijo Jesús para continuar el estudio del 4.º grupo del bachillerato, por tener que habérselas con maestros y autores desconocidos, y temía que él y los demás no fuesen todo lo buenos que debían.

La insurrección filipina y sus campos de batalla me eran indiferentes, pues algo provechoso esperaba de las fatigas inherentes a la campaña, y, si la muerte me sorprendía en el combate, mi mujer e hijos podrían percibir la viudedad u orfandad de comandante; además, me había hecho la ilusión de que la guerra, sobre ser de escasa importancia, se terminaría en un plazo muy breve. Quiera Dios que estas ilusiones mías no se trunquen.

El frío de la noche me iba impresionando cada vez más, y ni siquiera tuve necesidad de apearme del tren para tomar una copa de vino que me calentara algo el estómago. Entre soñoliento y pensativo pasé el resto de la noche, que me pareció una de las más crudas del mes de diciembre.

14. A las 6 de la mañana tomé café en la fonda de la estación de Zaragoza, y me proveí de una botella de vino de Valdepeñas para cuando tomase algo de la merienda que llevaba.

Ensimismado en mis pensamientos sobre la familia, y debido al frío que se sintió todo el día, no me di cuenta ni de las estaciones que pasaba, ni de los paisajes más o menos amenos que se ofrecían a la vista; otra idea me preocupaba: esa era la de llegar pronto a Barcelona, lo cual tuvo lugar a las 5 ½ de la tarde.

Me alojé en la calle de San Pablo n.º 32, en la casa de huéspedes titulada «La Americana». Me presenté a las autoridades militares y a mi 1.er jefe, don Enrique Sánchez Salcedo, y me convencí de que mi casa alojamiento estaba muy distante del cuartel de S. Jaime, en contra de lo que había dicho el agente de dicha casa de huéspedes.

15. A las 9 de la mañana me presento en el cuartel al 1.er jefe, que ya se hallaba en él con el capitán Calero, su ayudante, y me encomienda recibir a la fuerza del regimiento de Luchana y organizar una compañía.

Calero y yo fuimos los primeros capitanes que nos pusimos a las órdenes del jefe. Me hago cargo de 118 hombres de dicho regimiento (3 sarg., 8 cabos, 1 corneta,

3 soldados de 1.ª, y 103 de 2.ª), y con ellos empiezo a organizar la compañía 8.ª (aquí resultan las cosas al revés que en todas partes).

Por la tarde me hago cargo de 54 soldados del Bon, Cazes. de Manila, con cuya fuerza y la de Luchana queda constituida mi compañía con 172 hombres. En dicho día presto servicio de cuartel, de cuyo puesto solo salí para comer al mediodía, y por la tarde recibo el contingente de otras compañías.

16. Pasé todo el día en el cuartel recibiendo y entregando a la fuerza los trajes de rayadillo[66], y pasé la noche en el cuartel haciendo las listas de embarque de la compañía, sin salir de aquel más que el tiempo preciso para comer y cenar y un momento en que vi muy a la ligera el parque zoológico. (Véase la imagen 5, al final de este capítulo).

17. A las 5 de la mañana tocan diana, y desde esta hora hasta las 9, en que nos dirigimos hacia el embarcadero, termino de distribuir trajes y mantas, teniendo que hacer yo todo el trabajo porque los sargentos de la compañía no aparecieron hasta la hora de salir y no había cabo alguno que supiera lo que era milicia.

A las once de la misma mañana quedamos embarcados en el vapor Isla de Luzón[67] todo el Batallón Cazadores Expedicionario n.º 11 y dos compañías del 12. Se nos sirvió la comida a bordo, y durante la misma llegó el general Despujol a despedirnos, cuyo señor en breves frases nos indicó la conducta que convenía seguir con los indígenas filipinos. (Véase la imagen 6, al final de este capítulo).

A las 4 de la tarde zarpamos de Barcelona[68] y a la hora de cenar me siento algo mareado, pasando bien el resto de la noche.

---

[66] El llamado uniforme de rayadillo era de tela ligera de dril, listado en azul; visto desde cierta distancia daba aspecto de color azulado, más fuerte o flojo según los lavados que llevara encima. Fue utilizado por todas las fuerzas destacadas en Cuba, Filipinas y Puerto Rico.

[67] Según diversas fuentes, no del todo coincidentes, en el vapor Isla de Luzón, de la Flota de la Compañía Trasatlántica, al zarpar de Barcelona, el día 17 de diciembre de 1896, llevaba a bordo la denominada Expedición n.º. 12, con destino a Filipinas, compuesta por: 3 jefes, 27 oficiales y 1735 hombres más, entre sargentos, cabos y soldados. El total de soldados que embarcaron con destino a la colonia española del Pacífico, alcanzó la cifra de entre 23.000 y 39.000. Las unidades militares destinadas a Filipinas, a su llegada a las islas, en su mayor parte, se encuadraron en la División de la Comandancia de la Laguna, Batangas y Tayabas, que mandaba el Excmo. Sr. General de División Lachambre. El Batallón Cazadores Expedicionario n.º 11, en el que estaba encuadrado Garzón Sevillano, pasó a formar parte de la Primera Brigada Independiente, bajo mando del General de Brigada D. Francisco Galvis Abella.

[68] Asúnsolo García, José Luis: La Compañía Trasatlántica Española en las Guerras Coloniales del 98, *Militaria, Revista de cultura militar,* n.º 13, Madrid 1999, p. 83. Dice: *Desde Barcelona a Manila, pasando por el canal de Suez, que se había inaugurado en noviembre de 1869, y que por entonces era un protectorado británico, había que recorrer 8000 millas náuticas (casi 15.000 kilómetros). El viaje duraba entre 28 y 30 días, y durante esa larguísima travesía se navegaba por zonas climatológicas muy diferentes, las condiciones en las que viajaban los soldados eran muy duras por la falta de espacio y de una ventilación adecuada, los militares sin graduación no podían bajar a tierra en ninguna de las escalas, por lo que resulta fácil imaginar en qué condiciones físicas llegarían a Manila.*

18. El mar estaba algo agitado, y continúo trastornado hasta las 9 de la mañana, que me siento completamente bien.

Qué grandioso espectáculo se ofrece a la vista del que, como yo por vez primera, navegaba en alta mar. Dos ideas se apoderan del espíritu humano, que, aunque antitéticas en sí, representan la realidad, a saber: la misma grandeza y omnipotencia de Dios, reflejadas en el mar cuyos límites no alcanza la humana vista y en un horizonte casi sin bordes perceptibles, y la pequeñez humana sintetizada en el débil leño que flotaba sobre el agua. Insensiblemente dichas ideas invaden todo nuestro ser, que, casi anonadado, confiesa su debilidad y eleva una humilde plegaria al Rey de los cielos y tierra, en súplica de que le conceda llegar felizmente al término del viaje.

A las 4½ de la tarde y en lontananza principia a vislumbrarse tierra, a las 7 de la noche, el faro de Spartivento en Cerdeña y, aunque se agita bastante el viento, la noche resulta apacible.

19. Desde las 2 de la madrugada la mar se va haciendo cada vez más gruesa, advirtiéndose sus golpes desde la litera en que descansaba. Desde las nueve en adelante mejora la mar, se divisa la costa de Sicilia cuajada de poblaciones y de innumerables caseríos aislados que forman un conjunto preciosísimo, y se ve también un vapor que caminaba en dirección a la costa.

De las 2 en adelante arrecia el viento, la mar se pica y el barco sufre algunas sacudidas, que se observan perfectamente en el comedor, terminando el día en dichas condiciones.

20. Aparece un día brumoso que impide dilatar la vista, continúa la agitación del mar, que calma algo desde las 12 en adelante. A esta hora cruza en dirección opuesta a nosotros un barco de gran porte, y a las 3½ cruzamos con El Covadonga, que saluda y es saludado.

El estado del mar impidió que hubiera misa a bordo, y durante la noche los golpes de mar se hacían más fuertes, hasta el punto de poner en cuidado al Luzón, a pesar de sus excelentes condiciones marineras.

21. Se presenta un día idéntico al anterior por lo brumoso del horizonte y lo picado del mar, cuya última circunstancia impide celebrar la misa de costumbre, continuando así hasta las 6 de la tarde, que calma algo, y cesando a las 8 el viento de proa.

22. El mar está tranquilo y hermoso y la mayoría de los oficiales salen a cubierta. Es tal la alegría y consuelo que se experimenta al encontrar al paso semejantes muestras, cuando se han deslizado algunos días de navegación, que abandona uno lo que está haciendo y sube a cubierta apresuradamente cuando la bocina anuncia algún barco a la vista. En este día cruzamos dos, uno por la mañana y otro por la tarde, bastante alejados del nuestro.

23. Hermosísimo día, aunque ofrece la nota triste de haber sido arrojado al mar el cadáver de un soldado de la 3.ª, que falleció el día anterior.

A las 10 de la mañana empiezan a distinguirse varios barcos, a las 12 se ve claramente un faro de hierro, que es el de Damieta, y en sus inmediaciones se cuentan hasta 8 barcos. A las 2 de la tarde se distinguen ya Port Said[69] y muchísimos barcos anclados en su puerto, y a las 3½ anclamos en dicho puerto encontrando al vapor Antonio López, que salió con nosotros de Barcelona conduciendo fuerza del 12.

Que grato es pisar tierra firme después de caminar ocho días por los mares y de haber sufrido un recio temporal.

El capitán de la 7.ª, don Francisco Carbonell, y yo bajamos juntos, recorrimos algunas calles y comercios de dicha ciudad del África, que es de bonito aspecto, aunque muy sucias sus calles, por las cuales pululan gentes de todos los países y muchos egipcios que acosan ofreciendo diversos géneros.

Después de tomar café en El Dorado, donde daban conciertos unas italianas, regresamos al barco que zarpó a las 9 de la noche, teniendo que detenerse algunas veces para dar paso a otros buques en el canal de Suez.

24. Las márgenes de este son desiertos de arena, y, a pesar de panorama tan triste y monótono, resulta alegre el paso del canal por el sin número de vapores de distintas nacionalidades que en él se ven. Junto al canal, tanto en su margen africana como en la asiática, acudían mozuelos y chiquillos casi desnudos para recoger cuanto se les arrojaba desde el barco, lanzándose y zambulléndose en el agua, aunque la mañana estaba bastante fresca.

Me alegró bastante el ver en este día dos trenes, uno de los cuales se dirigía a Suez y el otro hacia Alejandría, así como algunos oasis que parecen recordar la vida en aquellos arenales tan grandes. A las 3 de la tarde salimos del canal y estuvimos como una hora en el golfo de Suez, cuya población me pareció bastante bonita y muy animada a juzgar por los muchísimos buques, barcos y barquillas que se veían en su puerto.

Entramos después en el mar Rojo, y hasta el oscurecer no se dejaron ver las costas de África y de Asia.

Como día de Nochebuena en la comida hubo algún extraordinario y turrones, pero qué diferencia entre esta noche y las que se pasan en España acariciadas por el calor de la familia.

---

[69] ASÚNSOLO GARCÍA, José Luis: *op. cit.* p. 84, dice: *Puerto Saíd (Port Said) es una ciudad portuaria al nordeste de Egipto, que se fundó en el año 1859, en ella se encuentra el acceso al canal de Suez desde el mar Mediterráneo, es el segundo puerto del país. A finales del siglo* XIX, *existían dos puntos de carboneo: uno en el Mediterráneo, Port Said, y otro en Suez, en el mar Rojo. Los lagos Amargos, de 40 kilómetros de longitud, situados en el interior del canal, permitían organizar convoyes de ida y vuelta dirigidos por prácticos británicos.*

En medio de la algarada producida por las libaciones de algunos, honda pena se apoderó de mi alma, que solo soñaba en la tranquilidad y alegrías de otras noches análogas deslizadas entre la familia.

25. Se presenta el día algo caluroso, el capellán dice misa sobre el puente de popa y pasa el resto de aquel creciendo el calor. A lo largo se vieron varios buques.

26. Sube el calor cada vez más, pero resulta un día bueno, y continuamos viendo barcos que pasan muy lejos.

27. Ha sido un día en todo semejante al anterior.

28. Se nota una gran marejada y disminuye el calor. A las 8 de la mañana divisamos las islas de Farsan[70], a las 4 de la tarde a Moka y a las 7 de la noche entramos en el estrecho de Bab-el-Mandeb[71]. En este día empiezo a resentirme del pie izquierdo, que se había inflamado y me dolía bastante.

29. A las 3½ de la mañana entramos en el golfo de Adén[72], donde se encontraba el Antonio López.

Varios chicos y jóvenes, sin más prendas que un taparrabos, rodean con sus piraguas nuestro buque, pidiendo que se les arroje dinero al mar y, diciendo «a la marre, a la marre, señoroz», entonaron una canción monótona que acompañaban con el ruido que forman sus brazos al chocar contra el cuerpo.

Estos indios acostumbran a darse cal al pelo, a fin de que se les vuelva rojo, son de color muy cobrizo, de dientes grandes algo proclives, nadan con una agilidad pasmosa, habiendo algunos que pasaron el barco por debajo de la quilla.

Por hallarse Adén a larga distancia de donde fondeamos y ser expuesto, según dijeron, ir con los indios en sus piraguas, ningún oficial bajó a tierra, entreteniéndonos

---

[70] Las islas Farsan o Farasan son un conjunto de islas pertenecientes a Arabia Saudita localizadas en su costa noroccidental en el mar Rojo, el archipiélago está conformado por una isla grande (Farasan), una media (Sajid), otras dos más pequeñas (entre ellas Zufar) y decenas de islotes; poseen un clima seco y terreno árido, la ciudad principal está situada en la mayor de las islas y lleva su mismo nombre, administrativamente dependen de la provincia de Jizan, situada al suroeste de ese país, tienen una superficie de 696 km^2 y en la actualidad su población es de unos 10.000 habitantes.

[71] El estrecho de Mandeb o Bab-el-Mandeb, que significa en árabe *la puerta de las lamentaciones o de las lágrimas* es un estrecho marino que enlaza el mar Rojo al norte, con el golfo de Adén al sur, en el océano Índico, el estrecho separa el llamado Cuerno de África al oeste de la península arábiga en el continente asiático al este, en la actualidad la ribera africana pertenece a Eritrea y Yibuti y la asiática a Yemen.

[72] Asúnsolo García, José Luis: *op. cit.* p. 85. Dice de Adén que *es la capital de la República de Yemen o Yemén, en la época del conflicto hispano-filipino estaba bajo dominación británica, dado que, desde el 19 de enero de 1839, la compañía británica de las Indias Orientales desembarcó en la ciudad de Adén para frenar los ataques de los piratas contra las embarcaciones inglesas que se dirigían a la India, el puerto estaba casi a la misma distancia del canal de Suez, Bombay y Zanzíbar, la ciudad quedó bajo su control hasta 1967. Los británicos consideraban ese puerto de gran valor estratégico para la ruta de la India y lo tenían fortificado.*

todos con los dichosos buzos y con los comerciantes que nos ofrecían la compra de sus mercancías.

30. Nada de particular ofrece el día. Me aplican al pie la tintura de yodo y un vendaje muy oprimido, iniciándose una mejoría notable.

31. A las 7 de la mañana pasamos junto a la isla de «Socotora»[73], que es bastante grande, y termina el año felizmente. Quiera Dios que principiemos y terminemos en su Santa gracia el de 1897. Hemos descendido ya a los 10.º, latitud N, lo cual piénsese, en línea recta, que nos hemos alejado de España unas seiscientas leguas.

Enero del 97

1.º Aunque el mar estuvo algo duro, pasamos el primer día del año sin incidente alguno desfavorable.

2. Fue un día igual que ayer.

3. A la 1 del día (8.º, 20' latitud N) cayó un fuerte aguacero que duró tres minutos, sucediéndose después otros de menos intensos.

4. Estuvo el día sumamente apacible, por la mañana pasamos cerca de las islas Maldivas[74].

5. Desde la una de la madrugada hasta las tres de la tarde la mar estuvo bastante alterada, a las 4 anclamos en el puerto de Colombo[75], que está en la isla de Ceilán y el cual ofrecía un precioso golpe de vista por las muchas embarcaciones vistas en él. Bajé a tierra y recorrí algo de la población, que cuenta con hermosos y soberbios edificios, como la casa de correos, el hotel de la Victoria etc.

---

[73] Socotora o Socotra es un archipiélago formado por cuatro islas en el océano Índico. Están frente a las costas del Cuerno de África, a unos 350 km al sureste de las costas de Yemen, país al que pertenece pese a su proximidad a Somalia, a finales del siglo XIX, era protectorado británico, y con la independencia de Yemen en 1967, las islas pasaron a su soberanía.

[74] Las Maldivas, oficialmente República de Maldivas, es un país insular soberano situado en el océano Índico, cuya forma de gobierno es la república presidencialista. La capital es Malé, con 393.253 habitantes. Los portugueses ocuparon las islas entre 1558 y 1573, hasta que fueron expulsados por el sultán, Muhammad Thakurufaanu Al-Azam. Más tarde, en 1654, fue colonia holandesa y, por último, a partir de 1887 británica en forma de protectorado, hasta que el 25 de julio de 1965 obtuvo la independencia.

[75] Asúnsolo García, José Luis: *op. cit.*, p. 85. Dice de Colombo que *era otra escala obligada, también estaba bajo dominio británico. Los soldados expedicionarios tenían que contentarse con ver el puerto y la ciudad desde las atestadas cubiertas. No se les permitía bajar a tierra. Sólo los oficiales y clases de tropa podían dejar el barco por unas horas. Esta medida, que, en principio, parecía impuesta para evitar posibles deserciones, era en realidad dictada por las autoridades del país en el que se hacía la escala, que no querían ver contingentes tan numerosos de soldados uniformados extranjeros en sus calles. Actualmente es la capital comercial y ciudad más populosa de la actual Sri Lanka (antigua Ceilán), está situada en la costa occidental de la isla. El nombre Colombo, le fue dado por los colonizadores portugueses en 1505, posteriormente estuvo en manos holandesas, y en el año 1796 pasó al Imperio británico, alcanzando la independencia en el año 1948.*

Hay muchos coches tirados por indios, por cebús y por caballos, y los primeros no ceden en velocidad a los otros.

Desde la puesta del sol empezaron a cantar grillos, cigarras y algún que otro pajarillo, con lo cual se alegró algo mi espíritu por recordarme las noches de primavera de España. Por acompañar al T.te Coronel no pude hacerme de la población todo el cargo que yo deseaba.

6. Zarpamos de Colombo a las 2 de la madrugada y fuimos costeando toda la isla de Ceilán, llegando en varios puntos casi hasta tocar la costa.

Como a las 8 de la mañana empezamos a ver el pueblo de «Puerto de Gales»[76], y desde las 12 perdimos de vista la isla. Durante la noche, como el día anterior, relampagueó bastante.

7. Desde la madrugada cabecea bastante el barco debido a la corriente del N.E., que nos toma de proa a popa. Algunos poco importantes refrescan la atmósfera.

8. El día se desliza de un modo análogo al anterior con algunos relámpagos por la noche.

9. A las 10 de la mañana divisamos un buque que pasa de muy largo, a las 2½ de la tarde se ven picachos de los islotes de Sumatra, y después la península de Malaca, cuyo estrecho vamos pasando.

10. Continuamos viendo la isla de Sumatra y península de Malaca[77], después de misa el capellán del barco reparte entre oficiales y soldados medallas de la Virgen de Guadalupe, regaladas por la empresa de la compañía Trasatlántica, dueña del isla de Luzón.

11. A las tres de la tarde pasamos junto al pueblo de Malaca y de algunos islotes que semejan macetas por su mucho arbolado; entre 9 y 9½ de la noche nos cruzamos con seis barcos; y durante el día con un sin número de ellos. Por la noche cayeron dos aguaceros de marca mayor. A uno de aquellos islotes le llaman los marineros «La coliflor».

12. A las 7½ de la mañana arribamos a Singapur[78], cuya entrada es hermosísima por el sin cuento de islotes que en ella hay de una frondosidad sin igual, sirviendo

---

[76] Puerto de Gales o Galle es una ciudad situada en el sudoeste de Sri Lanka, a unos 120 km de Colombo. La ciudad de Galle fue conocida como Cale hasta la llegada de los portugueses que lo hicieron en el XVI, los cuales se referían a ella como Qali, era entonces el principal puerto de la isla de Ceilán. Galle tuvo su apogeo en el siglo XVIII, antes de la llegada de los británicos a Colombo.

[77] Malaca o Melaka, es la capital del estado homónimo que, junto con otros 12 estados y tres territorios federales, forma la Federación Malaya o Malasia, que está situada en la zona meridional de la península de Malaca. La ciudad fue fundada en el año 1401; por su posición geográfica, era considerada en el pasado como un importante emporio, donde se concentraba el tráfico de mercancías entre Cantón, Japón, la India y, las islas Molucas.

[78] ASÚNSOLO GARCÍA, José Luis, *op. cit.*, p. 85. Dice de Singapur que *en los años de la insurrección filipina y del posterior conflicto bélico hispano-estadounidense, era un puerto en el que desde 1819 ondeaba la bandera británica, año en que Sir Stanford Rafles fundó un establecimiento en aquel lugar, en el año 1897 era cabeza de estación de cable submarino, y desde allí los capitanes de la Trasatlántica confirmaban a la Capitanía General de Manila el día de llegada. La última etapa del trayecto entre Singapur y Manila duraba nueve singladuras.*

alguno de los mismos de estación de aclimatación para los soldados ingleses, que han de ir a la India.

Bajé a tierra, recorrí algunas calles espaciosas, pero muy sucias en la parte habitada por los chinos que abundan muchísimo. Vi el punto en que se halla un templo consagrado a Buda una efigie de este que había en aquel es sumamente grotesca, era de medio cuerpo, con una cara de planeta (anchísima) y unos colmillos superiores muy salientes, en fin, un mamarracho.

Por allí tenían carrozas para las procesiones, vacas lecheras y muchos servidores del dios indio en distintas habitaciones, y observé que dos de ellos estaban sentados e inmóviles imitando acaso a Buda, para penetrar en la capilla principal hay que descalzarse, por cuya circunstancia renuncié a verlas. Estuve en la catedral anglicana que nada ofrece de notable, en el museo de Historia Natural que se está enriqueciendo ahora y en una pagoda china; la pagoda era bastante pintoresca, tenía paños y palios bien bordados y muchísimos pebeteros de lujo en los cuales ardían yerbas aromáticas. Últimamente vi un templo católico fundado por misioneros portugueses y otra iglesia francesa.

Apena entrar en templos no católicos, pues falta en ellos esa alegría que inspiran las imágenes de los santos que se veneran en los altares. La mayoría de las calles tienen soportales pintados de diferentes colores, y especialmente de azul, bajo los cuales, y en los portales trabajan chinos o se están arreglando el peinado, vistiéndose también, y comen sirviéndose de dos palillos.

A las 5½ de la tarde abandonamos el puerto de Colombo [aquí posiblemente el autor del diario quiso escribir: abandonamos Singapur], en cuyo pueblo había dos tabaquerías servidas por españoles.

13. Paso el día sin incidente alguno notable, y allá muy lejos se destacaban las islas Bananas.

14. Sin novedad en el mar de la China, que se esperaba verlo rizado, pero estuvo tranquilo en él, y los días 15 y 16 que pasaron sin más incidente que ver un buque a vela.

17. A las 7 de la mañana entramos en la bahía de Manila, y no desembarcamos hasta las 2 de la tarde con un calor insoportable. En tanto que llegaron sombreros para la fuerza, estuvimos en el muelle aguantando sol; entre 4 y 5 salimos de él, desfilando por delante del Cap. Gral. Polavieja[79], y del pueblo que, con sus autoridades nos salió a recibir. (Véanse las imágenes 7 y 8 al final de este capítulo).

---

79 Camilo García de Polavieja y del Castillo-Negrete, marqués de Polavieja, fue un militar y político español, que inició su carrera como soldado raso, apodado «el general cristiano» a causa de su religiosidad. Participó en la guerra de Marruecos, la tercera guerra carlista, la guerra de los Diez Años, la guerra Chiquita

Por presenciar el alojamiento de mi compañía, quedé yo sin él; cené en el restaurante de París y dormí en el cuartel donde estaba el Batallón. Tendido sobre un catre de tijera y con el impermeable por cabecera, entre lagartijas y cucarachas grandes y aladas, pasé una noche mala, pues a las malas condiciones de aquel tugurio había que agregar los innumerables mosquitos que acosaban a uno. Buen estreno para descansar de las fatigas de un viaje tan largo. Este, sin ser tan ameno y divertido como suelen pintarlo, no deja de ser distraído por las muchas tierras que se ven y puertos en que se hace escala, ofreciendo la ventaja de poder escribir con frecuencia a la familia. El trato a bordo tampoco resultó como lo habían pintado, dejó mucho que desear a medida que nos alejábamos de España, los artículos de lata abundaban y hubo varios averiados que no se les podía clavar el diente, el vino de mesa muy cargado de alcohol, lo mismo que el jerez y champagne que servían dos días a la semana; los helados muy detestables. Desayuno, almuerzo, refresco, comida y chocolate a las 9 de la noche, siendo buenos los platos que se servían, imponen un trato excelente. Pero lo bueno escaseaba. Por mi parte comí bastante y bebí más.

Desde Barcelona me convencí de que nuestro T.^te^ Coronel, persona muy digna e ilustrada, carecía de dotes de mando y le era desconocida la dirección de un batallón que se organizaba con reclutas, en su mayoría, recientemente llegados de sus casas. Echado en brazos del ayudante, algo engreído por haber figurado en el profesorado de la Aca. de Infa. y escrito cuatro palabras sobre las guerras de montaña, mareó en grande a los capitanes, reuniéndolos mil veces en tonto e impidiéndonos consagrar ese tiempo en organizar las respectivas compañías e instruirlas en lo posible dentro del barco. Los 2.os T.^tes^. D. Rafael Daganzo y D. Rafael Serrano, lo mismo que yo, conocíamos perfectamente el fusil Mauser[80] por haber servido en el Bon. Cazadores de Ciudad Rodrigo, que estaba dotado de dicho armamento; pero él y su ayudante, sirviéndose de una cartilla del Com.^te^ Sr. Boalo, tiraron de acá, de allá y del otro

---

y fue calificado como un gran estratega. Antes que de Filipinas, fue también capitán general de Andalucía y de Cuba. Durante su estancia en las islas Filipinas, que inició 8 de diciembre de 1896, ejerció el mando con mucha energía logró en un principio dominar la insurrección con distintas victorias sobre los independentistas. El 9 de marzo de 1897 el general Polavieja dimitió de sus cargos por razones políticas, argumentó para ello mal estado de salud, pero lo que más influyó fue la negativa por parte del Gobierno español, del presidente Cánovas del Castillo y del ministro de la Guerra, Marcelo Azcárraga Palmero, relativa a destinar más tropas y refuerzos a las islas. Su renuncia fue finalmente aceptada el día 24 de marzo; tras un breve periodo en que ostentó el poder de forma interina José de Lachambre, le sucedió Fernando Primo de Rivera.

[80] El ejército español, había decidido utilizar el fusil Mauser español modelo 1892/1893 para sustituir al Remington de 1871. Los primeros ejemplares utilizados en España fueron del modelo 1892 de fabricación alemana. Después de sufrir algunas modificaciones, como la colocación de los cartuchos «al tresbolillo», se declaró reglamentario por R. D. de 7 de diciembre de 1893, con la denominación Fusil Mauser Español modelo 1893 (llamado popularmente *el chopo* por su esbeltez). El Mauser portaba el cuchillo bayoneta, y se fabricó en Toledo tras haber recibido unos ejemplares de Alemania. Este tenía una hoja recta de 25,3 cm de acero fundido con filo corrido al exterior.

lado hasta llegar a abrir y cerrar el cerrojo, si a cada Capitán se la hubieran entregado desde el principio un par de fusiles, al menos, con ellos no habría desembarcado soldado alguno sin conocer perfectamente el manejo del cerrojo, variando que la mayoría no sabían qué era lo que traían entre manos, cuando desembarcaron. Hasta el momento preciso de desembarcar no se entregó a las compañías el armamento, así que la operación se hizo de prisa y corriendo, resultando de ello que al lado del fusil n.º 200 figuraba el 12363 y que no se pudieron formalizar las relaciones de armamento.

Por fin ya llegué al término del 1.er viaje y ya veremos cómo se presentan las cosas. Durante la travesía fallecieron dos soldados de mi compañía. (Véanse las imágenes 9 y 10, al final de este capítulo).

18. Hicimos la presentación al Cap. Gral., Gober. Militar y Jefe del Estado Mayor, y voy alojado a la calle S. Sebastián en casa de don Ricardo de Barreto, en cuya casa dormí.

19. A las 5 de la mañana voy al cuartel para salir a instrucción con la compañía, y a las 11 me dirijo al alojamiento para sacar algunos documentos (las listas de desembarque), que pedía Mayoría y que debió recoger esta en el barco.

Arreglé las dos maletas, colocando en ellas todas las cosas de mi propiedad excepto el impermeable y las ropas puestas, y al volver por la noche me habían robado dichas maletas; di conocimiento a la Guardia Civil Veterana, que se llevó presos a tres criados de la casa pasando en estos pasos hasta cerca de las 12 de la noche.

A las 4 de la tarde volvemos a la instrucción y no abandonamos el cuartel hasta el oscurecer, cuya canción se repite a diario.

Las maletas contenían: unos pantalones y una guerrera de rayadillo; dos revólveres con sus fundas y cartuchos, de reglamento uno y de bolsillo el otro; unos gemelos de campaña; unas botas blancas de id. que estaban por estrenar; una correa larga de charol (portasable); un cordón de revolver; una funda blanca de piqué para la gorra; una funda y una cogotera blancas del ros con el bombillo de diario y plumero de gala; una gola, un pantalón de paño grancé[81], una guerrera de paño negro y capote de id., id.; tres camisas blancas de vestir, tres calzoncillos de lienzo, media docena de cuellos de hilo de plancha, media docena de pares de puños de id., id., once pares de calcetines, dos toallas, doce pañuelos blancos de hilo y diez de color, dos pañuelos de seda, una docena de cuellos impermeables, un cepillo, unas tijeras mías y otras de la compañía, dos peines míos y otro de la compañía, una cartera de

[81] Dicho de un color: rojo como el que resulta de teñir los paños con la raíz de la rubia o granza, DEL. Palabra hoy en desuso, se utilizaba en los reglamentos de uniformidad de los ejércitos españoles para definir el color rojo carmesí, de diferentes prendas o parte de ellas. Era un color tradicional que ha permanecido en algunos elementos de los uniformes actuales.

piel de Rusia, seis estrellas doradas de latón con sus anillas; los retratos de mi mujer, tío Raimundo y tío Agustín; algunos cuadernillos de papel de hilo, medias filiaciones y hojas de prendas, un cuaderno de visitas del canal de Suez, los traslados de mis ascensos y destino, otras cosas que no recuerdo y sesenta pesos en plata.

Por la tarde vi a Baldomero García, Capitán del 5.º de Cazadores.

20. Cuando a las 9 de la mañana abandonaba el cuartel para ir al de la Veterana, encontré a Zorita (Braulio), capitán de la Guardia Civil, quien me dijo que pasaba de Mayor del presidio de Manila. Los presos nada concreto habían declarado, aunque uno mareó al oficial de la veterana llevándole a distintos puntos en que decía estaban las maletas. Mi vida, durante la permanencia en Manila se reduciría a estar en el cuartel, a excepción de las horas en que iba a comer y cenar. Traté de ver al Cap^n^. General con el fin de entregarle una carta en que me recomendaban a él, y no lo pude conseguir por hallarlo siempre con visitas.

Fui a casa del Tte, Coronel Eduardo Moreno Esteller, director de la Acas. la preparatoria, y en aquel momento se disponía a salir en coche con su señora e hija, como advertí cierta frialdad en el saludo, no quise volver a verle.

Entregué al Sr. Guallard, oficial 2.º de oficinas militares empleado en Capitanía Gral., una cajita que traía para él, y tampoco se ofreció cual yo esperaba, en una palabra, pierdo mis intereses y tras ellos van desmoronándose algunas ilusiones; cierto que la pérdida de las primeras me acobardó sobre manera, porque es muy triste encontrarme en una población como Manila en las condiciones en que yo llegué a verme.

Por la misericordia de Dios, tan aflictiva situación duró poco, pues por conducto de mi T.^te^ Coronel recibí 50 pesos cuyo donativo me hizo don José Rocha, que intentó ocultar su nombre, descubriéndolo yo por exigirlo así para aceptar aquellos y darle personalmente las gracias, cual lo hice a día siguiente.

21. Pasa el día como el anterior.

22. En id. id., pero como debía salir al sig.^te^ día, compré lo que necesitaba para marchar a operaciones. Dormí en el cuartel.

23. A las 10 de la mañana, con el sol capaz de freír huevos, salimos de Manila siete compañías, y a las 3 de la tarde llegamos a Guadalupe[82], alojándonos en un camarín que había servido de cordelería.

---

[82] BUZETA, Manuel y BRAVO Felipe: *Diccionario geográfico-estadístico-histórico de las Islas Filipinas*, Madrid, 1851. Tomo 1, pp. 65 y 66, dicen de GUADALUPE: *santuario situado a 2 leguas E. S. E. de Manila, sobre un gran peñasco que se eleva a la orilla izq. del r. Pasig; su altura es tan notable, que para llegar a él se suben algunos centenares de escaleras, formadas en la misma piedra. Desde allí domina toda la prov. de Tondo y la bahía, siendo por consiguiente uno de los puntos más pintorescos del archipiélago. Combátenle todos los vientos, y su clima es templado y saludable. Fue fundado en el año 1601, es un buen convento a cargo de los PP. Agustinos calzados, quienes tienen siempre en él un prior, que suele ser de aquellos ya envejecidos en el servicio espiritual de*

Mi compañía, por hallarse en el extremo que tocaba el campo, cubría el servicio de reducto y daba centinelas avanzados a los cuales había que vigilar mucho por ser solo quintos.

El Bon. formaba parte de la brigada independiente del general Galvis, cuyo señor se alojaba en el convento de dicho pueblo. Sobre un poco de paja tirada en el suelo nos acostamos el 1.er T.te D. Juan Anguita Palomino, el 2.º id. D. Rafael Serrano González, ambos de la compañía, y yo, que apenas pude pegar los ojos.

24. Hago con mi compañía el servicio de descubierta, encomendado al cap. Calero, quedo de capitán de campamento, y no puedo descansar durante el día por las continuas llamadas del jefe, ni durante la noche por recorrer continuamente las fuerzas dando mil tropezones en la agrietada sementera. Como la fuerza del Batallón no estaba instruida, la compañía hizo ejercicio durante algunas horas.

25. Igualmente que el día anterior, hago la descubierta. A mitad del día recibe orden el T.te Coronel de que salgan cuatro compañías con él, elige a la 1.ª, 3.ª, 6.ª y 7.ª, a cuyos capitanes desconocía y yo reparto entre todos los fondos que, como cajero de campaña, cuyo nombramiento había sido aprobado por la Subinspección del Arma, conservaba en mi poder. El desconocimiento de la milicia hizo que mi 1er Jefe, contraviniendo los reglamentos, me alejara de él: es verdad que, fuera de su ayudante, no conocía a más capitanes que a Xandaró y a mí, y por esto acaso mandó a aquel a Parañaque[83] y a mí me dejo en Guadalupe. Sin haber sido relevado del

---

las misiones. Su fábrica es de piedra y la iglesia es de bóveda muy notable. La sanidad de este punto, la comodidad del edificio, y la instrucción que suele adornar al R. P. Prior, que lo tiene a su cuidado, son circunstancias que lo hacen muy concurrido de enfermos que vienen a restablecerse en este santuario, y de jóvenes, que en él hacen sus estudios, circunstancias que la dan una grande importancia, y la hacen muy útil a la Colonia. Es también sumamente notable por la famosa fiesta de San Nicolás, que el día de este santo (10 de setiembre) celebran en este santuario los chinos infieles establecidos en Manila, atrayendo toda la población de aquella ciudad. Asombra, por cierto, y es muy significativo para el hombre pensador, que sabe apreciar en lo que valen las costumbres de los pueblos, ver como en el expresado día, aquellos infieles votan al santuario sus embarcaciones engalanadas, llevando en ellas las músicas de la guarnición y mil preparativos para el festejo, y suben por el Pasig, formando una procesión expresiva de un sentimiento religioso a lo patriarcal, celebrando con su alegría la veneración que profesan al santo. En su iglesia le ofrece cada uno una gruesa vela encarnada, misas y otras muestras de una fe, que por una parte es doloroso ver que se halla sin su verdadera base, y por otra anuncia como este pueblo está llamado a adquirirla y acrecentar la república cristiana. Es admirable la animación de este punto en aquel día; grande el gasto que hacen los chinos mencionados, y no pocos los que, movidos por esta festividad, han abrazado el Evangelio. Todos llevan consigo la estampa de San Nicolás, y apenas hay un chino infiel en Manila, que no la tenga en su casa colocada con gran veneración al lado de Confucio. Atribuyese el origen de esta devoción, a que en el principio de la conquista del país por los españoles, algunos chinos tuvieron noticia de la veneración que profesamos a San Nicolás, y viéndose un día muy expuestos en su champan, (sampán, embarcación propia de china) se acordaron del santo, e invocaron su nombre, y habiendo salido del peligro, lo atribuyeron a su mediación.

[83] *Ibidem*, tomo 2, p. 393, dicen de PARAÑAQUE: *pueblo con cura y gobernadorcillo en la provincia de Tondo, arzobispado de Manila; sit. en los 124° 40' long. 14° 21' 20" lat., fundado en 1580 bajo la advocación de S. Andrés apóstol, sobre la playa de la babia de Manila, de cuya capital dista unas 2 leguas, y 1 escasa de sus*

servicio de campamento, llegaron las tres de la tarde, a cuya hora las tres compañías que quedamos (2.ª, 4.ª, y 8.ª) salimos con el coronel de caballería Sr. Arizón, en dirección a Parañaque con un calor excesivo. La 4.ª comp.ª quedó en Culi-Culi y las otras dos proseguimos la marcha hasta Parañaque a reunirnos con la 5.ª. Como había que pasar varios puentes de caña, y las carromatas que llevábamos no se atrevieron a cruzarlos, dicho señor nos obligó a dejar en el camino las pequeñas maletas que formaban la impedimenta de los oficiales, cuyas maletas fueron recogidas al siguiente día. Dormí en una mala cama del convento.

26. Con 65 hombres pasé a una casa situada enfrente del convento, dejando en este con los T.^tes^ de la compañía el resto de la fuerza, y en dicha casa me acosan de noche y de día los insectos que me produjeron ulceraciones en las manos y brazos.

27. Desde este día, y casi a diario, salgo al amanecer con mi compañía y la 5.ª en dirección a Laspiñas[84] para ir desde aquí a hacer la descubierta por las inmedia-

---

colaterales Laspiñas y Pasay; su temperatura es benigna, a consecuencia de los vientos puros que recibe del mar. Tiene unas 2.400 casas, en general; de sencilla construcción, distinguiéndose entre estas como más notables la parroquial y la de comunidad donde se balla la cárcel existen también algunas de piedra y tabla, propiedad de mestizos; la iglesia parroquial es de buena arquitectura, servida por un cura regular de la orden de S. Agustin; el cementerio está situado a oportuna distancia de la población, y se halla bien ventilado; sus caminos que conducen a Manila, Cavite y otros pueblos, son buenos y pueden transitar cómodamente los carruajes, ventaja debida al terreno llano de esta parte de la isla; sus barrios o anejos, llamados Malibay, Mabong y Maricaban, presentan un divertido y ameno paseo , por sus hermosas puertas pobladas de árboles frutales, como son limones naranjos y plátanos, cuyas bojas, recrean la vista, dan deliciosa sombra en todas las horas del día. Productos: arroz, cacahuete o maní, (cuya fruta es como una avellana) caña dulce, maíz, alcaparra, alcaparrones y romero, que cultivan y venden en Manila. Industria: la pesca, las salinas, que dan la mejor sal que producen las islas, el hilado tejido de algodón, en el que bordan diversos y vistosos dibujos, y fabrican también encajes de los mejores que se conocen en Asia: además del correo semanal, recibe uno diario de la cabecera de la provincia: hay escuela de primeras letras dotada de los fondos de comunidad. Pobl. almas, 12.300, trib. 2.478.

84 *Ibidem*, tomo 2, p. 151, dicen de Las Piñas: *pueblo con cura y gobernadorcillo, en la isla de Luzón, provincia de Tondo, diócesis de Manila; sit. en los 124ª 39' 10" long., 4° 29' lat., en la playa de la había de Manila, de cuya ciudad dista 254 leguas al S. el clima es templado y saludable. Tiene unas 684 casas, entre las que se cuentan el tribunal, donde está la cárcel, y la parroquial, que son los mejores edificios, la iglesia. parroquial; esta fue erigida en tal parroquia el año 1797, se halla bajo la advocación de San José, y la sirve un cura regular. Hay escuela de primeras letras, dotada de los fondos de comunidad. La calle principal es la calzada que atraviesa por el mismo en dirección de Parañaque a Bacor; hacia este último pueblo tiene el de Las Piñas dos puentes; el uno a la salida del pueblo por la parte S., este es de sillería y bóvedas; tiene dos arcos de figura elíptica, de 7 varas de diámetro y 2 varas 6 pulgadas desagita, y se balla sobre el riachuelo llamado Tripa de gallina, habiendo sido construido en el año 1809; el otro situado al S. O. del pueblo en el mismo camino,a 1 milla sobre el r. Zapote, que determina por esta parte los límites de la provincia de Tondo y Cavite, es también de sillería y tiene 5 arcos rebajados; el del medio de 12 varas de claro, y los otros dos de 6 varas y 2 pies cada uno, fue construido en los años 1817 y 18. El termino confina con los referidos pueblos de Parañaque al N (1/2 leg.) y Bacor al S. O. (1/4de leg.) al O. con la babia de Manila, y al E. no está determinado su límite. El terreno en general es llano, y su principal producción es el arroz, que da lo bastante para la manutención de los naturales, industria: la fabricación de algunas telas, la de la sal y de la cal, fácil por la abundancia de piedra buga que se encuentra en la playa; también hay algunos artistas, aunque son muy pocos, en cuanto lo exigen las necesidades del pueblo. Población 5.276 alm., trib. 775, que ascienden a 7.750 rs. plata, equivalentes a 19.575 rs. vn.*

ciones del puente del Zapote[85], recorriendo un camino envuelto por cañaverales infranqueables y por manglares. Estos lugares forman parte de lo que llaman «El desierto». Aunque la fuerza que salía del pueblo, pues en este quedaba un retén al mando de un capitán, se divide en cuatro secciones de cincuenta hombres cada una y con las debidas precauciones marchaban distanciadas unas de otras para evitar emboscadas y sorpresas del enemigo, este pudo causarnos bajas diariamente por lo intrincado del terreno, para él muy conocido. Con el retén de infantería quedaban dos piezas de artillería, cuyo destino estaba en Parañaque, y con la fuerza que hacía la descubierta marchaba una sección de caballería, que se apostaba en el camino que iba al campamento de Pamplona. Entre 9 y 10 de la mañana regresaba a Parañaque, inspeccionaba los ranchos, pasaban las mañanas en trabajos de compañía, y por la tarde salía con ella para ejercitarla en el manejo del arma, marchas y despliegues en guerrilla. Agregado el T.te Serrano a la 5.ª compañía y enfermo Anguita, ordinariamente iba solo a Laspiñas con la fuerza, llevando este género de vida hasta el 13 de febrero que, con el coronel de Estado mayor Sr. Barraquer, fuese definitivamente al último punto citado.

Febrero del 97

14. El enemigo, que por lo común se concretaba a disparar algunos lantacazos[86] de aviso al ver la punta de nuestra fuerza que no pasaba de un punto señalado por una caña que cruzaba el camino, rompe el fuego sobre la sección de vanguardia que contesta a él y se generaliza con intensidad durando hora y media el nutrido tiroteo. Aunque en dicho día me correspondió quedar en el pueblo, pues alternábamos para la salida el Captan. D. Franco. Martín y yo, me adelanté hasta el puente donde se situaba la 4.ª, sección para proteger la retirada de las otras tres; las balas enemigas cruzaban por el puente con mucha insistencia, la artillería emplazada a la salida del pueblo tuvo que refugiarse en los reductos porque allí no podía hacer nada provechoso y tenía a los servidores de las piezas expuestos al fuego del contrario, y el enemigo, al retirarse nuestras fuerzas avanzadas, siempre oculto entre la maleza, llegó hasta la orilla izqda. del río gritando: «Avante, avante cobardes castilas». Por fortuna no tuvimos que lamentar baja alguna, y el resto del día pasó sin más incidentes. (Véase la imagen 11, al final de este capítulo).

---

[85] *Ibidem*, tomo 2, p. 476, dicen del Zapote: *río de la isla de Luzón en la provincia de Cavite, término del pueblo de BacoOn; nace en los 124° 39' 23" long. 14° 27' lat., deslinda el término de este pueblo del de las Piñas, en la provincia de Tondo, corre al N. O. 1 1/2 legua y desagua en la babia de Manila a los 123° 38' long. 14° 29' 20" lat.*

[86] Disparos efectuados con una lantaca, especie de culebrina, pieza de artillería, larga y de poco calibre, muy usada entre los malayos, y otros pueblos orientales.

15. Salgo con la vanguardia, se hizo fuego sobre las trincheras de los insurrectos que no contestan a él por haberse, sin duda, concentrado en el campamento Pamplona.

16 al 20. Presto con la compañía el servicio de reconocimiento sobre el río Zapote y protección del puente avanzado de Laspiñas, teniendo fuego todos los días sin bajas en aquella. Vi varias veces al cap. Baldomero y al hijo de mi tía Teresa Zamarreño, al T.te Dávila y a Fernández Cuevas. Por dichos servicios fui recompensado con la cruz roja de 1.ª clase del Mto. Militar.

Es de advertir que la 2.ª y 8.ª con destino en Laspiñas, por no tener al lado jefe alguno del campamento, sirvió para depurar algo su atmósfera, pues en él había trozos de carne en putrefacción, huesos de carabao por descarnar y otras inmundicias, todo lo cual era nada comparado con la suciedad y carnes descompuestas de los alrededores, así que de día nos acosaban las moscas y por la noche regañaban y se disputaban los restos de carne centenares de perros.

Desde que despertaba al alba hasta que anochecía, éramos molestados por el fuego enemigo, especialmente mi compañía, que ocupaba la cara que miraba a su campo y un ángulo donde había un pozo hacia el cual él concentraba sus tiros, siendo imposible el fumar de noche porque la luz del cigarro les indicaba a donde habían de tirar, como que sus tiros pasaban altos, por lo general, de aquí que hubiera menor desgracias entre nosotros concretados a contestar, únicamente cuando se veían muy próximos los fogonazos.

Tan cercano estaba el enemigo que oíamos sus alertas; algunas noches, validos de la oscuridad y del conocimiento del terreno, se acercaban para llamarnos «Puta dinamó» y varias veces un corneta suyo nos mareaba tocando diana, llamadas generala etc. etc., esto es, cuando se le ocurría. Entre el servicio de campamento y arreglo de las trincheras, completamente estropeadas a nuestra llegada, se pasaron los restantes días del mes de febrero.

Una avanzada compuesta de 32 soldados, más de una vez era mandada por un oficial, se situaba durante el día a unos trescientos metros del campamento y por la noche se replegaba en el reducto de entrada, y otra avanzadilla de 16 soldados a las órdenes de un sargento se colocaba a unos 100 metros en dirección al río Zapote, cada compañía mantenía por la noche treinta centinelas y treinta de alerta que se sentaban al lado de estos, dos oficiales recorrían el recinto constantemente y el capitán de campamento, que no se acostaba, lo hacía las veces que estimaba conveniente, resultando de ello un servicio penosísimo y sin fuerza suficiente para relevar a media noche.

Como al campamento solo llegaban algunas fuerzas que escoltaban convoyes, la vida se hacía sumamente aburrida y pasaba el tiempo sin darse uno cuenta del día de la semana en que estábamos. Yo no salía de la cueva más que lo preciso, porque tenía que aprovechar el día para hacer la documentación de la compañía, puesto que de noche no se podía tener luz.

Marzo del 97

1 al 10. Nuestra vida se desliza como los últimos días del mes de febrero, como galleta a diario y siendo varias veces para 1.er plato porque, cuando por casualidad llegaba al campamento algún tendero, pedía por las cosas diez veces más de lo que valían; así que carne frita (unas veces de vaca y otras de caballo) por primer plato, refrita para el segundo y «frechida», cual decía el cocinero, para tercero jamón de China para cuarto constituían el menú de las comidas que hacíamos Anguita y yo, pues Serrano desde el día 24 de Febrero se puso enfermo y se retiró al lado del Com.^{te} González. Hasta que el 10 del corriente mes pasó a Manila. Agua de pozo, que yo me cuidaba de filtrar, vino de provisión y algo de ginebra eran los líquidos que apagaban nuestra sed. Mandada formular propuesta, me tocó por suerte ser propuesto, pero el capitán y mal compañero de la 4.ª Sr. González Villón, influyó y torció al Cte. Gonz^{l}. pintándole las cosas a su antojo y poniéndome ante él como un hombre borracho porque el día 23 afecto del incendio y falta de alimentos unido al poco vino que bebí me mareó algo, cuyo jefe proponía a él y me dejó en blanco. Me faltó entereza para hablar al Com.^{te}, como correspondía, por tratarse de una imprevisión y asunto que se respingaba. Mi mareo, hijo de la falta de alimentos, no me impidió hallarme en mi puesto y cumplir con mis deberes. Completamente ebrio, vi llegar a Laspiñas a un capitán después de la toma del campamento, y esto no le impidió cobrarse el empleo de comandante por la referida toma, en las cual contaba haber tenido más de setenta bajas, aunque solo llegaron a siete. Dios perdone al compañero rastrero.

11. De madrugada hizo fuego la casa del naciente con mortero de cuatro insurrectos que, próximos a ella, se dirigían al bosque y, entre 12 y 1 de la tarde, arreció y se localizó dónde estaba mi compañía: ordené que unos cuantos soldados hicieran fuego por descargas cada vez que los fogonazos del enemigo se dejaban ver entre unos pomos de cañas próximos, de los cuales lograron desalojarlos y pasaron a unos bahays, que se les obligó a abandonar. Las piezas de artillería funcionaron también (¡Cuánto lujo de cañonazos!) pero el resultado de tal jaleo resultar aparentemente herido en el cuello el soldado de mi compañía, Anastasio Oró Larrosa. Por la tarde estuvo en el campamento el general Lachambre y el excoronel Arizón, ya Gral. de Brigada, con muchísima fuerza de infantería y caballería que los escoltaba hasta Parañaque.

12 al 20. Fueron días de relativa tranquilidad, siendo menos frecuentes los disparos del enemigo debido acaso a susurros de preludios de paz. La fuerza se consagró a acortar el campamento, que era excesivamente grande, se elevaron las trincheras

dotándolas de banqueta y se trajeron cañas con las cuales se construyeron cobertizos para la fuerza, que ya se animaba a llegar a los «bahays» de los insurrectos trayendo alguna «nipa» para las techumbres.

Para Anguita y para mí levantamos una chabola de bastante capacidad, con caña de los pisos de «bahay» armamos nuestros camastros, y la cosa resultó buena en apariencia, porque el agua se filtraba por entre la «nipa» mal arreglada; pero ya no había tanto bichejo como en la cueva, si bien nos hacía música de chacón (especie de salamanquesa) que cantaba con frecuencia.

El acortamiento del campamento trajo consigo el descanso, pero hubo poca previsión al dejar fuera de aquel el único pozo que había.

21. Entre ocho y nueve de la mañana hace fuego el enemigo sobre los asistentes, que salieron para proveerse de agua, y cae mortalmente herido el soldado de mi compañía Vicente Pomar, que murió aquella tarde en el hospital de Manila y el cual se hallaba de centinela al ser herido.

26. Marcho con mi compañía a la toma del fuerte del Zapote en el cual, por fortuna no hubo resistencia; reunía tales condiciones de defensa por sus anchísimas trincheras aspilleradas en la margen izqda. de dicho río y frente al camino de Laspiñas que veinte hombres armados bastaban para cerrar el paso a algunos batallones.

El puente de piedra estaba cortado y hubo necesidad de tender cañas para el paso: allí había una binta [sic][87] grande amarrada junto a las trincheras y de la cual debían servirse los insurrectos para atravesar el río, en cuya margen derecha se veían flechas mil clavadas en tierra y lanzadas, acaso cuando el fiado coronel Alver llegó hasta allí.

Como yo salí del campamento sin haber tomado otra cosa que el café sorbido y no llevé ninguna clase de alimento, me sentía desfallecer, y gracias que el juez municipal de Laspiñas que me dio de la merienda que llevaba él. Como las cuatro compañías habíamos vivido encerradas en el recinto del campamento, sin que el comandante hubiera ordenado reconocimiento alguno conducente a reconocer las posiciones del enemigo y como tampoco se chapearon sus inmediaciones con objeto de despejar el terreno, nadie sabía que a poco más de un kilómetro del nuestro teníamos el suyo, que se prolongaba como kilómetro y medio hasta el camino de Laspiñas a Bacoor[88], en cuyo frente tenían tres reductos con sus caponeras.

---

[87] Binta (más bien vinta) es una embarcación de un tronco ahuecado y aguzado en los extremos, usada en Filipinas DLE.

[88] Buzeta, ..., *op. cit.*, tomo 1, p. 321, dicen que Bacoor: *pueblo con cura y gobernadorcillo, en la isla de Luzón provincia de Cavile, diócesis del de Manila, sit. en los 124° 37' 15" long. y los 14° 28' lat., sobre la costa S. E. de la bahía de Manila casi enfrente y al S. E. de la capital que es Cavite, entre un laberinto de ríos por donde penetran los esteros del mar, en terreno llano y despejado. Tiene como unas 2.068 casas de la sencilla construcción*

En ese campamento, cuyos bahays ardían aquel día, había montadas fraguas para fabricar balas y flechas, y allí era donde el corneta nos mareaba por la noche y especialmente al amanecer, y desde aquel molestaban a la avanzada de oficial especialmente al montar y desmontar el servicio.

Al anochecer regresé al campamento por el camino que lo atraviesa y que más allá lleva a Almansa, cuyo camino no había sido recorrido por fuerzas nuestras desde la muerte del coronel Alvar. Mis soldados volvieron cargados de gallinas y de babuis (cerdos) que cazaron en el abandonado barrio del Zapote, y yo compré a uno de ellos un magnífico gallo blanco de pelea.

29. A las dos de la tarde. Con muchísimo calor, salimos del campamento las compañías 4.ª 5.ª y la mía en dirección a Laspiñas, a cuyo punto llegamos a las 5 y en él pasamos la noche. Yo dormí en un sillón.

30. A las 12 del día nos dirigimos hacia Bacoor llegando allí a la 1 ½ o 2 de la tarde y encontrándonos con la 2.ªcompa. que había llegado del campamento. Mi compañía con cuatro del 5.º mandados por el comandante de este Sr. Vaquero, pasamos a Imús; durante nuestra presentación al General, pues allí se encontraba la división Lachambre, se ahogó en un pozo el soldado de mi compañía Ramón Carbonell, lo cual motivo que yo estuviera levantado hasta las dos de la noche, que anduviera de acá para allá y que al amanecer volviera al convento por ver si los ingenieros venían con cuerdas para extraer el cadáver. Me acosaron unos insectos de cabeza gorda que me produjeron ulceraciones en las manos y muñecas.

31. Extraído el cadáver de Carbonell por el soldado de la compañía Vicente Garzón, lo llevamos a Bacoor, en cuyo punto quedé. Yo tuve que dejar en Pamplona la maleta y una caja de madera; la 2.ª compañía trajo a Bacoor la maleta y el T.te Azcarraga me hizo el favor de recoger la caja, pero de esta faltaban: un traje de rayadillo, unos calzoncillos, unos gemelos de campaña, varios trajes de tao y vestidos de babay que me habían regalado los soldados y yo retribuido, una cruz preciosa, un cuadro pintado en madera, tintero, plumas, papel de escribir y no recuerdo cuantas cosas más, cuyos objetos quedaron en poder de unos soldados.

---

del país, casa parroquial y tribunal de comunidad de buena fábrica, escuela de primeras letras dotada de los fondos del común, e iglesia parroquial servida por un cura regular. Confina el termino por E. con la provincia de Tondo; por S. y 0. con Cavite y San Roque, y por N. con la bahía de Manila. Corren por su jurisdicción en dirección de S. a N. los indicados ríos. El terreno es llano y productivo, y por él cruza el camino que recorre el litoral de la isla tocando en la población, lo que le facilita recibir sin retraso el correo semanal establecido en aquella, industria: el beneficio de los productos naturales, la pesca que les proporciona grande utilidad, y la fabricación de varías lelas, comercio: la exportación del sobrante de los productos naturales y fabriles, que se lleva a Manila, producción: arroz, maíz, azúcar, legumbres y frutas, población 12.406 alm, 2.082 trib. que ascienden a 20.820 rs. plata, equivalentes a 52.050 rs.vn.

Abril del 97

1 al 14. En Bacoor, ocupado en los documentos de la compañía e instrucción de ella. El 10 oí misa en el campo y me percibí que era al domingo de Ramos, pues pasaba el tiempo sin darme cuenta de los días. La compañía, lo mismo que Anguita y yo, vivimos en los bahays indemnes, excepto tres días que ocupamos una casa de tablas. La parte del mar estaba atrincherada fuertemente, y en todos los caminos y veredas había trincheras y reductos. Como dicho pueblo había sido muy castigado por la artillería, los indios habían hecho subterráneos en muchos puntos para librarse de los cascos de granada; en casi todos los bahays se encontraban flechas, con puntas de hierro y otras todo de madera. La única salida que practiqué fue un reconocimiento por el camino de Imús[89] y la hacienda de S. Nicolás, casi completamente arruinada, regresando por orillas del río Zapote.

15. (Jueves Santo) A las nueve de la mañana abandonamos Bacoor, descansamos algunos momentos en el ya destruido campamento de Pamplona, paramos como hora y media en Almansa y a las 6 de la tarde llegamos a Muntinlupa en cuya casa hacienda pernoctamos.

Durante el día no pudimos comer cosa alguna, pero nos desquitamos por la noche. Al pasar por Pamplona, no pude menos de recordar con sentimiento el tiempo en él perdido lamentablemente, con exposición de la vida, en tanto que las fuerzas que formaron en la división Lachambre habían sido recompensadas por sus fatigas, y entendía yo que, con un jefe de regular tacto y animoso, podríamos haber obtenido

---

[89] BUZETA, ..., *op. cit.* Tomo 1, pp. 106 y 107. Dicen de IMUS: *pueblo con cura y gobernadorcillo, en la isla de Luzón, provincia de Cavite, diócesis del arzobispado de Manila; se halla sit. en los 124" 57' 10" long., 14" 25' 10" lat., en terreno llano, a la orilla de un río; disfruta buena ventilación, y clima templado y saludable, siendo el punto elegido por muchos enfermos para buscar en él su restablecimiento y no menos donde se retiran otros por recreo en vacaciones. Fue fundado este pueblo en 1795, y en el día tiene como unas 2.624 casas, en general de sencilla construcción, distinguiéndose la parroquial, la de comunidad, llamada también de justicia o tribunal, donde se halla la cárcel, y otras varias de piedra y tabla, y sobre todo la casa de la hacienda del nombre de esta población que es magnífica y sólida con su hermoso oratorio público. Hay escuela de primeras letras, a la que concurren muchos alumnos, dotada de los fondos de comunidad. La iglesia parroquial ue es de Inicua fábrica, está bajo la advocación de Nuestra Señora del Pilar, y se halla servida por un cura regular; sus procesiones son notables por sus magníficos pasos, de los cuales algunos son conducidos en carros triunfales. Próximo a esta se encuentra el cementerio que es bastante capaz y ventilado. Comunicase este pueblo con sus inmediatos por medio de caminos regulares, y recibe de la capital o cabecera un correo diario. El término. concina por N. con el de Bacor (a 1leg.) y Cavite viejo; por S. O. con el de San Francisco de Malabon (a 3); por E. con el de San Pedro de Tunasan (de la Laguna a 2); y por S. E. con los de Indan y Silan. El terreno es llano en general, y se halla regado por varios ríos que le fertilizan y hacen productivo en arroz, maíz, algodón, cacao, añil, caña dulce, cocos, las más exquisitas y más tempranas mangas, legumbres, frutas de otras muchas clases etc. También tiene buenos pastos y se crían ganados caballar y vacuno. La industria se reduce casi toda a la agrícola y a la fabricación de varios tejidos, en los que se ocupan principalmente las mujeres. El comercio consiste en la exportación del sobrante de sus productos agrícolas y fabriles, y en la importación de algunos de los artículos de que se carece, población 15.744 alm. 2.888 trib., que ascienden a 20.880 rs. de plata equivalentes a 72.200 rs. vn.*

provecho todos los oficiales. Ni se formalizó propuesta por el incendio y ataque de día al campamento, ni por el que infirieron las compañías 4 y 5, al conducir un convoy, ni por el ataque de la noche del 23 de febrero.

Cuando salíamos de Bacoor, oímos los cañonazos con que la plaza saludaba al General Polavieja, que regresaba a España[90]. (Véase la imagen 12, al final de este capítulo).

16. A las 4 de la mañana nos despedimos de Muntinlupa, pasamos sin detenernos por el pueblo de S. Pedro Tumasán, en Biñan descansamos como hora y media viendo allí a Captan, de la 3.ª don Miguel Herrero, tuvimos otro buen descanso en Sta. Rosa, siendo llamados por el párroco del pueblo fray Juan González, que nos sirvió un refresco y cigarros, comimos y sesteamos en el pueblo de Cabuyao, y a la puesta del sol llegamos a Calamba donde pernoctamos.

Como la mayoría del camino está sembrado de barrios, distantes de los respectivos pueblos, en muchos bahays se oía a las familias indias, cantar la pasión, a lo cual son muy aficionados.

17. Al amanecer, emprendimos la marcha para Tanauang, almorzamos en Sto. Tomás y llegamos al primer punto entre la una y dos de la tarde.

En la noche de este día, y por falta de pan, cenamos con galletillas de lata, Anguita y yo. Dormí en el convento como un lirón, pues la noche anterior la pasé sentado en una silla.

18. De madrugada salgo con mi compañía para el Bañadero, a cuyo punto llegué entre siete y ocho, y con mi compañía ocupé una cota o fuertecillo mal acondicionado a orillas de la laguna de Taal y el punto más avanzado de la línea formada para contener a los insurrectos que se hallaban en el cercano pueblo de Tabiuyo.

20. Oigo tiros hacia Bilog-Bilog donde se encontraba la segunda compañía, me alejo algo en esta dirección y, cuando me levantaba de hacer una necesidad, pasan silbando algunas balas por encima de mi cabeza; me dirijo al fuerte dando voces para que la compañía, entonces dedicada a la instrucción, se apronte a la defensa dentro del fuerte. Los insurrectos siguen tirando y acercándose más cada vez, pero tienen que retirarse a cosa de una hora después merced al fuego por descargas que le hizo mi gente.

El Capitán del 6.ºde Cazadores don Enrique Guerra, Com.[te] Militar de Boñadero, dio conocimiento del hecho al jefe de la línea de dicho punto a Calamba, así como de que el telégrafo había sido cortado en una extensión de dos kilómetros y de no ser posible la recomposición por hallarse el enemigo apostado a los lados del camino con mucha gente armada.

90 Tras marchar a España, Polavieja fue sustituido por Primo de Rivera.

La fuerza del 6.º enferma en gran parte, no salió de los camarines que ocupaba y no hizo un solo disparo. Por pequeños fueron los insurrectos retirándose hacia Talisay, pero fuera del alcance eficaz de nuestras armas.

26. Quedé de Com.te Militar de Bañadero, cuyo destacamento quedó formado por mi compañía y una sección de voluntarios de Alva mandada por el Teniente Jover, y a pesar de que el enemigo molestaba algo, no había exposición como en Pamplona.

30. A las 10 de la mañana, cuando la tropa se hallaba tomando el rancho, los insurrectos nos hacen algunas descargas a las cuales no quise contestar por hacerlas a bastante distancia y ocultos entre los cañaverales, lo cual no impidió que en el mismo fuerte cayeron algunas balas, una de las cuales tuve la curiosidad de recoger. En dicho día estaba yo solo, pues Anguita con 30 hombres fue por raciones a Tanauang y regresó al siguiente.

Mayo del 97

2. Con 40 hombres paso a Bilog-Bilog y desde aquí con el T.te Coronel Sr. Rodríguez Navas, cuyo jefe se había encargado en marzo del Batallón por pase a España del anterior Sr. Sánchez Salcedo, me dirijo a una altura situada entre Bilog-Bilog y Bañadero en cuyo punto se levantó el fuerte de Balnig-Bingo. A las órdenes del cap. de voluntarios de Alva Sr. Molina queda el T.te Serrano que acababa de venir de Manila y yo le mandé después 40 hombres y desde este día la fuerza a mis ordenes hace confrontas con la de dicho fuerte.

3. Llegan a Bañadero dos lanchas cañoneras remolcando algunas gabarras que traían raciones y, estando los soldados dedicados a descargarlas y conducirlas para su depósito, el enemigo envía una nube de balas que hace suspender la descarga. Yo me hallaba en el fuerte con el Com.te don Juan Hadimero y con el T.te Anguita y dispuse la fuerza para contestar al fuego, en el caso que los insurrectos se descubrieran algo; las lanchas fueron las que rompieron contra ellos fuego de camón y de ametralladora, con lo cual se acalló el que nos hacían.

5 al 24. De igual servicio que antes descansando muy poco por ejercer vigilancia, dormíamos algunos ratos sobre un canapé de gruesas cañas acosados por toda clase de mosquitos por la noche y por el día. Como la techumbre de un pasadizo, donde pasamos la mayor parte del tiempo, era de zinc, se hacía insoportable el calor y sudábamos la gota gorda. La única distracción que tenía era la de ver luchar dos gallos (míos), dar de comer a algunas gallinas compradas en los barrios cercanos y especialmente a una y a un pollo traídos de Pamplona.

La vista de Bañadero es uno de los panoramas preciosos que se pueden ofrecer: alzándose por el poniente las estribaciones y cordillera del Sungay, de una exuberante vegetación, empezando las ondulaciones del terreno como a unos 200 metros del fuerte; por el mediodía se extiende la laguna de Taal o de Bombón, en medio de la cual surgen algunas islas de forma cónica y la que encierra el volcán que está en constante actividad arrojando nubes de vapor más o menos condensado, y esta isla, en la cual se decía que había mucho ganado de los insurrectos y de la que extraían azufre para hacer pólvora, dejaba dos bocanas que servían de paso a las lanchas cañoneras, en tanto que las demás islas estaban muy próximas entre sí y el último picacho hacia Bayuyunga se unía con las estribaciones del Sungay; por el S.E. se divisaban cerros muy elevados, como los de Valete y de Cuacas que desafiaban las nubes; por el naciente se veían los bahays de humildes y reducidos barrios, pero cuyo conjunto resultaba pintoresco por hallarse diseminados como en un cuarto de circulo entre manguesas[91] [sic] y otros frutales; y por el sureste se veían numerosos cañaverales de azúcar que llegaban a perderse en el Sungay, con varios trapiches (molinos) para la extracción de esta. Daba lástima ser perdida tanta riqueza, pues la caña y trapiches están completamente abandonados. Por no haber bahays próximos, los bahays del contorno formaban un mercadillo donde vendían gallinas, huevos, mangas, plátanos, peces de la laguna y cigarros, sin olvidar los licores como anís del mono, aguardiente de suja etc., etc., con ello hacían su negocio y se llevaban el dinero de los soldados.

25. Relevada mi compañía por otra del 14.ª, marcho con ella a Tanauan y me alojo en la carretera de Lipa, cuya casa, aunque no reunía buenas condiciones, resultaba un paraíso comparada con el alojamiento de Pamplona y de Bañadero, donde vivía, comía y dormía confundido con el soldado.

28. A las tres de la tarde, con la columna de mi Jefe, nos dirigimos a Bilog-Bilog a donde llegamos bastante calados, y allí vivaqueó la fuerza. Un sillón de madera me sirvió de cama.

29. En este día debimos dirigirnos a Talisay, donde se había concentrado Emilio Anguita con toda su gente, pero se recibió orden de suspender la operación hasta el día siguiente. El santo suelo me sirvió de lecho para dormir la siesta y descansar algo por la noche, en tanto que la fuerza hubo de levantar algún cobertizo para resguardarse de la lluvia.

30. Antes del amanecer y formando en vanguardia mi compañía, se dirige la columna hacia Talisay, al llegar a las proximidades de un barranco nos recibe el

---

91 Las manguesas (mangos) son un árbol de la familia de las anacardiáceas, originario de la India y muy propagado en América y en todos los países intertropicales, que crece hasta quince metros de altura, con tronco recto de corteza negra y rugosa, copa grande y espesa, hojas persistentes, duras y lanceoladas, flores pequeñas, amarillentas y en panoja, y fruto oval, arriñonado, amarillo, de corteza delgada y correosa, aromático y de sabor agradable. DLE.

enemigo a tiros, funciona la artillería nuestra y se apagan sus fuegos. Dice el práctico que es infranqueable el barranco, y entonces buscamos el camino real que va por la falda del Sungay: en el barrio de Tranca encontramos una trinchera que fue tomada con solo soltar algunos tiros. Como el T.[te] Serrano con su sección tuvo que quedar a retaguardia, las otras dos flanqueaban a derecha e izquierda en tanto que yo iba por el camino, que se convierte en arroyo en épocas de lluvia y se hace difícil de recorrer aun durante la seca. Sin más incidente llegamos al camarín que servía de cuartel a las fuerzas insurrectas de Talisay, donde el T.[te] Coronel del 13 Bon. había recogido cañones viejos, lantacas, escopetas, pistolas, pólvora etc., a cambio de un soldado suyo muerto y algunos heridos. A las 12 llegamos a Talisay reducido a las ruinas del convento y de la casa cuartel de la Guardia Civil con algunas chozas provisionales, en una de las cuales descansamos varios oficiales, y no se veía por el camino más que caña azucarera masticada que probaba el hambre que pasaría aquella gente. Regresamos por la tarde recorriendo la orilla de la playa sumamente encharcada, tuvimos que atravesar varios arroyos con agua hasta el muslo, descansamos en Bañadero en tanto se tomó pan por la fuerza y a las 10 de la noche dábamos con nuestros huesos en Cale, en cuyo punto pernocté.

31. Entre 10 y 11 regresamos a Tananang y mi compañía quedó en su anterior alojamiento lo mismo que yo.

Junio del 97

1 al 4. En Tananang de servicio e instruyendo a la compañía por la mañana y tarde.

4. La 2.ª, 4.ª y mi compañía salimos de madrugada, descansamos, comimos en Lipa y pernoctamos en S. José.

6. Seguimos la marcha, comimos y descansamos en Cuenca y, al oscurecer, llegamos a Taal, final de nuestro viaje. La compañía se alojó en dos casas, y mis oficiales y yo ocupamos una de los mejores del pueblo que, de haber estado convenientemente amueblada, nos hubiera parecido un palacio.

7 al 17. El Capitán Martín y yo alternábamos en los servicios de jefe de día, de instrucción y de lista de presente. Para el 1.º de ellos había que recorrer por la noche varios puestos: el del puente del río Pansipig que pone en comunicación a Taal con Leinerie, el fuerte al extremo de este pueblo (a 3 km. del principal), la guardia de este, la del convento, las de mi compañía, la de la 4.ª y la del hospital situado a orillas del río.

18. Después de dormir en el principal sentado en un sillón por estar de jefe de día, recibimos orden de salir para Tanauang. Comimos y descansamos en Cuenca y pernoctamos en S. José: entre estos dos puntos hay unas barrancadas soberbias.

19. Llegamos a Lipa, donde descansamos y pasamos la noche, teniendo que dormir sobre el piso de madera de la casa.

20. A las 10 de la mañana llegamos a Tanauang, alojo la compañía en una casa de la plaza y por la noche recibo orden de marchar a Calamba. El sarpullido del paso se me manifiesta en el brazo derecho y, efecto de rascarme, se me puso mediano; empeorando por no poder atenderlo con tantas marchas.

21. Salgo con la Compañía antes del amanecer, doy un descanso en Sto. Tomás y, después de desayunar, proseguimos el viaje. El camino desde Tanauang hasta después del pueblo de Sto. Tomás, el puente de Viga, estaba lleno de fango que llegaba al soldado hasta las rodillas. Llegamos a Calamba, quedamos mal alojados y en estas condiciones pasamos los días 22, 23 y 25. Empecé a curar el brazo con agua bórica y baños en este día, pero recibo orden de salir al siguiente día para Biñán y tengo que renunciar a curarme.

25. Al romper el día salgo con la compañía para dicho punto, descansamos y almorzamos en el convento de Cabuyao, pasamos otro rato en Sta. Rosa, con él llegó hacendero, y por la tarde llegamos a Biñan.

26. Relevada por la mía la compañía del 13.º Batallón que mandaba el Cap^{n}. D. Inocencio Martín, quedo de comandante militar, teniendo que dar el destacamento de Sto. Domingo[ ], al cual va el T.^{te} Anguita con 30 hombres, y el de Cabuyao que, con otros 30 hombres, lo manda el T.^{te} Serrano, quedando el T.^{te} don Fermín García y yo con 69.

27 al 31. Como aun no tenía casa para poder atenderme, la erupción del brazo fue en aumento y se propagó al otro brazo y al pecho. Por fin empiezo a curarme, empleando una pomada compuesta de azufre y aceite de moro después de lavarme con jabón de chino y con sublimado corrosivo. La fuerza quedó alojada en la casa tribunal y yo ocupé los altos de otra próxima a la de la tropa, en tanto que el T.^{te} García dormía en el cuartel al frente de la tropa para vigilarla y ver como prestaban el servicio de patrulla.

Julio del 97

1 al 24. Sin más incidentes que las salidas de la fuerza para reconocer unas veces el barrio de Salan, otras el de Sto. Domingo, otras el de Baligago etc., merced a las continuas denuncias de haber sido asaltados por partidas más o menos numerosas de tulisanes[92] y de insurrectos, pasaron estos días. En uno de ellos estuve en el pueblo de Carmona y, al regresar de él, supe por el párroco de Biñán que el de Sta. Rosa

92 Los tulisanes eran bandoleros o malhechores perseguidos por la justicia.

era de la provincia de Salamanca y que había estudiado en Ciudad Rodrigo: este párroco, Fray Juan González, fue a verme, hablamos largo y tendido de mi pueblo y resultó ser natural de La Alberca y sobrino de D. Alejo Calanas. Durante mi permanencia en Biñán, pesó sobre mí un trabajo ímprobo, porque yo tenía que transcribir y registrar los oficios, expedir pases y hacer toda la burocracia de la compañía.

25. A las 5 de la mañana salgo de Biñán con la fuerza a mis órdenes, descansamos en Sta. Rosa y llegamos a Cabuyao, en cuyo punto espero la incorporación del T.te Anguita, cuyo oficial no llegó hasta las cuatro de la tarde con su fuerza calada y llena de barro por completo. Era la primera vez que yo hacía viajes a caballo, pues todas las marchas hasta entonces las había hecho a pie. La fuerza y nosotros pasamos la noche en el convento.

26. Con bastante lluvia y fango hicimos la marcha de Cabuyao a Calanba, teniendo que pernoctar en este pueblo por los continuos aguaceros que caían.

27. A las 6 de la mañana emprendo la marcha para Tanauang escoltando un convoy de treinta y tantos carros, y a poco nos sorprende una lluvia torrencial sin que el impermeable pudiera evitar que me calase por completo. Descansé en Sto. Tomás y, apenas emprendida la marcha, vuelve la lluvia que nos convirtió en patos. El camino estaba intransitable, los soldados tuvieron que descalzarse para poder caminar por los barrizales y lagunas del camino y llegaron a Tanauang completamente enloquecidos, en cuyo punto pasamos el resto del día y la noche. Los oficiales comimos en el convento invitados por el capitán Gabaldón, y la cena fue bastante mala porque nuestros asistentes no se cuidaron de preparar cosa alguna.

28. Con un camino infernal hice la jornada hasta Lipa, en donde se hallaba el T.te Coronel.

29. Con dicho jefe salimos de Lipa cuatro compas., (las otras cuatro había salido el día anterior), descansamos y comimos en S. José, y continuamos la marcha hasta Batamgas en cuyo punto pernoctamos.

30. Salimos de Batangas al amanecer, descansamos en Bauang (Bauan), donde, por descuido de los asistentes, nos quedamos sin comer, y salimos de este pueblo a las 12 del día. El calor era sofocante, el paso de la columna algo agitado y así que muchos soldados medio asfixiados se tumbaban a los lados del camino por no poder proseguir la marcha. Convencido el jefe de que se quedaba sin gente, se vio obligado a dar un descanso de dos horas y media, durante el cual se rehízo el soldado y tomó fuerzas para continuar. Llegamos a Taal, donde pasamos la noche.

31. Descansamos en Taal, aunque durmiendo sobre petates encima de las tablas del piso. Por la operación sobre Talisay fui recompensado con una cruz roja sencilla, y no era esto lo que yo me prometía, pues confiaba en que sería pensionada cuando

se dieron de esta clase y de M.ª Cristina a otros que no estuvieron tan expuestos como yo, y cuando el jefe había mostrado interés por la compañía llevándosela de vanguardia sin corresponderle. Aquí ya se vio la táctica de mi T.te Coronel, consciente en prodigar favores a un niño mimado del Bon, cuya mamá visitaba a todos los generales de la brigada, o a cualquiera otra, para poder de este modo entrar en relaciones con los generales y aprovecharlas en beneficio propio en la primera ocasión. El T.te Serrano no fue propuesto, pero en cambio lo incluyó en la que se formó por el ataque de la línea de Bañadero a Calanba en 24 de abril, fecha en que este oficial se hallaba en Manila; y por olvido acaso Anguita y yo, únicos oficiales que nos encontrábamos en el fuego de dicho día, no entramos en propuesta. Hubo gracias para los que no oyeron un solo disparo, por hallarse en Tanauang y Lipa.

Agosto del 97

1. Con el comandante González salimos cuatro compañías, pues las otras salieron el día anterior con el 1.er jefe, y llegamos a Calaca, en cuyo punto pasamos el resto del día. La compañía quedó perfectamente alojada, y los oficiales de ella tuvimos un excelente alojamiento.

2. Salimos para Balayan a reunirnos con las otras compañías y allí descansamos el resto del día, si es que el descanso es conciliable con la revista que por la tarde pasó el T.te Coronel, y con el ejercicio que hubo.

3. Las compañías 1.ª, 4.ª, y 5.ª y la mía con el comandante González salimos para Lian, con orden de esperar al resto del Bon, había de emprender una operación sobre el barrio de Ló. Llegamos a Lian después de atravesar un terreno muy ondulado y surcado de numerosos ríos, subiendo y bajando cerros muy empinados y de paso dificilísimo. Desde nuestra llegada a Lian empezó a llover copiosamente.

4 al 8. La incesante lluvia impidió la incorporación del resto de las fuerzas y fue causa de que, en dicho pueblo, pobre de suyo y sin elementos para sostener tanta fuerza, esta pasase hambre, como la pasamos también los oficiales. El río que corre entre Lian y Nasugbú, de cuyo punto habían de llegar los convoyes, se hizo invadeable por lo que carecíamos de provisiones. Lian fue bautizado por el buen humor de nuestros soldados con el nombre de «El pueblo del hambre».

Mi compañía tuvo un alojamiento regular, pero los oficiales de ella ocupamos un bahay detestable que estaba sin muebles, el agua entraba en nuestra habitación en cuyo piso dormíamos, y para llegar a la casa hubo que hacer zanjas de desagüe.

9. Suspendida por el temporal la proyectada operación, regresamos a Balayan llevando una marcha penosísima porque los caminos eran arroyos, los arroyos se habían hecho ríos que había que vadear con agua hasta la cintura y en los ríos el

agua llegaba hasta el pecho. A pesar de la lluvia y malas condiciones del camino y senderos, se desarrollaban a nuestra vista muy pintorescos paisajes.

10 y 11. Descansamos en Balayan.

12. A las órdenes del Com.[te] González salimos las compañías 5.ª y la mía hacia el barranco de Taclan-anang para batir a los insurrectos combinados con el resto del Bom., pues se habían hecho fuertes en dicho barranco y en las faldas del Batulao.

Nuestra llegada fue saludada con fuertes descargas que nos hicieron desde las trincheras del barranco, cuyo fuego continuó con ligeros intervalos hasta las 3 de la tarde, en que cesó por haberse apercibido que nuestras fuerzas se aproximaban por su flanco derecho, quemando los babays que hallaban a su paso. Regresó el Bon a Balayan, y yo ocupaba una de las habitaciones de la casa en que estaba la compañía.

15. Con mi compañía me dirijo al barrio de Zon, de la composición de Tuy, tengo que atravesar un terreno muy enmarañado y tres ríos más con barrancos soberbios que había que escalar de uno a uno. Destruido el barrio, que fue abandonado apenas nos divisaron, me uno a otras compañías que estaban en otro próximo y, después de descansar una hora, regresamos a Balayan no sin recibir dos fuertes aguaceros entre Tuy y este pueblo.

16. Embarco a las 5 de la tarde en el vapor Ganmana para marchar a Manila en virtud de orden del Capn. General.

17. A las 6 de su mañana desembarco en Manila, me alojo en la posada Palma de Mallorca, me presento a las autoridades militares y me entero de que soy llamado para declarar en la causa abierta con motivo del robo de mis maletas acaecido en el mes de enero.

18. Presto declaración ante el juez de 1.ª instancia de Tenafo y renuncio a todo derecho porque no se habían encontrado aquellas.

19 y 20. Esperando la salida del vapor.

21. Me embarco en el vapor D. Francisco, que me condujo a Balayan, y llevo zapatos para la fuerza.

22. A las 5 de la mañana desembarco en Balayan y paso descansando el resto del día.

23. A las 11 de la mañana salgo con la sección de alumnos para Calacá, donde pernoctamos.

24. Al amanecer, dejamos el pueblo de Calacá, descansamos y comimos en Toal y fuimos a dormir al pueblo de Cuenca.

25. Continúo la marcha, descansamos en S. José y llego por la tarde a Lipa, alojándome en la casa del tribunal cuyo secretario se había hecho fondista.

26 y 27. Descansamos en Lijan.

28. Nos trasladamos a Tanauang, donde se nos incorpora la 5.ªcompañía, como en una tienda y duermo en la casa del T.te Mayor. La fuerza debe salir al amanecer del siguiente día.

29. Con muchísimo trabajo por el mal estado de los caminos, hicimos la jornada hasta Calamba, donde descansamos y comí, embarcamos en el vapor Capitán, que nos llevó a Sta. Cruz, donde estaba mi compañía.

30. Con mi compañía y la 5.ª me dirijo Lumban y, descanso un poco en Pasanjan. Duermo en el convento.

31. Dichas compañías con la 7 y sección de alumnos a las órdenes del T.te Coronel pasamos a Paete donde dormimos.

Septiembre del 97

1.º Al amanecer, y divididos en dos columnas, empezamos a escalar los empinados y escabrosos montes que parecen querer aplastar a Paete. Coronados ya con bastante fatiga, y al ir a entrar por el camino real de S. Antonio, el enemigo nos hace un nutrido fuego desde dos carros que dominaban el camino, cuyos carros fueron tomados causándoles bastantes bajas.

Tomamos después el pueblo de S. Antonio, que abandonaron a nuestra llegada, y yo con mi compañía practiqué un minucioso reconocimiento en dirección a un campamento insurrecto titulado El Real. Se recogió un fusil Remington y varias escopetas con algunas lantacas[93] que abandonó el enemigo.

2. Emprendemos la marcha hacia el campamento de este, donde se decía que había mucha gente bien armada que nos estaba esperando; pero resultó un día fatigosísimo pues, por falta de guías, anduvimos perdidos en el bosque, abriéndonos paso muchas veces con el auxilio de los bolos; llegamos a orillas de un río invadeable y cuando el T.te Coronel de tanto andar dispuso que nos dirigiéramos a Lumban antes de llegar al cual nos cogió y caló un fuerte aguacero, En Lumban estuvimos hasta el que regresamos a Sta. Cruz, donde quedamos las compañías 1.ª, 2.ª, 7.ª y la mía formando la columna volante a las órdenes del T.te Coronel.

5 al 11. De instrucción todas las mañanas y con lista de presente la tarde en que estaba de capitán de cuartel.

12. Por la tarde salgo con mi compañía para Lunbang y durante el camino el agua no dejó de molestarme. Pernocto en dicho pueblo.

---

93 Lantaca es una especie de culebrina, pieza de artillería, de poco calibre, muy usada entre los malayos, joloanos y otros pueblos orientales. DLE.

13. A las 7 de la mañana toda la columna volante emprende la subida de los cerros inmediatos, que son de muy difícil ascenso. Desde las 8 de la mañana el cielo se cierra completamente y empieza a llover a mares.

Completamente calados, llegamos a Magalulo (El Real de los insurrectos), cuyas trincheras hay que tomar después de atravesar un río con agua hasta el pecho y de las cuales se les desalojó. Arrecian el viento y el agua, que cala los ligeros cobertizos hechos de prisa para preservarnos de ella, paso una noche toledana en alto grado con frío hasta los huesos, muchos soldados lloraban y tiritaban de frío y yo también, dando diente con diente, me acordaba muchas veces de mi familia y de España. Efecto de la lluvia, se echaron a perder las raciones que llevábamos, así como el pan que tenía la tropa.

14. Con agua hasta el pecho, atravesamos varios arroyos convertidos en ríos, y, sin cesar el vendaval y la lluvia, pues aquel temporal fue una colla, llegamos por la tarde a Lumbang sin habernos desayunado. Yo sufrí un porrazo en el maléolo interno del pie derecho, no sé si al atravesar alguno de los ríos, cuyo fondo era muy profundo, o en alguna de las caídas que sufrí en las bajadas de los cerros, cuyo piso se había hecho muy resbaladizo.

15. En Lumbang esperando que bajaran algo las aguas del río y pudiera funcionar la balsa.

16. Cuando cedió algo la crecida y por medio de lanchas, pasamos el río, nos dirigimos a Sta. Cruz, molestándonos bastante la lluvia.

17 al 24. En Sta. Cruz.

25. De madrugada nos dirigimos hacia Nagcarlan porque se decía que los insurrectos pretendían apoderarse de S. Pablo, pasamos por los pueblos de Magdalena y de Lilio, y a las 12 del día entramos en Nagcarlan, donde pasamos la noche.

26. Regresamos a Santa Cruz habiendo descansado y comido en Magdalena. Los caminos estaban completamente fangosos efecto de las lluvias.

27, 28 29 y 30. Como siempre que descansamos en Sta. Cruz.

Octubre del 97

1.º Salgo para Lumbang, a las 11 de la mañana, y en él pernocto.

2. La columna volante entera nos dirigimos a Nagaludo, en donde los insurrectos se habían hecho más fuertes que la vez anterior. Tomamos unas trincheras produciéndoles muchas bajas, practicamos un reconocimiento en el cual se destruyeron los bahays que tenían y dormimos acampados sobre sus propias trincheras. La lluvia y las hormigas me molestaron en grande durante la noche, pues para la 1.ª no

bastaba la techumbre de cogón[94] que habían puesto en el tapanco que hicieron los amigos.

3. Regreso a Lumbang.

4. Id. a Sta. Cruz.

5, 6 y 7. En este pueblo.

8. Por la tarde las compañías 2.ª, 7.ª y la mía no dirigimos a Magdalena, y en este pueblo pasamos la noche.

8. Llegamos a Nagcarlan, y allí sabemos que el enemigo, en número muy crecido, tenía cortados todos los caminos que conducían a S. Pablo. Atravesando fangales, trepando por cerros casi inaccesibles caemos a espalda suya en la trinchera que tenía a la altura del barrio de Binyan, tuvimos un fuego bastante intenso hasta desalojarlos de sus posiciones.

Tomada por nosotros la trinchera, llegan dos compañías del 12, que debieron operar en combinación nuestra y que no habían llegado antes por los aguaceros que cayeron, y seguimos hasta S. Pablo cuyo pueblo, excepto el convento, estaba en poder de los insurrectos, que huyeron en cuanto que las compañías salimos del atrio del convento para desalojarlos de las casas que ocupaban. Mientras que la fuerza se iba reuniendo en dicho atrio, no hicieron un fuego muy nutrido.

10. Por la mañana se dio sepultura al cadáver del T.^te^ Serón[95], que falleció el día anterior a poco de ser herido, y al de un corneta de 3.ª, y descansamos el resto del día.

11. Salimos para Alaminos, en cuyo punto esperábamos encontrar al enemigo, pero este había sido batido el 9 por fuerza nuestra y del 14.ª. Por la tarde llegan dos compañías nuestras del 14 y del 15 y de 72 con el general Zamanillo. Dormí en el coro de la iglesia de este pueblo.

12. Todas las fuerzas nos trasladamos a S. Pablo.

13 al 18. En este pueblo aguantando un fuerte temporal.

19. Salen nuestras compañías con las del 14 y 72 para Alaminos.

20. Practicamos un reconocimiento sobre el Abaguiling y barrio de Tombon, y por la tarde regresamos a Alaminos.

21. Volvimos a S. Pablo.

22 y 23. En este punto, emprendo la marcha el día segundo para Nagcarlam, en donde pernoctamos.

---

94 Planta de la familia de las gramíneas, propia de los países cálidos, que tiene las flores en panoja cilíndrica y cuyas cañas sirven en Filipinas para techar las casas en el campo. DLE.

95 Antonio González Serón.

24. Salimos para Sta. Cruz, descansamos y comimos en Magdalena y, a la caída de la tarde, llegamos al 1.er punto.

25 al 28. Como de costumbre.

29. Salgo por la tarde en dirección a Cavinti y allí pernocto. El terreno es muy accidentado desde Pagsanjan.

30. Practico un reconocimiento sobre el barrio de Tanangang, contiguo a Nagalulo, y regreso a Sta. Cruz. Tuvimos que atravesar a pie tres ríos de bastante fondo.

31. Queda disuelta mi compa. y soy destinado a la 3.ª.

Noviembre del 97

1.º Como mi nueva compañía se hallaba en Binangonan, tengo que concretarme a mandar unos 20 hombres enfermos de la misma y de la disuelta 7.ª.

2 al 10. Paso el tiempo terminando la documentación de la compañía.

11. Con la fuerza disponible tuvimos que apostarnos otro cap., tres subalternos y yo en el camino de Pagsanjan, para guardar las espaldas del general Zamanillo, quien, con su Estado mayor y personas visibles de Sta. Cruz, marchó a Pagsanjan, a celebrar una comida y un baile. ¡A dónde llega la milicia! En este día se incorpora la mayor parte de la fuerza de mi nueva compañía.

12 al 18. Entretenido en hacerme cargo a medias de ella.

19. En el vapor Laguna de Bay marchamos a Manila la 2.ªcompa. y los restos de la mía, que tenía 60 hombres caminando hacia Lipa y varios enfermos con constipados.

20 al 30. Prestando mucho servicio.

Diciembre del 97

1 al 4. Alternando en el servicio de guardia en Belibid y el de Capitán de cuartel.

5. Con mi compañía y otra de voluntarios de Pangusinán, mandada por el cap. Torres Bugayón, y a las órdenes de T.te Coronel de E. M. D. Franco Huete, salgo para la provincia de Bataán, llego a Balanga, donde pernocto. La fuerza hizo el viaje en lanchones remolcados por el vapor Sancón y algunos oficiales lo hicimos en el «Martina» donde a la llegada se nos sirvió un suculento almuerzo.

6. Con alguna fuerza de mi compañía y de voluntarios a las órdenes del T.te Coronel Huete, se practica un reconocimiento por las faldas del monte de Valet: anduvimos perdidos en el bosque y tuvimos que salir de él y pernoctar en el pueblo de Abucay, cuyo párroco don Franco. Gabea es de S. Felices de los Gallegos.

7. Regresamos a Balanga.

8. Salimos de este punto todas las fuerzas citadas, pasamos por Abucay, por Mabatan y por Samals, de cuyo último pueblo los insurrectos habían quemado las principales casas, motivando esto nuestra salida de Manila, y llegamos al de Orani, donde pernoctamos.

9. Por la tarde dejamos a Orani y, por Llama-hermosa, donde descansamos, llegamos al oscurecer a Dinalupihan, en cuyo pueblo dormimos.

10. Al amanecer, salimos para practicar un reconocimiento por los montes de Llama-hermosa y Abucay, a la puesta del sol llegamos al campamento insurrecto de Dampader, que tenía una subida para peatones bastante intrincada y otra que había que escalar agarrándose a las raíces. Pernoctamos en dicho campamento.

11. Quemados los camarines y bahays que allí había, bajamos al llano, pasamos por Llama-hermosa y terminóo nuestra jornada en Dinalupihan.

12. Proyectaba el T.te Coronel seguir hacia la Panpanga para trasladarnos en tren a Manila, pero a las 11 de la noche se oyen descargas y ve resplandor de llamas hacia Mabatán, que fue atacada y quemada en su mayoría por los insurrectos, por lo cual nos dirigimos en dicho sentido y caminando el resto de la noche llegamos a Orani.

13. A las 4 de la tarde salimos de este pueblo y yo quedé en Abucay para reconocer sus inmediaciones al sig.te día.

14. Al amanecer salgo de Abucay, reconozco los términos de Salian, Apalit, Sibul y Maaba; como advierto huellas del paso del enemigo, las sigo, paso el río Labanga y, al subir el empinado monte de Bayabas, nos recibe el enemigo con fuertes descargas. Intento apoderarme de su armamento con 20 cazadores y 35 voluntarios, que aquel día reciben su bautismo de fuego, y resultan inútiles los esfuerzos porque es inaccesible la trinchera por lo empinado del monte y los obstáculos que los insurrectos habían puesto en el terreno por ellos chapeado.

Estuve a 50 m de la trinchera, pero heridos el guía Agustín Matacud, los voluntarios Marcelo García y Félix Aquino, dispongo la retirada a Maaba; me dirijo después hacia Banco y desde Bayan-Bayan doy cuenta al T.te Coronel Huete y envió a Abucay los heridos.

Luego de descansar y comer la fuerza, me dirijo hacía Maaba, donde pensé pernoctar, pero divisamos a lo largo una columna que resulta ser nuestra y, en espera de unirme a ella, pierdo tiempo viéndome obligado a dormir en el trapiche del Cap.n Lino.

15. Llega el T.te Coronel Huete con 80 caz.es del Bon., n.º 8, a las 4 de la mañana salimos para Bayabas y a las 8 de ella nos hallamos en el campamento completamente abandonado: se componía este de un camarín para 200 hombres, de otro un

poco menor y de 12 o 14 babays con otros en construcción. Destruido y ganado el campamento, regresamos a Abucay pasando por Mabutan, Yo quedé en Abucay.

16. Paso a Balanga y allí duermo. Por la noche recibe el jefe un telegrama cifrado ordenándole la suspensión de hostilidades[96].

17. Paso a Manila.

18. Regreso a Bani, donde estaba la compañía vi a Lucio Pazos y a su familia, que venía a Manila, para pasar las Navidades con Zorita, saludándonos desde un barco ellos y desde otro yo.

20. Marcho a Manila en el mismo vapor en que fui a Oran, D.ª Dominga, alojo la compañía en el cuartel de Arracenos y yo quedo en la Palma de Mallorca.

21-22. Paso el tiempo sacando prendas y repartiéndolas entre los soldados.

23. Marcho en tren con la compañía para S. Fernando de la Panpanga, a cuyo punto llegamos completamente calados, porque llevaba tres días lloviendo sin cesar, y la estación de Manila, lo mismo que la de S. Fernando, dista mucho de estos puntos. Alojada la compañía en muy malas condiciones, lo mismo que los oficiales, hicimos la presentación al general de división Sr. Jaúdenes[97], a la cual quedaba afecto el Bom. y donde este día como en casa de un español llamado César.

24. Como extraordinario por la noche, nos dio castañas, nueces, turrón, una copa de Jerez y cigarro puro. Desde la casa de César hasta la nuestra había que ir a caballo por los lodazales y charcas que formaba el agua.

25 al 31. Haciendo instrucción, los días que no llovía y con lista de presente por las tardes. Termina el año sin incidentes desagradables, y pido al Señor que me conceda otro análogo.

---

[96] El día 14 de diciembre se había firmado el pacto de Biak-na-Bató entre las facciones rebeldes filipinas y las tropas españolas el día 16 de diciembre, Emilio Aguinaldo transmitió las órdenes de pacificación.

[97] Fermín Jáudenes Álvarez ejerció como gobernador interino de Filipinas entre el 24 de julio y el 13 de agosto de 1898.

IMAGEN 7. El capitán Francisco Garzón Sevillano con uniforme de rayadillo, dibujo del autor, inspirado en la fotografía que figura en la imagen 2.

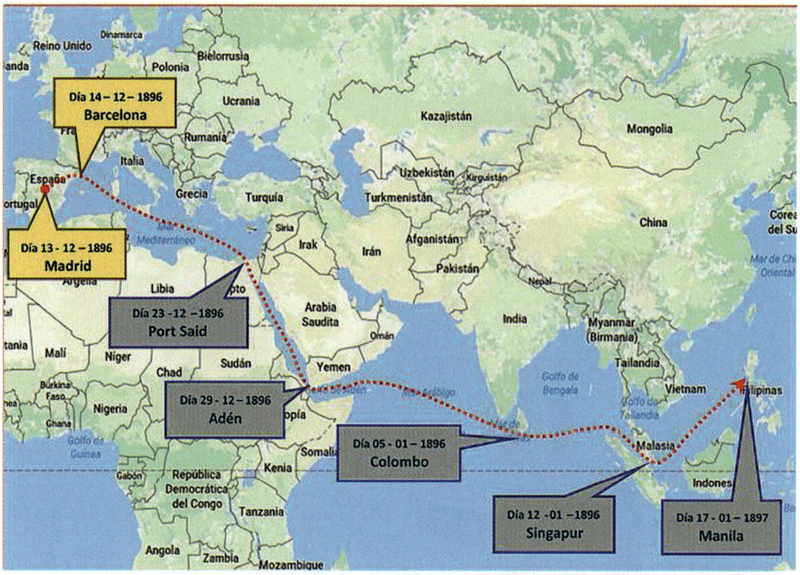

Imagen 8. Diagrama, que representa el recorrido en tren desde Madrid a Barcelona, y las cinco etapas de navegación en 31 singladuras del viaje del capitán Garzón a Filipinas (13 de diciembre de 1896 - 17 de enero de 1897), realizado por el autor.

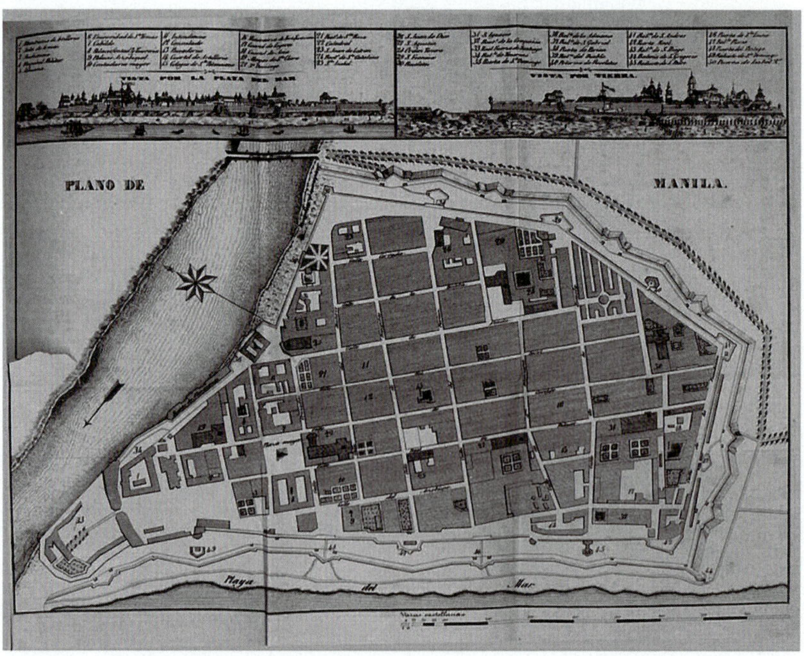

Imagen 9. Plano de Manila, Buzeta Manuel y Bravo Felipe, *Diccionario geográfico-estadístico-histórico de las islas Filipinas*, Madrid 1851, p. 297.

IMAGEN 10. Fotografía de una lantaca que aparece en: MONTEVERDE Y SEDAÑO, Federico de: *Campaña de Filipinas - La División Lachambre*, Madrid 1898, p. 77.

IMAGEN 11. Arriba, fotografía de un fusil Mauser español modelo 1892/1893 (al principio fueron fabricados en Alemania, país de origen de la empresa Mauser). Fue el primer fusil de repetición usado por el ejército español, declarado reglamentario por R. D. de 7 de diciembre de 1893, el cual modificó su denominación, que pasó a ser definitiva como Fusil Mauser Español, modelo 1893; era de repetición y su depósito podía contener cinco cartuchos. Abajo, fotografía de un fusil Remington 1871, que había sido declarado reglamentario para el ejército español por R. O. del 24 de febrero de 1871; era de retrocarga y de un solo disparo.

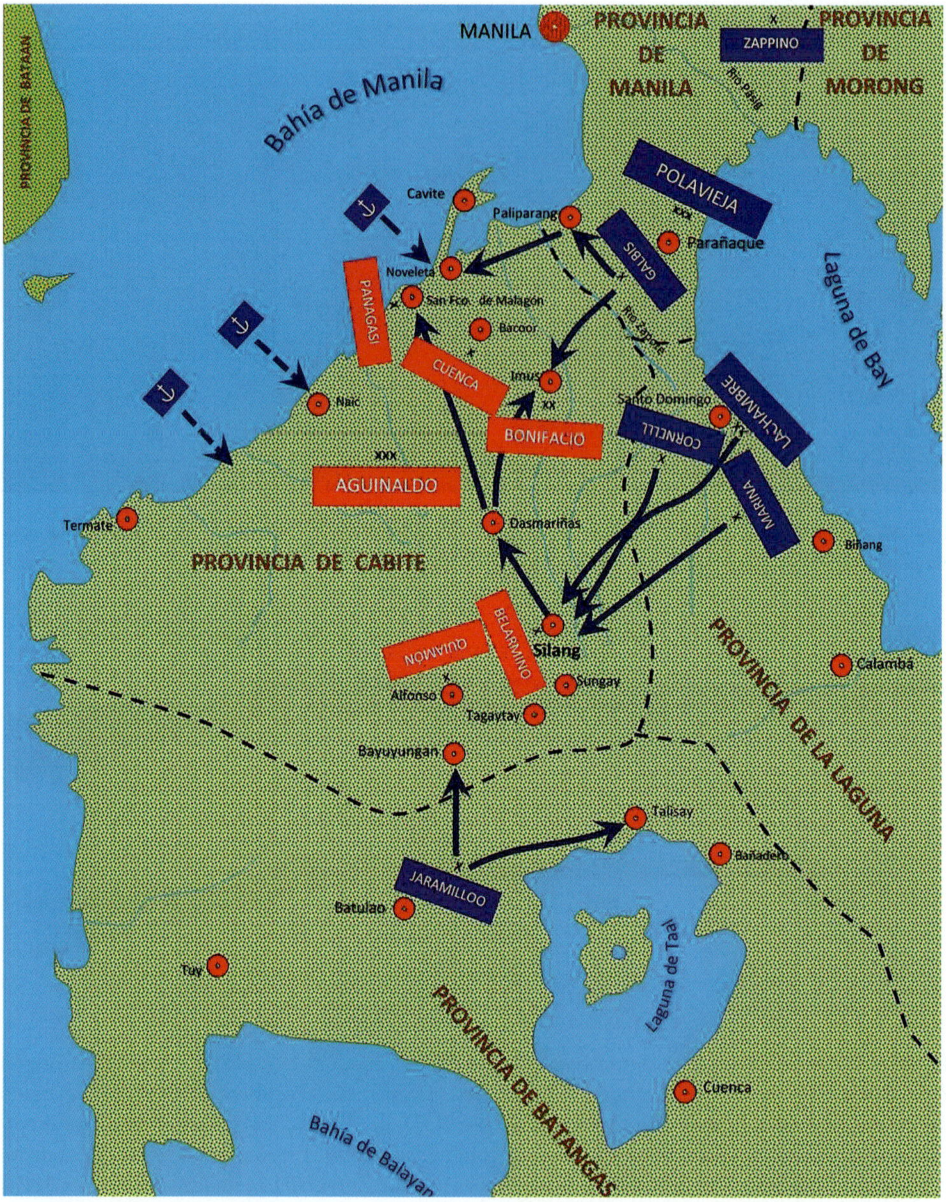

IMAGEN 12. El plan de Polavieja, gráfico del autor, inspirado en la descripción de: FEDERICO DE MONTEVERDE Y SEDAÑO, en *La Campaña de Filipinas - La División Lachambre*, Madrid 1898.

IMAGEN 13. Retrato del general Fernando Primo de Rivera y Sobremonte, fotografía de Fernando Debás, publicada en la revista *La Ilustración española y americana*, n.º XII, 30 de marzo de 1897.

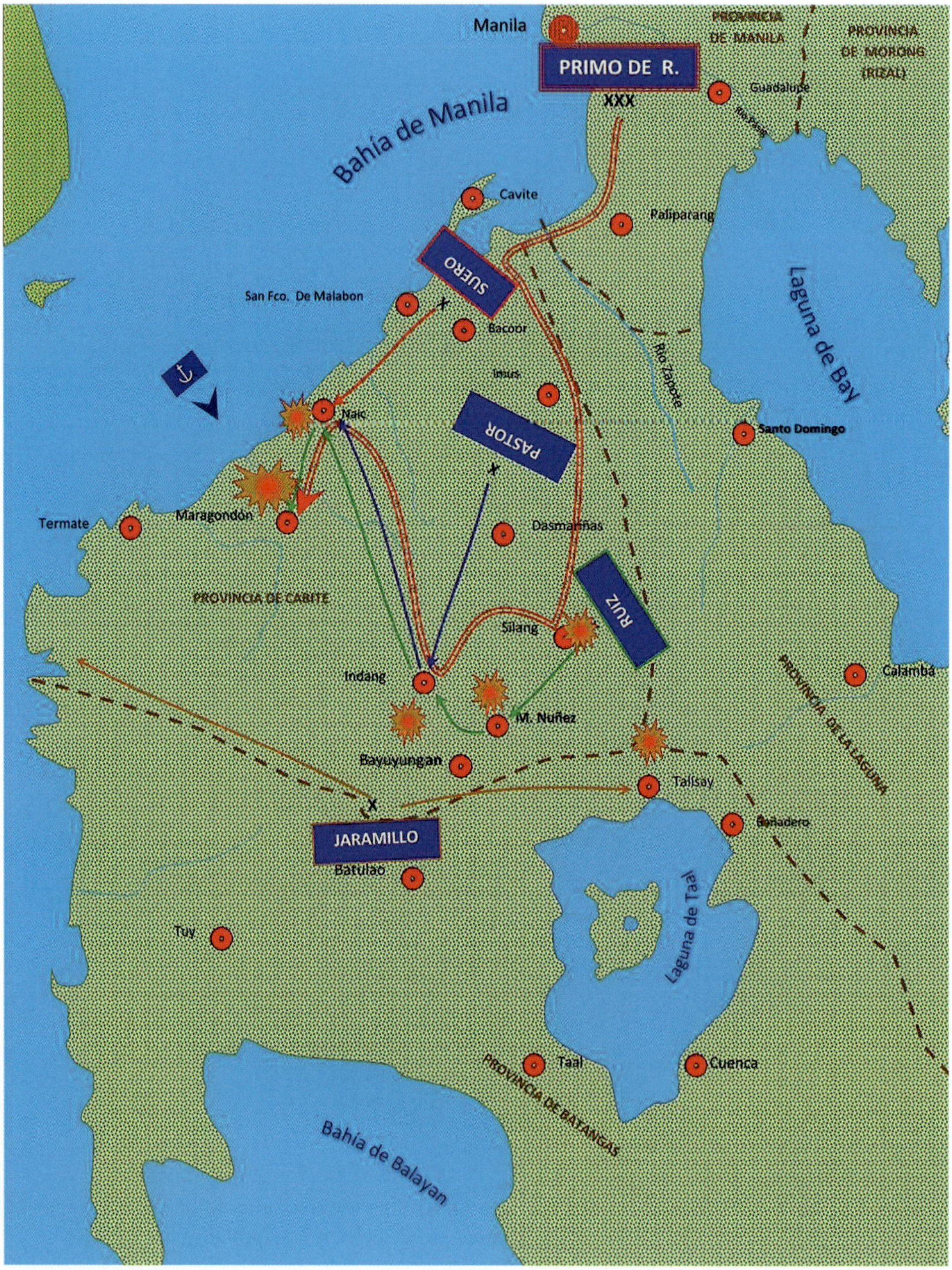

IMAGEN 14. El plan de Primo de Rivera, gráfico del autor, inspirado en la descripción contenida en la Memoria dirigida al Senado por el capitán General D. Fernando Primo de Rivera y Sobremonte acerca de su gestión en Filipinas, agosto de 1898.

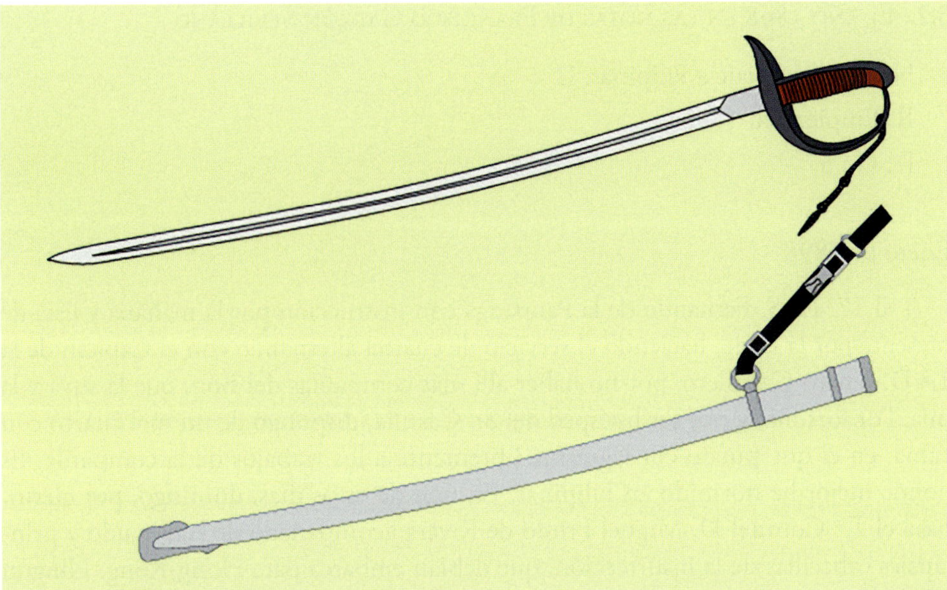

IMAGEN 15. Sable Modelo 1887. Declarado reglamentario por Real Orden de 27 de mayo de 1887, la intención era que al principio fuese solo para jefes (comandante, teniente coronel y coronel), pero, una vez conocidas sus ventajas, se usó también por oficiales (2.º teniente, 1.er teniente y capitán). El sable mide 93 cm y su hoja 79 cm de longitud, dibujo del autor.

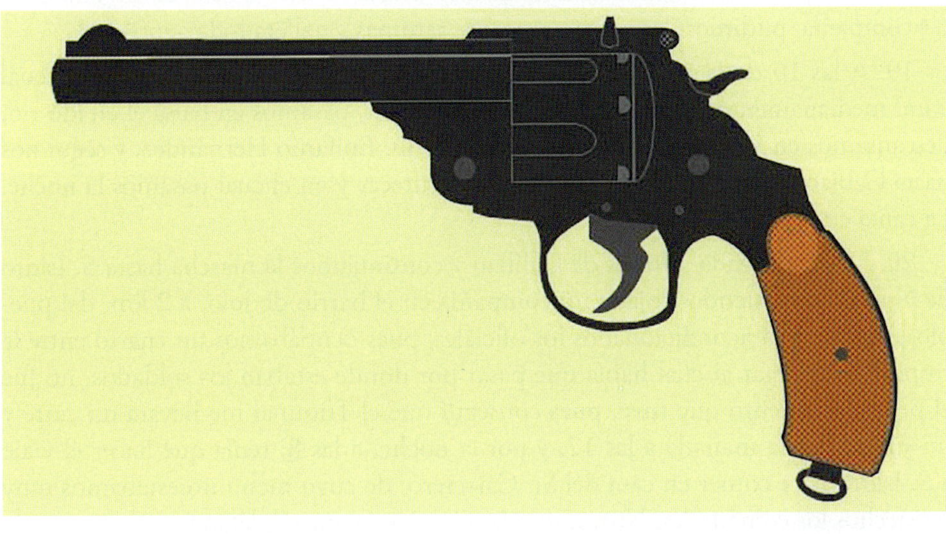

IMAGEN 16. Revólver Orbea M1884. 11 mm. Ona. Por Real Orden del 6 de octubre de 1884, se declaraba reglamentario este revólver, al que se denominó Modelo 1884. Dibujo del autor.

3.2. El año 1898 en las notas de Francisco Garzón Sevillano

Notas de mi viaje a Filipinas. II

II. Empieza en 1898

F . G . S.

Enero de 1898

1 al 17. En S. Fernando de la Panpanga con instrucción por la mañana y lista de presente por la tarde, haciendo el servicio de cuartel alternando con el Capitán de la 1.ª D. Jenaro Caballero, por no haber allí más compañías del Bon. que la suya y la mía. Por fortuna, y por ser huésped del Sr. Castilla, dispongo de un mal cuarto con cama, en el que puedo consagrarme libremente a los trabajos de la compañía. Es donde mejor he dormido en Filipinas. En uno de estos días, domingo, por cierto, pasó el T.te Coronel D. Miguel Primo de Rivera acompañado de Aguinaldo y principales cabecillas de la insurrección, que debían embarca para Hong-Kong. Ningún oficial nos molestamos en ir a la estación del ferrocarril, en que pasaron algún tiempo.

18. A las 11 de la noche salimos de S. Fernando yendo en tren hasta Calumpit, donde, muy mal acondicionados en gabarras remolcadas por unas lanchas de vapor, entramos en el río grande de la Pampanga, yo pasé la noche sentado en una banqueta en tanto que la lancha avanzaba río arriba. Gracias al T.te Aporta, encargado de la 6.ª compañía, pudimos desayunar con unas sardinas y galleta toda agorgojada.

19. A las 10 de la mañana desembarcamos en el pueblo de Arayat, en el cual comí medianamente. Sobre las 3 salimos de Arayat, pasamos en balsa el citado río, descansamos en Libutan, donde veo al 2.º T.te D. Epifanio Hernández, y seguimos hasta Cabiao, al cual llegamos después de oscurecer y en el cual pasamos la noche. La cama en el suelo.

20. De madrugada salimos de Calibao y continuamos la marcha hasta S. Isidro de Nueva Écija, siendo alojada mi compañía en el barrio de Jolo, a 2 km. del pueblo. Aunque mal acondicionados los oficiales, pues ocupábamos un cuarto entre la tropa y para llegar al cual había que pasar por donde estaban los soldados, no fue el peor alojamiento que tuve, pues conseguí que el Tribunal me llevara un catre y un sillón. Por la mañana a las 12, y por la noche, a las 8, tenía que hacer el viaje a S. Isidro para comer en casa del Sr. Carretero, de cuyo menú no estábamos muy satisfechos los comensales. Nunca se veía otro postre que el plátano.

21 al 31. En idéntica situación y trabajos de compañía; en uno de estos días fui con el Capitán Caballero a Gapán, pueblo próximo a su destacamento de S. Nicolas. Algunos días después volvimos a dicho pueblo.

Febrero del 98

1 al 5. Todo parece anunciar que Filipinas va a entrar en su estado normal, pues el Capitán Gral. da por terminada la guerra y en todas partes se canta el Te-Deum, y se celebra con festejos la pacificación del país.

En S. Isidro, además del Te-Deum, hubo carreras de gallos, cucañas consistentes en subir a unas cañas de 16 o 18 metros engrasadas, por supuesto, en cuyo extremo se colocaba dinero, una corrida de toros organizada por sargentos, cenas y bailes y una especie de procesión cívica que merece descripción separada. Iba abriendo el paso y despejando la carrera una sección de chiquillos indios que figuraban como soldados; seguía un coche tirado por seis caballos enjaezados que llevaba el retrato de S. M. el Rey Alfonso XIII, a cuyo coche escoltaban otros chicuelos indios y acompañaban varios indios de los barrios montados en caballos, lujosamente ataviados y vestidos a la española; después marchaban varios carros del país tirados por carabaos representando distintas cosas, uno figuraba una casa de lavanderas (por cierto, of. una india no cesaba de gastar jabón), otro una sastrería en que se cosían y planchaban prendas, otro una herrería donde ardía la fragua y se machacaba el hierro sobre el yunque, otro una fiscalía municipal, otro un cambio de pueblo que verificaban varias familias, otro una sociedad de pescadores con los aparejos convenientes etc., y cerraba la comitiva una tanda de mozuelos indios ennegrecidos, figurando una ranchería de igorrotes.

En una palabra, el país se dibujaba con todo al natural. ¿La paz sería un hecho? No había habido alguna ilusión al admitir como real y positivo algo que fuera ficticio. Las escenas que se desarrollen podrán sacarnos de dudas, por lo pronto muchos de los presentados propalaban que era solo una tregua de seis meses, y los trabajos de zapa entre ellos estaban a la orden del día, según confesión de oficiales que mandaban destacamentos.

Por la acción y operaciones del 12 de agosto, me conceden una mención honorífica por la de Magalubo del 13 de septiembre se me otorga una cruz roja sencilla de 1.ª clase del Mto. Milr., y por las operaciones de los días 8, 9, 10 y 11 de octubre alcanzo la cruz roja pensionada. Ya era hora de sacar algo positivo a cuenta del sin número de fatigas y fuegos en que me había encontrado.

6. A las órdenes del Cte. D. Primo González, pues el T.te Coronel D. Juan Rodríguez Navas, apenas supo su ascenso a Coronel por las operaciones del 8, 9, 10 y 11 del pasado octubre marchó a Manila, salimos de S. Isidro, por la tarde (a las 3) para llegar a las 6 a Cabiao, en donde pernoctamos.

7. De madrugada continuamos la marcha y a las once llegamos a Arayat, donde descansamos y comimos. A las 2½ dejamos este pueblo, seguimos la marcha con un

calor insoportable y un polvo que impedía distinguir los objetos a veinte pasos, por lo que hubo que dar a la fuerza un largo descanso y pernoctar en el pueblo de Sta. Ana.

8. Antes del amanecer emprendimos la marcha, descansamos algún tiempo en el pueblo de México, y a las 9 llegamos a S. Fernando de la Pampanga.

Mi compañía debía alojarse en un camarín fuera del pueblo, allí estuve esperando que la abrieran como cosa de una hora y media y, como no lo hicieron, volví al pueblo, quedando aquella en los bajos del cuartel. Nos presentamos al Gral. Sr. Monet, comimos en el pueblo y a las 2½ salimos para la estación, donde veo al Sr. Coronel D. Pedro del Real, a cuyas inmediatas ordenes quedaba yo, que con mi compañía pasaba a Bayambang, de la provincia de Pangasinán.

A las 5 de la tarde llegó el tren especial que a las 8 de la noche me dejaba con la compañía en el citado pueblo, alojándose aquella en los altos del Tribunal y los oficiales conmigo en una casa contigua, donde dormimos sobre petates en el piso de caña.

9. La descomposición de vientre que me venía molestando hacía ya algunos días se convirtió en disentería, con alguna sangre. Visitamos los oficiales al párroco del pueblo fray Feliciano Martín, natural de Zamora, quien me obliga a quedar con él en el convento. Mi destino en Bayambang era el de jefe de la columna volante que formaba mi compañía.

10. Por la tarde el fray Feliciano y yo, en su coche, marchamos al barrio de Oava (Guagua) para informarnos de lo ocurrido en los asaltos que en las noches del 6 y del 7 habían dado en él los insurrectos. Los *gabinistas*[98] por Bulacán, Panpanga y Tárlac y los guardias de honor por la Muy noble y leal provincia de Pangasinán, con sus continuos asaltos a diferentes barrios, manifiestan bien a las claras que el Te-Deum por la pacificación de Filipinas se había entonado antes de tiempo, y que aún quedaba mucho que hacer al ejército.

11. En virtud de la orden del Coronel del Real, y con motivo de un robo de algunos miles de pesos acaecido en la estación de Paniqui, salgo con 100 hombres a la una de la tarde con un sol abrasador, paso por Guagua, reconozco cinco pesquerías, recorro cogonales intrincadísimos, entro en la provincia de Tarlac, reconozco algunos barrios escabrosos y a las nueve de la noche llego al de Barang, en el cual pernocto, Me siento peor del vientre, tengo que dormir sobre las cañas de un bahay indecente, y me llevo algunas horas recorriendo las guardias establecidas, sintiendo algo de frío.

---

[98] En Filipinas, los gabinistas eran miembros de una secta fanática, seguidores de Gabino Cortés, al cual consideraban su dios. Según se cuenta en el periódico español publicado en Madrid entre 1875 y 1936, llamado *El siglo futuro*, del lunes 11 de abril de 1898, copiando noticia publicada en *El Comercio de Manila* del 10 de marzo, Gabino fue sometido a juicio sumarísimo y fusilado en Apalit en la provincia de la Pampanga en el 8 de marzo de 1898.

12. A las 4 ½ de la mañana salgo de dicho barrio, reconozco algunas pesquerías, paso por distintos barrios, atravieso cinco ríos, y a las 11½ llego a Paniqui, descanso en este pueblo hasta la venida del tren que me llevó a Bayanbang. Me siento peor.

13. Por la tarde salgo de paseo con fray Feliciano, y me noto cada vez peor de un fuerte dolor de hígado que había empezado a sentir por la mañana, cuyo dolor se hace tan intenso que no me deja respirar. Me aplican una fuerte embrocadura [sic] de tintura de yodo, y suspendo las dosis que tomaba de salicilato de bismuto y cesio.

14. Continua el dolor con la misma intensidad, y sobre la embrocadura de yodo me aplican una cantárida. ¡Qué triste es encontrarse enfermo de algún cuidado lejos de la familia! Aunque el padre Feliciano se desvelaba por mí y hacía que el médico del pueblo me visitase, lo cual es de agradecer muchísimo, notaba yo la falta de mi mujer e hijos para consuelo mío.

15. Tomo en tres dosis una purga (1 gramo de calomelanos al vapor y 5 id de leche de azúcar) que me descargó bastante el hígado, expulsando mucha bilis; por la noche salgo para Tárlac, donde a las 11 llego más muerto que vivo y duermo sobre una perezosa en una botica.

16. Veo al Com.te González, que llamaba para una tontería, me reconoce el médico del Bon. y me dice que de allí mismo marche al hospital de Manila, pero no lo hice así por entregar la compañía al T.te Marrero y recoger mis cosas. Regreso a Bayambang a las 12 ½ del día.

17 al 20. Continúo en el convento con las embrocaduras de yodo, tomando varios caldos al día y bebiendo ocho o diez vasos de agua diarios, pues me sentía abrasar interiormente. El sábado (19) víspera de carnaval, entre 12 y 1 del día, entran varios taos armados de bolo en el barrio de Balltúta de Bayambang, contando que serían secundados por la comprometida compañía de voluntarios de Panganisan que había en dicho barrio; pero la energía de un asistente europeo, que en la escalera del cuartel dio muerte a uno de los cabecillas, y el pronto auxilio de una sección de mi compañía, que acudió presurosa, contuvieron a los voluntarios dentro del deber, y pusieron en vergonzosa fuga a la partida, de la cual se recogieron cinco cadáveres, que fueron enterrados al siguiente día en la plaza pública de Bayambang.

20. Sigo lo mismo, entrego la compañía al T.te D. Miguel Marrero, con fecha 16, y él se encarga de formalizar los cargos desde 1.ºde mes,

21. En el tren de las siete de la mañana salgo para Manila bastante abatido, pues la noche anterior la pasé muy mal, cada sacudida del tren me hace sufrir horriblemente, cada minuto tomo un buche de agua con la cual enjuago la boca, por ser ardentísima la sed que sentía, desde Calumpit en adelante cedió algo el dolor.

Llego a Manila, pido un caldo con huevos en la fonda Palma de Mallorca, y de allí paso al hospital de Las escuelas municipales cuya cama n.º 15 ocupo. Al salir de la fonda y subir al coche, me saludó Luis Madroño Viota, me dijo que era sargento del Regto. n.º 73 y que su mamá y hermanos habían venido también.

22 y 23. Estoy a media ración, me aplican una pomada mercurial con belladona sobre la parte del vientre e hígado, y empiezo a ir mejorando. Tomo agua de seltz a todo pasto y dos limonadas diarias.

24. Me propinan una purga de 30 gramos de sulfato de sosa que me contiene la diarrea, y desde hoy tengo ración completa.

27. Me propinan otros treinta gramos de sulfato de sosa, y termino el mes bastante mejorado.

Marzo del 98

1 al 3. En igual forma en el hospital.

4. Me dan el alta con seis días de convalecencia, salgo por la tarde y me alojo en La Palma de Mallorca. La vida en el hospital, tal como se halla montado en el que yo estuve, es imposible, pues en un salón corrido dormíamos todos los oficiales, sin separación por enfermedades, y así algunos cogieron allí calenturas que no llevaron. Escasa limpieza, nada de esmero ni variación en las comidas, poco interés en el médico que visitaba y menos en los enfermeros. En cuanto a mí, el médico me reconoció muy superficialmente el 22 en que dispuso la pomada citada sin que después volviera a verme otra cosa que la lengua, así que salí del hospital con el emplasto al lado, y tomándome el pulso alguna que otra vez. El día 2 le pregunté si ya podía prescindir de la pomada y me dijo que «no, pues tenía muy sucia la lengua»; tampoco me indicó qué plan era el que debía seguir durante mi convalecencia. ¡Qué diferencia entre este hospital y los cuidados que en Bayanbang me prodigaba fray Feliciano! A ellos y a la misericordia de Dios debí el poder atajar una enfermedad que apareció con síntomas alarmantes, El Señor le pague cuanto hizo en mi obsequio.

5, 6 y 7. Según pasa el tiempo, voy, a Dios gracias, recobrando ánimo y fuerzas. El último de estos días estuve en la fiesta que en Sto. Domingo celebró la universidad a su patrono Sto. Tomás de Aquino, asistiendo a ella el señor arzobispo y todo el claustro de profesores. Después vi por encima el museo de Hist.ª Natural, de cuyos ejemplares no puede uno hacerse cargo por estar en espacio muy reducido y habitaciones oscuras; vi también el gabinete de física, que está bastante incompleto.

12. Presto, aunque indebidamente, el servicio de capitán de visita de hospitales y provisiones.

13. Me comisionan para asistir al entierro del T.^{te} Mota, del 4.ºde Cazad.^{es}, al cual había conocido en S. Fernando.

21. Soy reconocido en el hospital central, y creo conseguiré el regreso a España, pues se interesó mucho por mí el médico mayor don Vicente Amieva, a cuyo Sr. conocí en S. Fernando por ser comercial de casa de Castellá.

24. Salgo para el barrio de Bautista, donde hay restos de mi compañía, y el asistente me pierde el revólver en el tren. Era un muchacho tan cuidadoso que hasta cerca del final del viaje no sabía en qué coche iba yo, aunque le había encargado que llevase una botella con agua para beber, porque ya sabía que la sed me afligía mucho. Me alojo en una casa regular, pero muy calurosa por el día y fría por la noche.

25. Voy a Bayambang para oír misa y ver a fray Feliciano.

29. Recibo carta de que los médicos piden mi regreso definitivo a España; terminando el mes perdiendo forma.

Abril del 98

1 al 8. La mala alimentación, pues desde el 3 escasean los artículos de 1.ª necesidad, la falta de agua de seltz y el frío de la noche me ponen peor, teniendo el vientre completamente suelto a pesar de que en dos días distintos tomo dos purgantes de sulfato de sosa. La mayor parte de la noche la paso tosiendo, especialmente desde el día tres. En la tarde de este día Domingo de Ramos, los insurrectos entran en Bayambang armados de bolos dirigiéndose a la casa Tribunal, donde estaba el T.^{te} de mi compañía don José Onrubia con 24 hombres. El descuido en que se hallaba la fuerza fue causa de que tuviesen que luchar brazo a brazo y de que los taos incendiaran el techo del alojamiento, que era de nipa, de que se quemara el Tribunal con algunas cajas de cartuchos y todas las existencias que Administración Militar guardaba en los bajos del mismo, que eran de mampostería. Yo estuve en la misa de palmas y apenas se podían contar 30 o 40 hombres, cuando de ordinario en los días festivos acuden 300 o 400; esta circunstancia hizo entrar en sospechas al padre Feliciano, quien conmigo fue a Bautista para dar cuenta de ello al Com.^{te} González, cuyo jefe lo tomó a título de inventario; pero el referido padre, que olfateaba bastante, dejó el pueblo bajo pretexto de acompañar al nuevo gobernador civil que se dirigía a Limpayan, El Com.^{te} González con alguna fuerza marchó a prestar auxilio al destacamento, y, yo con el T.^{te} D. José Jiménez, organicé la defensa del barrio, mojándome algo durante esta operación. Pasé una noche muy mala, en la calle la mayor parte y el resto tirado en el suelo, por esperar las fuerzas que con el T.^{te} Coronel del 9 Sr. Dujiólz llegaron de Tárlac entre 12 y 1 de la noche. Como había llovido, hacía mucho relente que me perjudicó bastante. Es de advertir que nuestro jefe

hizo desalojar el cuartel y que la fuerza toda, con la mar de precauciones, lo mismo que los oficiales, pasáramos la noche en su casa.

9. Recibo oficio con el informe facultativo.

10. Otra noche que acaba de arreglarse, por creer el jefe en virtud de confidencias del Sr. Quicoy, oráculo del 1.º, que aquella noche los insurrectos pasarían el río Agno (¿Cómo? ¿A nado?) y atacarían al barrio. Él pasó a la estación con alguna fuerza, y yo monté un servicio de seguridad y vigilancia con el resto. Entre 12 y 1 de la noche se replegaron las fzas., y yo me tiro la noche sobre un catre sin más petate ni colcha que el impermeable, gracias al listo del acemilero al cual dicen asistente mío.

11. A medio día salgo para Manila, donde llego a las 8 de la noche, y duermo en la P.ª de Mallorca.

12. Ingreso en el hospital consabido para curarme de un fuerte catarro, y hago la instancia al Capn. Gral. pidiendo el regreso a España.

14. Tengo que hacer nueva instancia, pues dicen que debo indicar el punto en que quiero fijar mi residencia en España.

16. Pido el alta al médico, que me trataba con un triple jarabe y dos píldoras, de no sé qué al día, y con embrocaduras de yodo al costado derecho, en que se había fijado el dolor. Me da ocho días de convalecencia.

17. Me presento al T.^{te} Coronel D. Julián Fern.^{z} Manzanares [1], a cuyo señor conocí en S. Isidro de Nueva Écija, y me dice que atienda a mi enfermedad sin preocuparme para nada de la compañía. Estuve en el Gob^{no}. Mar., en el cual me dicen que surgirán dificultades para solucionar mi instancia sin haber sufrido el 2.ºreconocimiento prevenido, a primeros de abril, por el Gral. P. de Rivera.

19. Vuelvo al G.^{no} Mar. Y me dicen que el día anterior pasó mi instancia a Cap.^{a} Gral.

29. Estoy en Cap.^{a}, y sé que se decreta por ofi. sufra el 2.º reconoc.^{to}, pero no quiero seguir la pista por los sucesos que se vienen desarrollando y por temor de pasar al cuadro de reserva con los cuatro quintos de sueldo.

[1] Y al Com.^{te} Mayor D. Ernesto Cañizal.

Mayo del 98

1.º La víspera de este día habían circulado rumores de que la escuadra americana se hallaba muy próxima a Manila, cuyos rumores vinieron a confirmarse por el fuego de cañón que se dejó sentir ya muy de mañana. Los primeros disparos creí que fueran salvas para saludar a la plaza algún buque extranjero que entrara en la bahía, pero salí a la calle y me convencí de que se trataba de un cañoneo formal porque sentí el silbido de dos granadas que fueron a caer hacia Malate.

Después de haber oído misa en la iglesia de los franciscanos, me dirigí al convento de S. Agustín, en cuyos bajos se hallan las oficinas del Bom., y desde la muralla, que está contigua, vi cómo los barcos yankees atacaban a nuestra escuadrilla que se había ido a refugiar a la ensenada de Cavite.

Nuestra pequeña flota, compuesta de unos cuantos barcos viejos de madera, y sin protección alguna, se defendía con el fuego de sus cañones, que no alcanzaban a los barcos del enemigo provistos de fuertes corazas. Las baterías de Manila y de Cavite no disponían de cañones de gran alcance, y así que sus fuegos no podían perjudicar a los americanos que, sin peligro alguno, batían nuestros barcos, resultando de lucha tan desigual que algunos de estos ardieron y otros fueron echados a pique.

A las 8 ½ de la mañana ya no teníamos escuadra (el fuego empezó a las 5), y los yankees eran señores y amos de la bahía de Manila; para entrar en la cual habrían sudado sangre si España hubiera montado media docena de cañones buenos en el Corregidor, ya que no mandara torpedos con que interceptar el paso de las bocanas (Boca-chica y Boca-grande) y, mejor aún, haber enviado un par de acorazados desde que la escuadra yankee estaba surta en Hong-Kong acechando su presa. A mi juicio nuestra escuadrilla debió diseminarse y nunca esperar a la enemiga dentro de la bahía, pues así hoy tendríamos algún barco en estas aguas, que acaso podría ocasionar algún disgusto a los yankees. Destruida nuestra escuadrilla, el enemigo dicen que estuvo almorzando, pero a poco vuelve al ataque disparando sobre el arsenal de Cavite que le entrega el contralmirante Sr. Pantojo. Manila fue abandonado por muchas familias que pasaron a los barrios extremos, temiendo que la plaza fuese bombardeada.

2. El general de brigada Sr. García Peña evacua la plaza de Cavite, en la cual penetran los tulisanes que se apoderaron de todo, sin respetar la propiedad particular.

3.4.5. Continúa la emigración de familias, en tanto que los siete buques de guerra yankees y dos transportes pasean tranquilamente por bahía.

6. Acentuado el rumor de que al amanecer empezará el bombardeo, crece la peregrinación de las familias, y el fondista de la Palma, José Pons catalán muy brusco y egoísta, desaloja la fonda quedándonos en la calle: paso al cuartel de Malate donde se aloja la fuerza del Bon., y duermo en un camarín inmediato al mar.

7, 8, 9 y 10. Merced a las malas condiciones del camarín y peor género de alimentación, voy perdiendo terreno y empeorando de día en día. En la noche del 9 tuve necesidad de aplicarme una fuerte embrocadura de yodo por el dolor de hígado que no me dejaba respirar: el 10 tomo un sello de calomelanos (1/2 gramo) y mejoro algo, pero el médico del Bon. me aconseja que pase al hospital.

11. Paso al hospital de Sanpaloc situado en este barrio extremo, en la iglesia de la 3.ª orden de franciscanos. Los oficiales ocupaban el coro y algunas habitaciones del capellán, y las clases de tropa estaban en la iglesia y sacristía; a mí me tocó descansar en la cama n.º 13 colocada en el coro. ¡Cuánto sufrí al meterme en la cama, sin darme cuenta de aquella pena que se apoderó de mi ánimo!

Estuve tres o cuatro días sin poder tomar más que dos sopas al día y un trozo de pollo a cada comida con el agua de seltz, que la tenía a todo pasto, pero aun así voy sintiéndome mejor de día en día. A medida que avanzaban los días, iba yo recobrando ánimo y fuerzas, comía mi correspondiente ración entera con vino y bebía diariamente dos botellas pequeñas de cerveza, un poco antes de las dos comidas me daban una copa de jarabe de quina ferruginoso, por las tardes en que no llovía paseaba por el espaciosísimo atrio de la iglesia y calles inmediatas; en una palabra, me había transformado completamente gracias a la misericordia del Altísimo. Esta mejoría no impidió que por tres o cuatro veces adquiriese calenturas, para cortar las cuales tuve que tomar muchos sellos de quinina, y que me quedara algo de opresión al pecho y cierta especie de fatiga que me molestaba y cortaba a veces la palabra.

En tal estado termina el mes de mayo.

Junio del 98

1 al 11. Durante este tiempo me siento peor, porque se me declara un catarro pulmonar, viéndome obligado a guardar cama hasta el 9 y a tomar cada dos horas una cucharada de ergotina con jarabe de arahar, y cada tres otra de jarabe de tolú, para contener la sangre que con abundancia arrojaba en los esputos. Para contrarrestar el dolor que se me fijó en el costado derecho, y que correspondía a la espalda, me aplican un vegigatorio, [sic] [tal vez quiso escribir vejigatorio] que me hizo sufrir mucho los tres días primeros. Con el vegigatorio [sic], ergotina, tolú, jarabe de quina y sudor abundante mejoré muchísimo, me levantaba algunas horas que pasaba sentado en el sillón.

12. Pasamos los enfermos a la ciudad murada y los oficiales ocupamos un salón grande de la planta baja del seminario antiguo (convento de jesuitas). El traslado en un día lluvioso, aunque lo hice en un quiles[99], y las malas condiciones del local me hacen recaer, aumenta la sangre y tienen que aplicarme otro vegigatorio en el mismo sitio en que me pusieron el primero, viéndome obligado a guardar cama varios días. Nuestro traslado a Manila, así como el de los enfermos y heridos que estaban en Paco, la Concordia, S. Sebastián, Sta. Ana puente de Ayala y otros puntos,

[99] El quiles, también quilez, era una especie de tartana o carruaje lujoso, de dos ruedas, techo plano y pescante.

responde a la negra traición de los indios que hacen causa común con los yankees y que sitian a Manila por tierra, haciendo fuego casi constantemente sobre nuestras fuerzas, que defienden la línea de blokaus [sic] y de trincheras avanzadas hechas de prisa y corriendo a fines de mayo. Ya me ocuparé de estas cosas y ahora me limitaré a hablar de las fases de mi dolencia. Yo había pedido al médico que, en vez de ración completa, me diesen dos sopas, pollo y leche, cuya comida se aumentó después con un poco de pescado en cada una; pero la escasez de artículos llega hasta el hospital y, suprimimos los extraordinarios, tengo que volver a la ración que de día en día se va haciendo más detestable. He aquí el trato: chocolate por la mañana con pan o ensaimada indigesta; a las once sopa de pasta o arroz pero sin sustancia, cocido de garbanzos con una porción de carne y un trocito de pollo (microscópica la 1.ª y el 2.º) y camote en vez de las dos o tres rajas de patatas, un poco de bacalao muy salado y de guiso invariable, un trozo de carne de carabao que llamaban besteak, y la constante jalea de guayaba para postre, a las 5 de la tarde la ya conocida sopa, un poco de hígado o de patas ya de carabao ya de babuy, el consabido besteak y dulces de santol (especie de calabaza), si se pedía. El vino estaba tan cargado de alcohol que no se podía beber. Desde las seis de la tarde, en que se acababa de comer, ya quedaba uno corriente hasta las 7 o $7_{1/2}$ de la mañana, en que servían el chocolate.

28. Desde este día ceso de tomar ergotina y jarabe de tolú, pero en cambio me desayuno con cuarenta gramos de aceite de hígado de bacalao; continúo tomando el jarabe de quina ferruginoso, la cerveza y el agua de soda, sintiéndome cada día mejor. Rara es la noche que no sentimos el cañoneo y fuego de fusilería en las trincheras.

Julio del 98

1 al 12. Voy recuperando fuerzas, el 6 o 7 se suprime el jarabe de quina y, en vez de este, tomo agenciana[100] con no sé qué. Por tener el vientre muy suelto, cesa el 10 toda medicina, que es reemplazada por dos sellos de bismuto y aptol. Durante mi estancia en el hospital del seminario he tenido que tomar también muchos sellos de quinina para cortar las calenturas, que yo creo provenían de los miasmas que allí se aspiraban, pues había varios oficiales atacados de paludismo; y desde mi entrada había visto morir a un comandante de guías rurales, a un teniente de ingenieros, y a otro de infantería, todos de fiebre y debilidad producida por la disentería. Otros tres murieron en el tiempo que yo pasé fuera del hospital.

13. Aunque con calentura, que oculto al médico, pido el alta por respirar otros aires y me alojo en la fonda La bandera española.

---

[100] Debe de referirse a genciana, planta medicinal de sabor amargo con propiedades digestivas.

14 al 31. Como el trato de la fonda es detestable, recurro al extracto de carne de Liebig[101], del cual pongo media cucharadita de café en la que llamaban sopa, que me servían dos veces al día, y que era un poco de agua con algunos granos de morisqueta. Tengo que tomar algo a cosa de las diez de la mañana, y lo paga algún trozo de pan escogido (a 10 pesetas libra) o galletita de viñas, con una copa de jerez. Casi todos los días tengo que tomar uno o dos sellos de quinina, porque la calentura no baja de 38º. Con este trato y sin salir de casa, por la incesante lluvia, paso los días oyendo por la noche el continuo cañoneo.

Agosto del 98

1. El fondista dice que no puede seguir dándome de comer, y más vale así porque nos matará a todos de hambre. Quedo en la misma habitación, que es un cuchitril con cuatro camas, pagando diez pesos mensuales por ella, lo mismo que los otros inquilinos. Chocolate con mantequilla y galleta para desayuno y generalmente para cena es lo que tomo desde dicho día hasta el 7, y la comida voy a hacerla al restaurante de París, que no sirve más que la sopa (agua) y cuatro platos con postre de queso y leche, y por lo que cobra un peso. Entre el gasto del tranvía para ir y volver, el agua de soda y la propina al mozo, me salía la comida por seis pesetas. El chocolate, que es del de 5 o 6res. de Matías López, me cuesta a tres pesetas el paquete.

7. Desde este día tengo que concretarme a comer de latería, por supuesto que en la fonda y en el restaurant era lo que abundaba, y mi comida de las 12 se compone de una taza de caldo que preparo con extracto de carne, de un chorizo de Bilbao que lo tomo frito, de un poco de escabeche de besugo o bonito que es reemplazado algunas veces por unas pocas de judías pochas o al natural, de postre consistente en queso y dulce de melocotón y en una taza de té, sirviéndome de pan algunas galletas nada buenas que el fondista nos sirvió en distintas comidas y que yo guardaba las que me correspondían. Mi botella de 2 res. de agua de seltz, excepto algunos días que no llegaba, vino de Rioja mezclado con ella y algo de agua de lluvia, ayudaban a deglutir los sólidos. No había que pensar en carne, porque esta desaparecía al momento de la plaza, aunque fuera de caballo; no había que esperar gallinas, que se vendían en los barrios extremos a 8 y 10 pesetas cada una; tampoco podía uno aguantar los huevos que se costeaban a peseta uno; y no podía uno soñar en el pan que se amasaba para los hospitales y para algunos agraciados.

---

[101] El extracto de carne era un caldo de carne muy concentrado, normalmente de vacuno. Se usaba para dar sabor a carne a diversas recetas, y para elaborar consomés y sopas, fue inventado por el alemán barón Justus von Liebig, el químico orgánico alemán del siglo XIX. En la actualidad, los extractos de carne han sido sustituidos en su mayor parte por las pastillas de caldo.

Desde que las fondas cerraron sus puertas, en los almacenes de comestibles no se encontraba otra cosa que latas de verduras y de sardinas y vinos de todas clases, pues las de carne, jamón, bacalao y diferentes clases de pescados habían desaparecido como por encanto. Menos mal que el señor me protege y ayuda, aunque mi vientre anda mediano.

Los yankees pretenden que la plaza se entregue, pues de lo contrario la bombardearán en cuanto transcurran 48 horas: el Capn. General Sr. Jáudenes, pues el general Agustín fue relevado del mando por disposición del Gobierno, dicta un bando de importancia para evitar en lo posible algunas desgracias. El pánico se apodera de las señoras españolas, refugiándose unas en los barcos extranjeros y guareciéndose otras en las bóvedas de los conventos.

8, 9, 10, 11 y 12. Pasan estos días esperando que los yankees comiencen su obra de destrucción, y circulan noticias más o menos alarmantes de las cuales me entero por los que viven conmigo, porque en las oficinas a donde voy alguna vez nadie sabe una palabra.

13. Entre 7 y 8 de la mañana se siente cañoneo lejano, y resultó ser el que hacían algunos barcos enemigos sobre nuestras posiciones avanzadas. La escuadra suya rodeaba a Manila, pero se hallaba fuera del alcance de nuestras baterías, una de las cuales disparó inútilmente sobre el Boston, que fue el barco que más se acercó a tierra. Una vez destruido el fuerte de S. Antonio, que era nuestra posición más avanzada y en la cual tuvimos varios muertos y muchos heridos, la fuerza que lo defendía se retira acosada por los yankees. Lo que sucediera, en verdad, es para todo un misterio; un barco suyo enarbola bandera de rendición, la plaza sustituye la bandera de guerra por la blanca de parlamento, y entre dos y tres de la tarde se firma la entrega de la plaza al ejército yankee, pero con toda clase de honores para los rendidos. Se retiran las fuerzas que ocupaban la línea avanzada, y depositan sus armas en la maestranza de artillería. Durante la noche los insurrectos penetran. hasta el barrio de Paco y hacen fuego sobre la fuerza nuestra que ocupaba la rotonda de Sampaloc. Yo estuve en el cuartel hasta última hora en que con otro Capitán fui a la plaza de Palacio, para ver qué tipo ofrecían los soldados de E^{s}. U.^{s} formados en aquella.

14. A las 4 de la tarde se retira el general Monet con las fuerzas del sector del centro y de la izquierda, que también depositan sus armas en la maestranza, quedando únicamente armada la Guardia Civil Veterana, que con soldados americanos presta n el servicio de su instituto. Yo no salí de casa más que por la mañana, pasando un buen rato en el cuartel, pues toda la tarde se llevó lloviendo copiosamente. Como las tropas americanas ocupan los escasos cuarteles de que dispone Manila, nuestras fuerzas se albergan en los atrios e iglesias de los conventos y en la catedral; y de aquí que no suene campana alguna ni de día ni de noche.

15, 16 y 17. Siguen las cosas en igual estado y el agua es constante, cuya circunstancia y la gracia de Dios podrán librar a Manila de peste, ocasionada por las muchas inmundicias que hay acumuladas en varias calles y casas destruidas por incendios, así como por la excesiva población condensada dentro de muros. En la mañana del 18 salí un poco y después he estado siempre en casa.

18. Continúo con el consabido género de alimentación, pero ya mi asistente trajo pan y dos huevos de gallina, que me sirvieron para dar más sustancia al caldo de extracto de carne. Por la tarde estoy en el convento de Recoletos, donde se aloja el Bon., y con el Capitán Caballero paseo un poco a orillas del mar.

19. Dispongo como ayer de dos huevos y de pan; a real y medio cada uno de aquellos, y el segundo a peseta, un bollo que se comería de una vez un hombre de regular comida.

20. Hoy me trae el *asesino*[102] [sic] cuatro huevos, que le costaron cinco reales, y un pescado como de a cuarterón por el cual pagué una peseta. Tengo reservado un pollo que me costó medio peso, cuyo pollo será guisado mañana, Dios mediante.

21. Tal día como hoy el año pasado se deslizó sin darme cuenta de que eran mis días, con motivo del viaje que hice de Manila a Balayan; pero en el presente me he apercibido de que estoy en un día que debía pasarlo al lado de mi mujer e hijos, así como de la demás familia. Como si no hubiera suficiente tristeza en mi alma, el día amanece lloviendo torrencialmente y no parece que se vean indicios de que el cielo se despeje algo, con lo cual resulta aquel más triste. ¡Plegue a Dios que muy pronto pueda abandonar estas tierras lejanas y encontrarme en mi casa rodeado de la familia! Quiero tomar bizcochos, pero renuncio a ello porque los vendían a siete pesetas cincuenta céntimos libra; los huevos cuestan hoy a media peseta cada uno. A cosa de las 7 de la noche, debido acaso a que tomara algo de frío por la mañana al ir a misa, tuve un ataque fuerte de tos que me hizo arrojar algunos esputos sanguinolentos; pero a Dios gracias cesó la tos y pasé la noche bastante bien.

22. Me he encontrado hoy bastante mejor gracias al Todopoderoso y a la Sma. Virgen. He empezado a tomar jarabe de tolú, continuando con embrocaduras de yodo al costado derecho. Seguimos bebiendo agua de lluvia, pues los yankees son impotentes para obligar a los taos a que dejen funcionar las máquinas elevadoras establecidas en Santolan; ayer fueron unos mil americanos con el referido objeto, y se volvieron con los brazos cruzados como les había ocurrido dos días antes, pues las fuentes siguen secas como desde mediados de julio, a pesar de la falta que hace el agua para limpiar las calles, para los usos domésticos y para beber, pues a la de lluvia le faltan aire y sales en disolución. Pero que no falte esta, si la del río no ha de llegar, debemos de pedir.

---

[102] Se refiere a su asistente.

23. Manila continúa siendo tan novelero como de costumbre y, cuando no tiene noticias, las inventa: ya corría hoy la voz de que estaba firmada la paz, cuya noticia es inadmisible porque debía llegar por cable, en el caso de ser verdad. Me he dado un paseo bueno para poner en el correo dos cartas para mi mujer, dentro de sobres dirigidos al cónsul español en Hong-Kong. ¿Llegarán a destino?

El tiempo lo dirá. El pecho. El espíritu mercantil de los americanos se refleja en todos sus actos, y de él han dado hoy una prueba evidente, yendo oficiales suyos a los puntos en que se alojan nuestras fuerzas para hacer el recuento de ellas, sin bastarle los estados y listas entregadas por los Boñes.

24, 25, 26, 27, 28 y 29. En este último día repiten la operación del 23 los Sres. Del cerdo, y yo veo de capitán al 1.er T.^{te} D. Dionisio Sánchez, que asciende a dicho empleo por el desastre de Bayambang el 3 de abril, donde no hizo otra cosa que defender su persona, y sé que al T.^{te} D. Miguel Marrero y al id. Onrubia le dan por aquel hecho una cruz roja sencilla. Cosas de aquel Sr. que nos hizo dormir en su casa para que estuviéramos más seguros.

30 y 31. Termina el mes sin cosa notable.

Septiembre del 98

1 al 12. Como en el mes anterior, continúa mi asistente preparándome la comida: en lugar de mantequilla con chocolate, tomo después de él diariamente media pinta de leche que me ha contenido mucho la diarrea. Voy al Gob.^{no} militar y me dicen que a él no ha llegado mis documentos para el pase a España, pregunto al Cap.^{n} Aguado de oficinas militares y me dice «que todo lo que estaba sobre las mesas, cual sucedía con mis papeles, se ha extraviado», de modo que me he lucido o me han reventado los trámites oficinescos.

13 al 16. Nada de particular ha ocurrido.

17. En un ataque de tos he arrojado alguna sangre, y me he resuelto a tomar la ergotina.

Octubre del 98

11. Entrego instancia pidiendo reconocimiento facultativo y suspendo el uso de ergotina.

16. Sufro reconocimiento y se me presenta un dolor al costado izqdo. que me hace sufrir bastante.

31. Recibo pasaporte para embarcar en el Buenos Aires y soy baja en el Bon. n.º 11 por pase al cuadro eventual de reemplazos.

Noviembre del 98

2, 3, 4 y 5. Doy mil paseos a diferentes sitios para arreglar los documentos de ida. El 5 me encontré con mi amigo Fco. Santano.

6. Me despido del T.te Coronel y General, paso revista en el cuadro y como con la familia de Santano.

3.3. Ampliación de las «Notas de mi viaje a Filipinas»

Ampliación de las «Notas de mi viaje a Filipinas

Francisco Garzón Sevillano

1897-1898

3.3.1. *Mis distracciones y recreos en las notas*

I. Mis distracciones y recreos

Aunque el género de vida a que me sometieron las exigencias de la campaña no estaba muy en armonía con los placeres lícitos de que el hombre puede disfrutar en este mundo, no por ello dejé de aprovechar para distraerme en cuantas ocasiones se me ofrecieron para acercarme a ellos, en medio de la constante pesadilla de tener la familia a bastantes leguas de mí.

La imaginación, la loca de la casa cual dicen algunos escritores, se remontaba a las alturas y, hendiendo los espacios, iba a posarme sobre C. Rodrigo con el fin de adquirir datos referentes al estado de mi mujer, hijos y demás familia; pero a su regreso nada concreto me podía decir, y tenía que conformarme con las noticias contenidas en las cartas que me escribían mi mujer e hijos, algunas de las cuales o no llegaban a mis manos, o las recibía mucho después de lo debido.

El placer y alegría que el alma experimenta al saborear, en estos lejanos y desagradecidos países, unas cuantas líneas por las cuales se convence de que no hay novedad alguna en la familia son indescriptibles, y la inmensidad de ellas parece agrandarse cuando le dicen, o se forja la ilusión, que todos aquellos que se llaman hijos suyos se mantienen o procuran mantenerse dentro del cumplimiento de sus deberes. Ante dicho placer y alegría son efímeros cuantos aquí he podido disfrutar amargado, como es consiguiente, por la falta de solución a las preguntas: «¿Habrá novedad en casa? ¿Qué harán los chiquitines y los mayores? ¿Ocasionarán disgustos a su madre?»

Veamos pues, cuáles han sido mis distracciones y recreos. En Pañaraque, unas veces al regresar de Laspiñas y otras al terminar la instrucción de la tarde, me complacía en recorrer las orillas de su ría recogiendo algunas conchas y pequeños caracoles; durante la comida y cena, que hacía en casa del maestro de escuela, Sr. Tiroso, oía con gusto los chascarrillos que alguno de los comensales solía contar; me distraía poco la banda de música que solía tocar, y no del todo mal, en la plaza, donde yo tenía mi alojamiento, en las noches de los jueves y domingos.

Un domingo llegué a casa del maestro a la hora de costumbre, y me dice su mujer «señor no cena aquí, oficiales fueron a tal casa»; y yo, tropezando aquí y medio cayendo allí, pues el alumbrado brillaba por su ausencia, llegué a la casa indicada donde a la sazón se estaba bailando, a poco se suspendió el baile y cenamos.

Terminada la cena, se reanudó el baile, que abundó en rigodones, sin cuyo requisito creo que en Filipinas no se rinde culto a Terpsícore[103] y hubo un intento de bailar el *balitao*[104] característico de Visayas, pero resultó que la pareja elegida por el maestro no estaba fuerte en la materia. Yo, aunque mero espectador, estuve hasta que terminó la fiesta, a las doce de la noche, y el único provecho que saqué de ella fue el de cenar más y mejor que lo de costumbre, porque Tiroso aumentó el número de platos, sin gravamen de nuestros respectivos bolsillos.

El día que más gocé en dicho punto fue el de la llegada a él del general Galvis, al ver los trajes para mí raros que lucían los que constituían la principalía del pueblo, que le esperó a la entrada del puente con la música del pueblo, la que tocaba la marcha real.

Ver a un indio de color cobrizo negruzco calzado con excelente bota o zapato de charol, vistiendo magnífico pantalón negro y chaqueta de igual color muy ceñida de cuerpo y especialmente de mangas, y luciendo los faldones de elegante camisa, me pareció tan grotesco que no pude contener la risa: añádase a esta toilette un buen sombreo hongo, y el cuadro resulta más visible, debiendo advertirse que el pantalón se ciñe y sujeta al cuerpo por un ancho y vistoso cinturón, que se ve perfectamente a través de la camisa, la cual, por ser de un tegido [sic] a modo de finísima malla, permite distinguir lo que ella cubre.

Hay camisa de las llamadas de piña, con su pechera perfectísimamente bordadas, que no se compra menos de 25 o 30 pesos. Entre la principalía de los barrios se veían trajes menos elegantes y camisas sencillas de varios colores; pero no había principalía alguna descalza y con pantalón de color a media pierna, como he tenido ocasión de ver en varios puntos. Lo que me sorprendió notablemente fue el dueño de la casa en que yo me alojaba figurando entre la principalía, cuando de ordinario

---

[103] En la mitología griega, una de las nueve musas, hija de Zeus y Mnemósine, la cual se deleitaba en la danza.

[104] Danza campesina filipina con ritmo mazurca y estilo semieuropeo que representa movimientos de trabajo.

parecía un pelagatos por lo mal trageado [sic] que andaba en casa y por lo mal vestidos que traía a sus hijos.

El trage [sic] más sencillo y menos costoso del indio se reduce a un pantalón, blanco o de color, a media pierna, y de una camiseta sin manga, de las que en España llamamos interiores; en muchas ocasiones, ya por carecer de recursos, ya por el calor, lucen sus carnes de medio cuerpo para arriba.

Trage [sic] vistoso, y el que de ordinario visten las personas bien acomodadas, es el que se compone de chinelas para los pies, pantalón largo sujeto por cinturón más o menos costoso, camiseta interior, camisa con faldones al exterior, cuya camisa o es de las llamadas de diario o de las del país, y sombrero de paja o de fieltro; a veces en lugar de camisa se suele llevar una especie de saco (americanas) ancho que se brocha hasta el cuello, el cual, como es de plancha, evita el empleo de camisa.

El trage [sic] de los elegantes con pretensiones a las cosas de Europa, y que puede observarse en todos los filósofos (aspirantes a personas ilustradas, pero que distan mucho de serlo), se compone: de elegante bota o zapatos, pantalón a la *darnier*[105], camisa muy lisa planchada y bordada, corbata, chaleco, americana al uso del día y sombrero de paja o de fieltro, este hongo o no. Las personas de carrera visten exactamente igual a los españoles aquí residentes.

Entre los indios el trage [sic] más pobre se reduce a falda de percal corta, que ciñen al cuerpo por un pedazo de tela negra o de color de percalina de lustre, y que cubre casi toda la falda excepto por la parte inferior, a la cual llaman tapis, y de una especie de blusa de manga corta y ordinaria, y muy corta de talle la tal blusa, Es muy común que lleven algún escapulario al exterior, muchos un rosario, que les sirve de collar, y pendientes. Entre las indias se observan con mucha frecuencia cabelleras muy largas y abundantes, que algunas dejan completamente sueltas y otras anudan en forma de rodete, pero todas han de llevar en el pelo –o una peineta o un peine.

El percal de franjas anchas y de colores chillones es lo que más abunda en sus faldas, con lo cual guardan alguna analogía con las gitanas de rostro moreno, que solían verse en nuestras ferias; pero con la diferencia de que en estas hay esbeltez; ojos sesgados y grandes, nariz aguileña y labios regulares, y las indias carecen de esbeltez, sus ojos son pequeños y algo oblicuos, todas son chatas y de labios algo abultados.

Raro será el indio e india que no fume ya cigarrillo de papel, ya cigarro puro, y raro el indio e india, fuera de los educados en colegios, que no mastique el buyo[106]

[105] A la última.

[106] Mixtura hecha con el fruto de la areca, hojas de betel y cal de conchas, que se masca en algunos países orientales. La areca es una palma de tronco algo más delgado por la base que por la parte superior y con corteza surcada por multitud de anillos, hojas aladas, hojuelas ensiformes y lampiñas, pecíolos anchos, flores dispuestas en espiga o panoja y fruto del tamaño de una nuez común.

mezclado con bonga[107] y con cal que les sirve, según he oído, para evitar dolores de estómago y cesar los efectos del calor, pero que les hace arrojar una saliva de color rojo sanguinolento, que causa mucha repugnancia, y de cuyo color suele cubrirse la parte inferior de los dientes.

Desde la falda indicada, que deja al descubierto a contar de la pantorrilla al pie, descalzo por lo común y otras veces con chinela, hasta una falda la de riquísima seda que anteriormente llega al pie y lleva una cola muy grande por la parte posterior, se observan faldas de todos los tamaños, gustos y valor. Las medias y zapatos se ven en todas las que presumen de elegantes, aunque la chinela es prenda indispensable para andar por casa y hasta para bailar, como he tenido ocasión de observar en Pañaraque y en otros pueblos. El tapis[108], que viene a representar el delantal de España, se usa en todos los pueblos, pero ya en Manila no se ve entre las que presumen de vestir con esmero.

Lo mismo que con la tela de las faldas ocurre con la de lo que yo llamo chambra, las hay de toda clase de colores, más o menos bordados, de manga más o menos perdida con bordes ondeados, pero todas se transparentan, y de aquí que lleven no sé si será camisa u otra chambra interior. Un pañuelo, a veces de tela igual a la chambra, ya de algodón ya de seda y en ocasiones bordado con mucho esmero, cubre parte de la espalda y el pecho: este pañuelo ha de ir muy escotado para dejar al descubierto el cuello, que suele ser muy largo y delgado, y no se anuda, sino que sus puntas se sujetan con alfiler. Me olvidaba consignar que dicho pañuelo va cruzado, y que no siendo de seda, lleva todas sus orillas ondeadas.

Desde el ínfimo *doublé*[109] hasta el oro de mejor ley con piedras de cuantioso valor, se pueden ver en los pendientes que lucen las indias, siendo muy corriente observar en sus dedos anillos de mucho precio, porque es de advertir que el indio tiene mucho de andaluz, a mi modo de ver.

A excepción de las mañanas frías, la cabeza de la india no se cubre más que para entrar en la iglesia, con pañuelo la pobre y con mantilla de velo (tul) la que puede.

Es muy común ver a los niños, hasta la edad de ocho o diez años, sin otra prenda de vestir que una camiseta corta, que suele ser más larga en las niñas.

---

107 En Filipinas, mixtura del fruto de la areca y las hojas de betel que es costumbre mascar. El betel es Planta trepadora de la familia de las piperáceas, que se cultiva en el Extremo Oriente. Sus hojas, hendidas en la base, aovadas, aguzadas y con los nervios medio esparcidos, tienen cierto sabor a menta y sirven en Filipinas para la composición del buyo, y su fruto, en forma de baya, contiene una semilla o grano como de pimienta.

108 En Filipinas, faja ancha, de color oscuro, por lo común negro, que usan las mujeres filipinas, ciñéndosela encima de la saya desde la cintura hasta más abajo de la rodilla.DLE.

109 Metal chapado o laminado.

En las piñas me entretuve en reconocer algún estero y ver qué conchas hallaba, encontrando muy poco en los escasos momentos de que dispuse.

Durante mi estancia en el campamento de Pamplona, apenas me quedaba tiempo alguno con los trabajos de la compañía que tenía que hacer durante el día, por no permitirnos el Com.[te] luz alguna en la noche. En los últimos días que estuve en dicho campamento, me distraía algunos momentos con una tórtola, de un tamaño mitad que las de España, que en muy pocos días se acostumbró a andar por la *chavola* [sic] con unos gallos y con un perrillo al cual llamábamos Zapote.

En Bacoor pasaba la mayor parte del tiempo, que me dejaban libres las ocupaciones militares en recorrer la playa y recoger ejemplares de caracoles y conchas, sin que llegara a encontrar alguna cosa notable; pero me convencí de que las aguas de la bahía de Manila son muy pobres en moluscos, debido acaso a que su origen sea volcánico, según se desprende del color negruzco de las arenas que la marea deposita en la playa. Ninguna de las conchas que allí recogí acusaba una vida reciente, lo mismo sucedía con los caracoles, en todos los cuales se refugiaba un ermitaño en relación con el grandor de aquellos. Una mañana recogí un caracol de tamaño bastante regular con el consabido huésped, lo deje clavado en la arena a inmediación de lo que había encontrado y, cuando volví para recogerlo, me encontré que el caracol había desaparecido: como yo no podía creer que el ermitaño desarrollara fuerza suficiente para arrancar a aquel de la arena y para arrastrarse con él por tierra, no me explicaba la tal desaparición, y mi sorpresa crecía de pronto hasta que, recorriendo la orilla del mar, me veo mi hallazgo como a metro y medio dentro del agua y unos tres metros a la derecha del sitio en que yo lo había depositado.

Entre Laspiñas y Bacoor cuentan con salinas suficientes para abastecer toda la isla de Luzón, daba lastima ver perdida esta industria, verdadero venero de riqueza, y causaba más aún el observar la que el fuego había tostado en muchísimos camarines que habían ardido. Todas las casas de materiales fuertes, a excepción de dos y del convento que era bastante, habían desaparecido efecto de las granadas que nuestra marina estuvo arrojando varios días.

Los insurrectos, en previsión de que se intentara algún desembarco por los nuestros, hicieron a inmediaciones de la playa una trinchera, de cerca de tres metros de ancha por uno y medio de alta, que se extendía bastantes kilómetros y resultaba una defensa muy buena. Cuantas veredas conducían al mar estaban sembradas de zanjas y de reductos, y, para vigilar los alrededores, tenían centinelas en lo alto de las palmeras o de las cañas, cuyo sistema he tenido ocasión de observar en varios puntos y que indudablemente les facilitaba el inspeccionar una extensión grande de terreno.

Raro era el bahay junto al cual no se viera alguna covachuela para refugiarse y librarse de los cascos de nuestras granadas, cuando estas reventasen, resultando en esto la astucia de los indios que no conocen límites. Donde también se vió reflejada dicha astucia fue en las presentaciones realizadas a poco de publicar el general Polavieja su bando de indulto, porque este bando sirvió al elemento insurrecto para descartar de sí toda su impedimenta de mujeres, niños, ancianos y de jóvenes de salud quebrantada que no podían manejar las armas ni trabajar en las trincheras Bacoor, lo mismo que Parañaque y Laspiñas, tiene muy malas aguas, todas son salobres, debido a su escasa elevación sobre el nivel del mar; y lo mismo él que los otros dos pueblos, resultan muy insanos para el europeo tanto por la mala calidad de sus aguas, cuanto por la abundancia de esteros, de los cuales se desprende, miasmas que originan el paludismo.

Otra distracción mía en Bacoor me la proporcionaban un gallo y una gallina, traídos del campamento, y cuyo gallo peleó varias veces con otros que tenían las compañías.

La vista del fuerte o cota de Bañadero, situado a orillas de la laguna de Taal o de Bombón, era alegre de suyo, pero lo que más admiraba yo era el volcán en actividad que, muy próximo a nosotros, se observaba en una isla de dicha laguna. Cuantas y cuantas noches, al recorrer mis centinelas y observar si en la laguna ocurría algo que indicar pudiera movimiento en el campo enemigo, me entretenía en contemplar cierta especie de relámpagos del volcán nacido acaso de la ignición del azufre que arroja, pues este abunda en las inmediaciones de su cráter, según dicen. Durante el día no se veían desprender de él más que nubes, que yo creía de vapor acuoso y que podrían ser verdadero humo; y era de notar que, estando agitada la laguna, quedaba el volcán como apagado o sin actividad.

Como era la primera ocasión que se me ofrecía de contemplar fenómenos de esta índole, de aquí el que no me cansara de admirarlo. He aquí, pensaba yo, que, si no fuera por la misericordia del Todopoderoso, como en un momento podíamos los que vivimos en derredor de la laguna desaparece del libro de los vivos, cual en tiempos desaparecieron algunos pueblos y barrios por efecto de dicho volcán. Según oí, el punto en que estaba el fuerte había sido el asiento de la iglesia del antiguo Tanauang, cuya afirmación la creí por haber encontrado yo, en un barranco muy próximo, una concha de gran tamaño, completamente petrificada, de las que en muchos puntos se empleaban para pilas del agua bendita.

Las personas con quienes podía hablar, el T.^{te} Anguita, el T.^{te} Jover y el telegrafista, un mestizo muy bien educado, eran allí tan nuevas como yo, y en nada podían ilustrarme. No había que pensar tampoco en recurrir a la gente de los pequeños barrios, por allí diseminados, que ignoraban el castellano, de cuyo idioma solo entendía y balbuceaba algunas frases Fernando, T^{te}. de Barrio que había servido en la Guardia Civil.

Un ratito por la mañana y otro por la tarde me entretenía en ver cómo reñían el gallo que había traído de Pamplona y otro que compré a un soldado de la compañía. Este último procedía de Muntinlupa, en cuyo punto lo cazó el referido soldado.

En Tanauang vi la gallera y presencié la lucha de dos gallos, uno de los cuales, el que a mi juicio peleaba mejor, quedó pronto fuera de combate merced a la afilada cuchilla de su contrario, que casi le segó el cuello.

Esta distracción de que tanto gustan los indios, acaso por el mucho dinero que se atraviesa en aquella, pues es de notar que una de las mayores pasiones del indio es el juego, no ofrece para mí atractivo alguno. Concertada la lucha de dos gallos, previo tanteo de peso y tamaño con apuestas correspondientes, se les arma de una cuchilla afilada como una navaja de afeitar, de punta muy aguda y de unas dos pulgadas de longitud, cuya cuchilla sustituye al espolón que está muy recortado; se les lleva al circo, los encargados de ellos los excitan a la lucha haciendo el ademán de lanzar el uno sobre el otro, permiten que mutuamente este se den dos o tres picadas hasta arrancarse plumas, cuidando de sujetar la cabeza del que ha de ser picado, y, así preparados, se quita la funda a las cuchillas y se sueltan los gallos, que quedan a corta distancia el uno frente al otro. La lucha no puede ser de gran duración, dadas las armas que esgrimen los combatientes, pero ¿qué importa? Lo esencial es ganar o perder unos cientos de pesos en las horas que está abierta la gallera, a la cual asisten mujeres lo mismo que los hombres y apuestan como estos.

El indio de los barrios faltará a la misa que en los días festivos debe oír, bajo pretexto de hallarse el barrio a mucha distancia del pueblo, pero seguramente que no falta a la gallera, si es que no se lo impide alguna enfermedad; así que, en todos caminos que conducen a pueblo, en que hay gallera, se encuentran, al oscurecer de los días festivos, multitud de carruajes atestados de personas e infinidad de estas que, con sus mujeres e hijos, hacen una jornada a pie de bastantes kilómetros, por no decir de leguas.

Hallándome en S. Isidro de Nueva Écija, se me ocurrió un domingo por la tarde ir a pasar un rato con el Capitán Caballero, que estaba con su compañía destacado en el barrio de S. Isidro, y, como no viera yo en su casa una viejecita de más de setenta años que había visto otras veces, le pregunté si estaba enferma: «No hombre, me dijo, se fue a la gallera para cruzar algunas apuestas y te advierto, según me han dicho sus hijos, que no deja de ir a ella aunque esté diluviando y tronando». He aquí una señora, dije mí, que nada necesita, por ser bastante rica, más que un rosario para recorrer sus cuentas, toda vez que no vivirá ya mucho, y sin embargo vive tan encariñada con los gallos que quiere hasta verlos morir, aún a cuenta de pasar malos ratos en el camino y calor en la gallera.

No es de extrañar tampoco que un criado, con más de veinte años de buenos servicios en una casa, desaparezca y no se presente a sus amos por haber perdido en la gallera, o en otra clase de juego, unos cientos de pesos que le habían entregado tal o cual cosa; y en confirmación de ello puedo citar al cocinero de la casa en que yo vivía en S.ta Cruz de La Laguna, el cual no se dejó ver más desde un domingo en que se fugó y perdió el dinero de la compra.

Raro será el indio que no tenga uno o más gallos de pelea, con los cuales pasa horas y horas ya sentándole las plumas, ya sobándolos por aquí y por allí, ya presentándolos a otro como en ademán de luchar, ya estirándole las patas, o ya arreglándole la cresta que siempre ha de estar muy recortada. Se incendia el bahay y el indio, en lugar de poner en salvo a su mujer e hijos, lo primero que busca es su gallo para librarlo del fuego; no había palay[110] para preparar la morisqueta[111], pero el gallo comerá sus correspondientes granos; tal vez el indio no acaricie a sus hijos dándoles un beso, pero el gallo recibirá las caricias y besos de que aquellos viven privados.

Cuando veáis que una lorcha[112], una barca u otra embarcación remonta el Pasig, el río grande de la Pampanga, etc., lo primero que oiréis es el canto del gallo inherente al indio. Aun entrada la noche, a los ligeros destellos de las estrellas, podréis ver cómo un par de indios, puestos de cuclillas uno frente al otro, se entretienen haciendo que sus gallos se miren e intenten lanzarse a la pelea, cosa que durante el día, y especialmente en las primeras horas de la mañana, causa extrañeza.

El arriendo o impuesto sobre las galleras es bastante subido, pero de ellas saldrá lo suficiente para el pago.

No quiero terminar este punto sin consignar un hecho, que me refirió fray Feliciano Martín, párroco de Bayambang. Hablando del modo como los indígenas celebran las fiestas de Semana Santa, entre otras cosas me dijo que formaba la procesión del día de Viernes Santo. Para ver si se guardaba el orden correspondiente, observó que un grupo de hombres seguía con recogimiento a un joven, que llevaba un gallo ya moribundo clavado en el extremo de una larguísima caña. Al informarse, después de terminar la procesión, sobre aquel *nuevo paso de ella*, supo que con aquel gallo querían representar al que con su canto recordó a S. Pedro su falta de fe en el Salvador; pero que los de la gallera lo llevaban en procesión para pedir a Dios que les concediera un año de pingües ganancias. El hecho no necesita comentario alguno.

Si grande es la afición de los españoles a las corridas de toros, para asistir a las cuales hay quien empeña hasta los ojos, creo que es mayor aun la que los indios tienen a la gallera; en la plaza se aplauden con frenesí un quite arriesgado y oportuno, un par clavado conforme a las reglas del arte y una soberbia estocada, pues la gallera

110 En Filipinas, arroz con cáscara. DLE.

111 Arroz cocido con agua y sin sal, propio de Filipinas. DLE.

112 Barca ligera y rápida, de menos porte y eslora que el junco, que navega a vela y remo, y se emplea en la navegación de cabotaje en China y también en alijar barcos mayores dentro de la bahía. DLE.

se viene abajo con los aplausos y vocerío motivados por el triunfo de uno de los gallos luchadores.

En el tiempo que estuve en Taal, asistí a un baile que se dio en obsequio a la oficialidad del 15, que marchaba, y de las compañías del 11, que acabamos de llegar. No quise asistir a la cena que se dio antes de él, y permanecí en el salón el tiempo preciso para enterarme de lo que había. Mucho lujo, por no decir elegancia, desplegaban las jóvenes cuyas caras todas me parecieron iguales y muy recargadas de polvos, si es que el blanquete no jugaba su correspondiente papel.

La casa era magnífica y estaba muy bien decorada, habiendo dos habitaciones destinada una al descanso y toilette de las señoras, y la otra con igual objeto para los caballeros.

Pero las horas para mí más divertidas eran aquellas que pasaba en la playa de Lemery, pueblo separado de Taal por un puente sobre el río Pansipit, recogiendo conchas y algunos trozos de coral. La citada playa está ya fuera de la bahía en el seno de Balayan correspondiente al mar del Archipiélago, en cuyo mar se advierte más vida que en la bahía, aunque su oleaje no es tan movido como el de los mares de España y es negruzco el color de la arena que se deposita en la playa. Si bien no pude reunir una colección buena, cuales eran mis deseos, creo que he recogido en aquella algunos ejemplares raros y preciosos, aunque de pequeño tamaño.

Algunos ratos me distraía también viendo jugar al billar en casa de Pío, contigua a la que ocupábamos los oficiales de mi compañía y yo, y otros los pasaba recorriendo calles e inmediaciones del pueblo, por cuyas últimas no se podía ir con plena confianza, en virtud de ser Taal uno de los pueblos más insurrectos de la provincia de Batangas.

En Biñang, con motivo de la fiesta de un barrio inmediato a la playa y por ende de pescadores, tuve ocasión de ver un simulacro de regatas en la laguna entre varias lanchas muy empavesadas. Una de estas, bastante grande, por cierto, llevaba lo más escogido de la gente del barrio y un altar muy adornado con yo no sé qué santos. El barrio estaba bastante adornado, en todas sus casas se lucían gallardetes y banderolas; y, aunque el T.^{te} García y yo proyectamos visitarlo por la noche para oír la música y ver lo que hubiera de particular, tuvimos que desistir de nuestro propósito por lo mucho que llovió por la tarde.

Poco antes de salir yo del pueblo, se abrieron las puertas de su teatro, en el cual actuaba una compañía de zarzuela que había venido de Manila, y asistí aunque teatro hecho a propósito, no reunía buenas condiciones acústicas por ser de tegido [sic] de caña sus paredes y techumbre; algo mejor que el teatro era el ambigú del mismo, en el cual se servían helados, cervezas, limonadas, dulces y licores. Como el teatro está situado casi al extremo del primer barrio, que se encuentra en el camino que conduce al pueblo de Sta. Rosa, y, por lo tanto, no muy distante de este, de aquí que se viera animado y casi lleno ambas noches por la gente de ambos pueblos.

Varias tardes montaba en mi yegua y daba un paseo regular por las orillas de la laguna, o por el camino de Sta. Rosa, o por el de Carmona, a cuyo pueblo llegué una tarde con el 1.er T.^{te} de Artillería encargado del parque, Sr. López.

Cuando pasé por Calaca, con objeto de emprender una operación sobre el barrio, que hubo de suspenderse por un recio temporal que sobrevino, los oficiales jóvenes hicieron que la dueña de la casa, en que yo me alojaba, reuniera algunas jóvenes para bailar, toda vez que en la casa había piano, y bailaron un rato a su placer. Fué un baile de confianza.

Debo advertir que ni en la laguna de Taal, durante mi permanencia en Bañadero, ni en la de Bay, que visité su playa estando en Biñan, encontré concha alguna que aumentará el número de las que iba coleccionando, aunque el agua de ambas es algo salobre a pesar de la gran distancia que hay desde dichos puntos al mar.

Únicamente se veían algunos caracoles del color de los terrestres y almejas muy pequeñas con análogo color.

Cuando llegué a Sta. Cruz, me encontré con que en la gallera, decorada provisionalmente para teatro, se estaba representando una de esas comedias tagalas cuyo desarrollo completo suele durar más de un mes. De lo único que pude informarme era de que se hablaba mucho de la princesa Matilde, y de que el autor de la obra era el mismo apuntador. Todo cambio de escena lleva como corolario inmediato (me refiero a la que vi) un rato de música, y jamás entró ni salió personaje alguno que no lo hiciera con una gravedad extraordinaria, llevando el paso usual en las procesiones y en todo análogo al que acostumbran a llevar las niñas al ofrecer flores a la S^{ma}. Virgen.

No había actor alguno que hubiera aprendido un ápice de su papel, así que el apuntador tenía que vocear, ocurriendo con frecuencia que hablaba este por aquel, o una mujer por un hombre, o varios por uno; pero todas las noches, dos o tres veces, se bailaba o jugaba el *morito moro*, en el cual se repartían mandobles a diestro y siniestro, pues viene a ser de una especie de desafío entre dos, o entre varios divididos en dos bandos.

Es verdad que la comedia abundaba en desafíos, por lo general entre cristianos y moros, en uno de los cuales fue muerto el prometido de Matilde, cuyo entierro se vió en la escena. También hubo un castillo encantado del cual se fugó la princesa Matilde en una lancha que se veía cruzar por el escenario. La acción de la comedia se refería a los tiempos de Ricardo Corazón de León, pero, a juzgar por la calidad de los personajes, aquello creo que no tenía pies ni cabeza, reduciéndose a que la música tocara mucho y a que los actores recorrieran procesionalmente el escenario.

En las últimas representaciones se amenizaron los entreactos cantando una mestiza de la Panpanga, que lo hacía regularmente, algunos trozos de zarzuela.

Mejor decorado el teatro por unos cuantos españoles que formaron sociedad, asistí a una función representada por ellos que valió menos que la función de los tagalos. Hubo lectura de poesías, encomiando al General Jaramillo y al gobernador civil Sr. del Rio, ambos presentes en el teatro.

Asistí también a un baile que se dio en el gobierno civil, y vi que el general Zamanillo, a pesar de sus años, era el primero que rompía en los rigodones y lanceros. Se sirvieron refrescos y tabacos, supongo que a cuenta del gobernador, y hubo una sesión de canto por la pampangueña que fue una de las asistentes. Allí predominaba el elemento europeo, por haber varios señores empleados civiles.

Varias tardes, cuando no estaba de servicio, paseaba a caballo como una hora, dirigiéndome unas veces hacia el pantalán (embarcadero), otras por el camino de Pagsanján y otras por un barrio en el que había fuerza nuestra.

En el pueblo de Sta. Cruz fue donde me convencí de lo que había oído referente a la afición de las mujeres indias al juego. Me habían dicho que algunas arriesgaban a la banca fuertes sumas, alternando con los hombres, y casi dudaba de la verdad de tal aserción; pero en la casa de un chino de dicho pueblo vi una mesa donde solo se entretenían mujeres, otra donde había por igual estas y hombres, y la mesa principal para la crema, como si dijéramos, se veía adornada con la esposa del capitán municipal y alguna otra que apuntaban de fuerte.

Por cualquiera calle que se pase, aun del propio Manila, no faltará alguna casa donde se vean agrupados varios indios e indias jugando a no sé qué: dicen ellos al *panguinguií*, juego en el cual entran muchas barajas y cuya marcha desconozco.

Tampoco es de extrañar el encontrase en esta o la otra plazuela varios grupos jugando a una especie de lotería que nunca me he detenido a examinar.

En Balayan, en Lipa, en Tomasang, en S. Pablo de Nagcarlán, en Sta. Cruz, en Calanba, en una palabra, en todos los pueblos donde hay ricos, se juega muy fuerte. En Manila, fuera de las casas de juego que supongo abundarán, los caballitos del Camino español, que viene a ser una especie de ruleta, han enriquecido a algunas personas y hundido a otras. Lo extraño es que la autoridad consiente tal género de juego.

En Lumbán, al regresar a primeros de octubre de la expedición a Mabahapa, el capitán Caballero dijo al cap^{n}. municipal en broma que bailaríamos después de cenar, y el 2.º, lo tomó en serio y reunió al elemento joven del pueblo en una de las mejores casas, en la cual los viejos pasamos un rato viéndole mover las piernas. En S. Pablo, a raíz de desalojar de él a insurrectos, tuve ocasión de ver bailar en la casa donde se alojaba el T.^{te} Cor^{o}nel, y oír cantar a varias jóvenes indias, pues suelen ser muy aficionadas a la música y al canto, aunque en este suelen desafinar bastante.

Hay entre esta gente banda de música muy completa, cual sucedía en S. Pablo y mil pueblos que podría citar, que se puede oír tocando aires de zarzuela, trozos de opera o bailables, cuyos músicos no conocen una nota del pentagrama, tocando todo de oído.

Muy raro será el barrio por el cual se pase sin que se oigan los acordes del arpa o el tecleo de algún piano. Es muy general que los jóvenes vayan a Manila a completar su educación en algún colegio, y de aquí que se encuentren pianos hasta en bahays levantados en la sementera. Hay barrio, como el de Biñan próximo a Sta. Cruz, donde los instrumentos de la orquesta son de caña en su mayoría, y con aparatos tan incompletos tocan bien.

Creo, desde luego, que el oído del indio está muy bien organizado para la música, en la cual progresarán educándolos como corresponde.

Cuanto he indicado respecto a los instrumentos de viento, ocurre con los de cuerda, existiendo magníficas orquestas compuestas de violines, violocenlos [sic] flautas etc., cuyos instrumentos son tocados todos sin conocimientos teóricos.

En Dinalupihan, de la provincia de Bataán, nos hizo la fiesta y distrajo soberanamente el maestro del pueblo, que tocaba el acordeón y cantaba más que un canario. Dicho maestro se encargó de llevar a la casa, donde cenamos, a las muchachas del pueblo, que bailaron con algunos de nuestros oficiales jóvenes ansiosos de estirar un poco las piernas. El T.^{te} Coronel Huete y yo nos retiramos a nuestra casa para descansar, dejando el baile en su apogeo, pero a las 12 de la noche salíamos con la fuerza en dirección a Mabatan, pueblo al cual atacaban los insurrectos, con intento de apoderarse de las armas del destacamento, y cuyas mejores casas incendiaron. Tal fue el sistema seguido por los insurrectos en dicha provincia, puesto que las escenas referidas eran una copia exacta de lo que habían desarrollado en Samal unas noches antes.

A mi regreso de la provincia de Bataan asistí a una función de teatro en el único que tiene Manila, titulado Zorrilla, y que cae bastante alejado de la ciudad murada,

La compañía de zarzuela española, que actuaba en dicho coliseo, ~~no~~ trabajaba regularmente, así que pasamos el rato menos mal. Hasta la fecha, 21 de Dicbre. de 1897, era la única distracción que había disfrutado en Manila, población que miraba yo con disgusto desde que, a mi llegada de España, me robaron dos maletas con cuanto tenía en ellas. *El rey que rabió* fue la zarzuela que se representó en aquella noche y otra zarzuela en un acto, cuyo título no recuerdo. El teatro es bastante espacioso, lo mismo que el escenario, está alumbrado con luz eléctrica, su decorado es bueno y no del todo despreciables sus condiciones acústicas.

Más adelante, en el mes de Marzo y Abril respectivamente, en los días de convalecencia mi salida del hospital, fuí al teatro otras dos noches en que se pusieron en escena: *Los cocineros*, *La banda de cornetas*, y otras zarzuelitas que me hicieron pasar el tiempo agradablemente.

Por la misma época estuve dos noches en el circo filipino, donde trabajaba una compañía bastante completa compuesta de indios y de japoneses. Los trabajos en las barras fijas eran lo mejor de su programa, si bien tampoco desmerecían los arriesgados ejercicios en los trapecios altos, ni los variados y dificilísimos saltos mortales, ni el paso de una india por la cuerda fija, ni otras cosas que sería prolijo enumerar. Era una compañía que podría hacer la competencia a las que había tenido ocasión de ver en el circo de Colón de Madrid, ya que no quiero llamarla mejor que estas.

La Luneta, paseo que solía verse muy animado en las primeras horas de la noche y en cuyo templete tocaba una de las bandas militares de la guarnición, no me satisfizo en las dos veces que tuve ocasión de ir a él. Me pareció un paseo muy triste, aunque se encuentra a orillas de la bahía, por no haber en él flor alguna ni arboles de adorno.

Tampoco me llamó la atención el paseo de Malecón, que, desde la Luneta, se extiende entre el mar y las murallas hasta morir a orillas de la desembocadura del Pasig, y en cuyo paseo por la tarde se pueden ver infinidad de carruages [sic]. En este paseo tocó algunas noches, antes de la catástrofe del 1.º de Mayo, la música de nuestra desgraciada escuadrilla.

Lo único bueno que tienen para mí estos dos paseos vespertino-nocturnos, de que dispone Manila, es su situación junto al mar cuya brisa los refresca.

En Alhambra se daban sesiones del proyectoscopio, y vi dos de estas funciones cuyos cuadros eran bastante buenos, pero la gran intensidad de luz eléctrica que los iluminaba hería mucho la vista.

He pasado bastantes ratos recorriendo la playa desde el Malecón hasta Malate, unas veces de madrugada y otras a la puesta del sol, por ver si podía encontrar algo que aumentara mi pobre colección de conchas; pero escasean bastante los ejemplares, y se halla muy poco que merezca la pena de visitar la playa de la bahía, verdad de la cual me había persuadido en Parañaque, Laspiñas, Bacoor y en Oraní.

No es Manila, a pesar del crecido número de sus habitantes que seguramente pasa de trescientos mil, una población en la cual se encuentren distracciones, efecto acaso de que los europeos residentes en ella han vivido siempre consagrados a crearse un capital y no se han cuidado más que de su negocio. Claro está que, cuando se advierte abandono grande aun en las cosas de utilidad pública; no debe llamar la atención que este sea mayor en las de puro recreo: parece mentira que esta población carezca de un buen sistema de alcantarillado para desagüe, y que dentro de la ciudad murada la mayoría de las calles están sin adoquinado o empedrado, menos mal que todas tienen aceras. La traída de aguas potables con el consiguiente sistema de fuentes y bocas de riego, tan necesarias aquí donde los incendios son muy frecuentes y de efectos terribles, es cosa muy reciente: es verdad que todos los años suele llover mucho y que el agua de lluvia remplaza a las primeras, pero no es menos cierto que, a excepción de los conventos, escasean los algibes [sic] en condiciones para conservarla.

Desde las ocho de la mañana, o antes, en que el sol calienta a su placer, no se puede ir a pie por Manila sin sufrir los perniciosos efectos de aquel, de aquí la abundancia de quiles y coches que se encuentran por todas partes, sin contar los tranvías que circulan por bastantes puntos.

Cuando se oye decir continuamente: «Vengo de la Escolta», «Voy a la Escolta», «Esto me lo han dicho en la Escolta» etc., se llega a creer que la Escolta es algo parecido a la Puerta del Sol en Madrid, donde se puede pasear perfectamente a la sombra que dan las casas y edificios, pero la Escolta no es más que una calle algo ancha, muy difícil de cruzar sin exponerse a que algún quiles o tranvía aplaste a uno, en cuya calle radican los comercios más vistosos explotados por europeos y algunos bazares de malabares y japoneses.

Cierto que en la Escolta se halla la cervecería de S. Miguel, sin más luz que la que recibe por sus dos puertas de entrada y con un decorado bastante pobre, a la cual acostumbran acudir los desocupados para tomar cerveza fresca: cierto que en aquella se encuentra una casa de cambio que expende tabaco y hace de cervecería, local muy reducido con cinco o seis mesas y sin más las que le dejan poner sus dos puertas, pero donde se forjan o se inventan toda clase de noticiones; cierto que en aquella está el sitio llamado Alhambra, convertido después de mi llegada en refresquería y medio cafetín, con sus billares y vistas al río Pasig; y cierto que en la Escolta o sus inmediaciones se pueden tomar todos los tranvías.

El casino; la cervecería de S. Miguel, incapaz para ochenta personas; el cafetín de Alhambra, cuyo piso es aún terrizo, y el conato de cervecería de la citada casa de cambio son los puntos destinados a reunirse cuatro amigos y pasar un rato en conversación. Como la afición al teatro no está muy desarrollada o tal vez efecto de la dificultad de reunir una compañía bastante completa, especialmente mujeres, de aquí que el teatro esté cerrado grandes temporadas, sucediendo lo mismo con el circo.

Todos los comercios de Manila se cierran a las ocho de la noche, y a contar desde dicha hora falta la animación inherente a ellos; a las diez de la noche ya no se ve abierto establecimiento alguno, excepto el casino, que permanece abierto siempre, y así que desde dicha hora rara es la persona que se encuentra en las calles. No deja tampoco esto de tener su razón de ser, porque ya a dicha hora empieza a notarse que la atmósfera va cargándose cada vez más de humedad, muy a propósito esta para acatarrarse o para tomar unas calenturas.

Muchas horas he pasado el tiempo recorriendo la mayoría de los templos que, sin ofrecer primores, son buenos en general. La propensión de estas islas a sufrir terremotos, temblores y oscilaciones impide que las construcciones sean de materiales fuertes y que, por consiguiente, en las iglesias y edificios públicos pueda observarse ese carácter de gravedad que se ve en las de la península.

La iglesia de S. Sebastián es preciosa, el hierro es lo único que entra en ella, fue traída de los Estados Unidos, si no estoy equivocado, y pertenecen sus arcos, ventanas y dos torres al orden gótico. Los conventos de Sto. Domingo, S. Agustín, S. Fran.^{co}, Recoletos y de la compañía de Jesús tienen templos bastante espaciosos, siendo para mi gusto el mejor de ellos, el de Sto. Domingo. La catedral, recompuesta después que un terremoto la destruyó no hace muchos años, vale muy poco como tal, y menos comparada con las de España.

No tiene torre, adorno que tanto embellece a los templos, y algunas de sus campanas han sido colocadas en un campanario de dos metros de altura situado en la plaza de Palacio.

La primitiva ciudad de Manila, o sea la ciudad murada, es la que encierra la catedral y conventos citados, de perímetro muy reducido no puede contener grandes plazuelas que sirvan para desahogo del vecindario, y por tal circunstancia se sienten en ella mucho los efectos del calor; a tal circunstancia responde que las casas más espaciosas y elegantes se encuentren en barrios algo distantes, como los de la Ermita, Malate, Dilao o Paco, Sampaloc, Santaneca etc., etc.

La residencia habitual del Cap^{n}. General es un palacio de la calle de Malacañang, correspondiente a uno de sus barrios, y situado a orillas del río Pasig; en circunstancias anormales la primera autoridad del Archipiélago se establece en el palacio de Ayuntamiento, que está en intramuros. Todos los cuarteles, como el del Fortín, los de Arroceros, el de Malate el de la Luneta, el de Meisic este, radican extramuros, hallándose únicamente en el interior el de España y el de la fortaleza de Santiago, unidos a la cual se encuentra el parque de maestranza de artillería.

Cuenta Manila con el hospital civil de S. Juan de Dios, con el militar de Arroceros y con uno que no he visto, el de los chinos, situado a distancia de la población; pero hoy, debido a los muchos heridos y enfermos, se ha habilitado para hospitales todo aquello que al parecer reunía regulares condiciones. Debe haber varios cementerios, tanto para españoles y filipinos cuanto más para extrangeros, [sic], pero yo no he visto más que el de Paco, que tiene la forma de doble circo con su espaciosa capilla, pero muy descuidado.

El seminario conciliar, la Escuela Normal, el Ateneo e Instituto están a cargo de los P. P. Jesuitas, que cuidan además del observatorio astronómico, si yo no estoy mal informado; y la universidad de Sto. Tomás es patrimonio de los P. P. Dominicos, estudiándose en ella derecho, filosofía y letras, ciencias (estas últimas carreras solo llevan dos años de existencia), farmacia y medicina (habrá una escuela de estas dos), cuyas clínicas se estudian en el hospital de S. Juan de Dios. La escuela de náutica, una academia preparatoria para carreras militares, algunos colegios particulares en los cuales se estudian dos o tres cursos, varios dirigidos por monjas para la educación de los jóvenes, y las escuelas de 1.ª enseñanza públicas y privadas, completan los centros de que dispone Manila.

Para el paso del brazo principal del río Pasig, que se divide en algunas ramas al tocar los barrios de Manila, hay tres magníficos puentes que cuentan pocos años de vida: el puente de España, que es de piedra, lleva a la Escolta y por él pasan los tranvías de la ciudad y de Malate; el puente colgante que conduce a los barrios de Quiapo, Sta. Cruz y a otros; y el puente de Ayala, que es de hierro, con pasos independientes para los transeúntes y carruages [sic], algo de lo cual sucede en el colgante cuyo centro destinado al paso de personas está más elevado que los de ida y venida de carruages [sic], cuyo puente de Ayala nos deja en las proximidades de Malacanang. Las otras ramas del río tienen, por lo general, puentes buenos, siendo los mejores el de Masera, que se halla en el camino de la estación de ferrocarril, y del general Blanco, que pone en comunicación los barrios de Binondo y de Tondo.

Manila cuenta con un hipódromo en Sántamesa, en el cual hay carreras con frecuencia, pero lo que debe abundar en extremo son las galleras, dada la afición de los filipinos a las luchas de gallos, si bien no he oído hablar más que de la de Sampaloc y de la de Paco.

Respecto a fondas y hospedaje, es una población muy deficiente, creo que fonda verdadera no haya más que la llamada «Hotel de Oriente», pues las demás vienen a ser malas posadas donde se sirve comida, viéndose uno obligado a vivir en un cuartucho reducido en compañía de otros huéspedes. Claro es que la afluencia de oficiales, con motivo de la campaña, contribuyó a que se dieran aire de fonda todas las casas en que se servían comidas, y las circunstancias obligaban a que pasáramos por ello. Nunca he vivido en ellas sin contar con dos o tres compañeros de cuarto, que disponíamos de una silla para cada uno, de una mesita o velador para todos, y gracias que, aunque apiñados, cada uno dormía en su catre.

Este tiene el asiento de regilla [sic] de bejuco [113], sobre cuyo asiento se tira un petate que es una especie de estera fina, encima del petate se verán una o dos sába-

[113] Planta sarmentosa y trepadora, propia de regiones tropicales. DLE.

nas (esto de sábanas es ya muy lujoso) con una o dos almohadas, y en esto consiste la mullida cama que se puede descansar en las fondas. Cierto que la lana produce mucho calor, pero yo tuve ocasión de probar en S. Fernando de la Pampanga que, puesto el petate sobre un colchón y las sábanas correspondientes, no se sienten los efectos de aquel y que el cuerpo descansa mejor sobre mullido que sobre duro. Todo catre está provisto de su correspondiente mosquitero para librarse uno de las dolorosas picaduras del sin número de mosquitos, que tanto abundan en este país, y Dios nos libre de acostarse sin él, como he tenido que hacerlo muchísimas veces, porque poco tiempo podrá conciliarse el sueño y saldrá uno con la cara y brazos hinchados.

Durante el tiempo que estuve en S. Fernando de la Pampanga asistí a una función de teatro, que tuvo lugar en un camarín bastante espacioso y en el cual se levantaba un escenario: las zarzuelitas, que fueron representadas por aficionados del pueblo, resultaron aceptables y llenaron el objeto de pasar agradablemente las primeras horas de la noche, como el elemento militar tenía entrada en todas partes, y por aquello de «a donde va Juan Ramos, todos vamos», estuve en tres bailes: uno que se dio para festejar la boda de un indio con una española, otro dado por los voluntarios del pueblo para celebrar la bendición y estreno de su bandera, y otro que tuvo lugar en la casa donde se alojaba el General Jáudenes motivado no sé por qué.

A los tres asistió dicho general y todo el elemento militar de S. Fernando, aunque algunos como yo solo permanecimos en ellos breves momentos; y lo único que me llamó la atención y distrajo, en uno de ellos, fueron unas sevillanas bailadas bastante bien por dos hijas del T.[te] Coronel de la Guardia Civil del 23 tercio, niñas de diez y de seis años respectivamente que acababan de llegar de España con sus padres. Según oí, esta familia era andaluza y, por lo visto, tenía afición al baile, pues nos dieron la lata la niña de seis años y otra de cuatro, hermana suya, bailando ambas solamente: he dicho que dieron la lata por aquello de que «lo poquito agrada, pero lo mucho...», y la sesión entre sevillanas y polkas de las andalucitas duró más de una hora.

Desde mi cuarto se veía muy próximo el templete, donde la banda del pueblo tocaba desde el oscurecer hasta las ocho de la noche de los días festivos, de suerte que sin salir de casa asistía a audiciones musicales.

En S. Isidro de Nueva Écija, con motivo de la *celebérrima paz* pactada por el Gral. Primo de Rivera con los principales cabecillas de la insurrección, vi una corrida de gallos que hubo de costar la vida a un empleado español, al cual llamaban Manolito, porque cayó del caballo hecho un ovillo y recibió el golpe en la cabeza; asistí a un conato de corrida de toros cuyos lidiadores eran sargentos españoles, pero las fieras no dieron juego alguno, estaban heridas y solo presentaban la cara cuando se veían muy acosadas, y más vale que así fuera porque, si el ganado es bravo, aquello hubiera terminado en tragedia; estuve distraído una tarde viendo cómo los chiquillos indios trepaban por las elevadas cañas que en su extremo superior tenían unas cuantas motas (estas son nuestras antiguas piezas de dos cuartos), habiendo uno que seguramente podía competir con los monos y que se llevó todas las cucañas; me distrajo, por su naturalidad reflejarse en ella algunas de las costumbres de los indios, una especie de procesión cívica que recorrió las calles más principales; y últimamente estuve en los dos bailes que se dieron, uno en casa del Capitán municipal y otro en el gobierno civil, cuyos dos bailes se vieron bastante concurridos.

Es de advertir que la mayoría de los bailes que he citado fueron acompañados de su correspondiente banquete, por lo cual es de presumir que graven bastante el presupuesto del anfitrión. He oído decir que en Lipa, por sostener la costumbre de dar banquetes y bailes, se han arruinado varias familias que nadaban en la opulencia; pero aquí vuelve a reflejarse el carácter andaluz que he creído observar en el indio.

En Gapan, con motivo de asistir a una corrida a que había sido invitado por unos amigos del Capitán Caballero, vi otro baile que promovieron y organizaron los oficiales jóvenes de su compañía y de la mía, cuyos muchachos bailaron algunos rigodones, pues las dalagas (solteras) decían que no sabían otra especie de baile.

Por hallarme ya enfermo en Bayambang, no asistí a otro baile que organizó el cap. Torres Bugayón, que se crió en dicho pueblo.

A la generalidad de los bailes a que he asistido, he ido llevado por el afán de conocer algo de las costumbres de la gente de este país, y, no siendo en los improvisados, en todos he tenido ocasión de observar que se desplegaba mucho lujo en el vestir, especialmente entre las mujeres, las cuales además, pecan bastante de presumidas: en esto no dejan de irle en zaga los hombres.

En la provincia de Bataan, donde se recolecta bastante palay (arroz), gocé una tarde lo que es indecible al ver eras en que se trillaba este y a varios indios guiando carros y cangas cargados de palay en mies, cuyos vehículos iban tirados por carabaos, que llevaban a la era. Esto me recordaba la forma y horas, en que en mi provincia se acostumbra a hacer el acarreo de las mieses a la era. Los carros que generalmente se usan en los pueblos de Luzón son bastante primitivos, pues las ruedas suelen ser de madera y de una pieza y giran con el eje móvil que es de igual sustancia: estos carros me recordaban carretas portuguesas que, cuando yo era niño, llegaban y pasaban con frecuencia por mi pueblo.

El carro llamado canga es más primitivo aun y más sencillo, pues carece de ruedas, es de caja muy estrecha, y esto le permite pasar por cualquier sendero y atravesar los fangales sin el inconveniente de hundirse, como se hunden los carros de ruedas: la caña es el material con que se hacen las cangas, por lo cual resultan sumamente ligeros y de fácil arrastre.

El carabao, animal que más abunda en Filipinas y que tan buenos servicios presta dentro y fuera de poblado, es un rumiante que pertenece al género buey o toro, aunque en su aspecto carece de la gallardía de este: la piel de dicho animal es gruesa y muy dura; su pelo, que es verdadera cerda, escasea; su cola se asemeja mucho a la del cerdo, es muy ventrudo, y su aplastada y rugosa cornamenta se desarrolla en forma de media luna dirigida hacia arriba y un poco atrás. El grosor de su piel impide la trasudación, y de aquí que el carabao pase horas y horas dentro del agua y del lodo, como el cerdo en España; por tal circunstancia es un animal irreemplazable en esta tierra, en donde llueve tanto, para los trabajos preparatorios de la sementera del palay que se hace en terrenos completamente encharcados, y por tal razón para caminar con él se prefiere la noche y las primeras horas de la madrugada, pues en las horas de calor es muy fácil que muera por asfixia, cual han sucumbido muchos en convoyes y marchas de la tropa durante esta insurrección.

No se pasará, en las horas de calor, por una sementera sin que, en esta o la otra charca, se vean los carabaos acostados en el agua o fango, enseñando únicamente sus astas y hocico, o sirviéndose de la cola como de una brocha para humedecer sus ancas y parte posterior de los costillares. Nada con suma agilidad y puede mantener su cabeza bastante tiempo dentro del agua, circunstancia que he tenido ocasión de observar en Sta. Cruz viendo a dichos animales introducir su cabeza y cuello en el agua de la laguna para comerse las hierbas que se crían en el fondo: su alimentación principal consiste en las que crecen en terrenos empantanados, y en el zacate[114] cuando no va a pacer al campo tomando paja seca de maíz cuando faltan las primeras y el segundo.

Es animal de mucha fuerza, y por ello se emplea en los arrastres tanto en Manila como en todos los pueblos, el yugo se le pone al cuello y, para guiarlo, se utiliza un cordel que se anuda a una anilla, comúnmente de bejuco, que le atraviesa de una a otra nariz; no se les unce por parejas, cada carro lleva uno y, si se necesitan más para transportarlo, se engancha otro delante.

Acaso por el aspecto poco noble del carabao, más que no por otra cosa, gusta muy poco su carne a los españoles, comiéndola únicamente cuando no se encuentra de vaca, y lo mismo sucede con la leche de la caraballa[115], que no es mala del todo; el carabao joven, y que no se ha utilizado para el trabajo, creo yo que tiene sus carnes tan sustanciosas y sabrosas como las de vaca. El carabao domesticado es sumamente manso para la gente del país, que monta en él cual si fuera un asno, pero oliendo a un europeo se le verá resoplar mucho, desconfiar más y hasta huir inclusive, si no está amarrado, siendo esto muy general.

El carabao cimarrón dice que embiste y que hay que evitar su encuentro, pero entre los destinados al trabajo también hay algunos que no respetan a las personas,

---

114 En Filipinas, hierba, pasto, forraje. DLE.

115 Hembra del carabao.

como lo puede decir el sl.^{do} de mi compañía, Andrés Mañez Sarrión, que tuvo que ir al hospital a curarse de cuatro heridas producidas por un bicho de dicha índole. Cuando pasa alguna fuerza española por las inmediaciones de donde haya varios carabaos, se ve que estos tienden a reunirse y a formar semicírculo con el frente a los transeúntes, que levantan la cabeza, alargan el hocico y dirigen sus orejas en dirección a estos, lo cual no ocurre, aunque por allí pasen centenares de indios, con lo que prueba que es un animal muy desconfiado. Dicen que le impresiona el mucho olor de la pólvora, que es terrible la lucha entre dos de ellos, pues uno ha de morir, viéndose sus dueños obligados a dejarlos para no ser víctimas de sus furores; pero lo más extraño en un animal de tanta corpulencia es su mugido que, más que tal, viene a ser una especie de quejido de una persona ya casi moribunda.

No he dejado tampoco de gozar, aun en medio del cansancio producido por un marcha larga y penosa, contemplando los panoramas y paisajes pintorescos que se ofrecían a mí vista, y que tanto abundan en este país donde siempre se ven los campos cubiertos de verdura. Uno de los paisajes más hermosos que he tenido ocasión de observar es el que presenta la vista de la laguna de Bay, mirado desde uno de los elevadísimos cerros que se alzan por sus inmediaciones: el 1.º de septiembre de 1897 se había tocado diana antes de amanecer y, al despertar el alba, ya trepábamos por uno de los cerros contiguos al pueblo de Longos; como la subida era penosísima, descansamos en la primera meseta que encontramos, y desde ella se divisaba una gran extensión de la citada laguna con varios pueblos situados en su playa, algunos de los cuales aparecían como meras casas de campo debido a la gran distancia a que estábamos de ellos, que solo permitía ver la casa convento e iglesia con el humo despedido por los hogares de algunos bahays. Los bosques de cocoteros del pueblo de Pagsanjan no eran para mi vista otra cosa que agrupaciones de macetas, y los grandes ríos que desaguan en aquella semejaban pequeños arroyuelos convertidos en cintas de plata.

Yo hubiera pasado con gusto algunas horas en aquel sitio, haciéndome cargo de tan hermoso panorama, pero teníamos que acabar de coronar aquellos cerros para entrar en el camino real de S. Antonio.

Ya que he hablado de cocoteros, diré que es uno de los árboles más abundantes en la provincia de la Laguna, y de cuyo fruto saca el indio gran provecho: el aceite de coco que se emplea para el alumbrado y aun para guisar, el vino de coco el vinagre de id., la de carne de coco que entra a formar parte de varios dulces, etc., prueban que el cocotero es un árbol que da grandes rendimientos.

El viaje por la laguna desde Sta. Cruz a Manila, de seis horas de duración, es también muy distraído, y sin riesgo a marearse porque la laguna no tiene las sacudidas que el mar: a gran distancia se divisan los pueblos de Mabitac, de Pangil, de Paete, de Longos, de Lumban; algo más de cerca se ven Pansanjan, Pila, Bay, Los Baños, Calamba, Cabuyao, Sta. Rosa, Biñan y Montinlupa; y entrando en el desagüe de la laguna, que lo forma el río Pasig, casi se tocan con la mano a Taguig, Pateros, Pasig, Guadalupe, San Pedro Macatí, Sta. Ana, S. Antonio y algunos barrios de Manila.

También resulta distraído el viaje que dentro de la bahía se hace para venir de la provincia de Bataan a Manila, que dura desde Orani unas seis o siete horas, por el sin número de pueblos que se levantan en las playas, y entre ellos Lanahermosa (interior), Samal, Abucay, Balanga, Pilar, Orión, S. José de Navotas, etc., etc. Esto sin contar los montes más o menos encumbrados que se ven en lontananza, como el de Arayat, Mariveles, los de Zambales, S. Mateo etc., así como los de la provincia de Bataan.

En la provincia de Batangas también hay puntos muy amenos y, en una palabra, por todas partes no puede uno menos de admirar cómo la naturaleza se complace en repartir sus gracias, pues aun el paso difícil de los muchos barrancos, que se encuentran con frecuencia, ofrecen ciertos atractivos y encantos.

3.3.2. *Mis fatigas y malos ratos en las notas*

II. Mis fatigas y malos ratos

No hay dicha completa en esta vida terrena, pues el dolor surge al lado del placer como compensador de los efectos de este, y por eso creo muy natural que el relato de mis distracciones y recreos vaya inmediatamente seguido del de mis fatigas y malos ratos, concretándose a exponer algunos hechos más culminantes.

Pasando por alto la primera noche que pasé en Manila tirado sobre un catre de tijera con el impermeable para cabecera, en un cuartucho asqueroso por cuyas paredes corrían lagartijas y cucarachas, y acosado por un sin cuento de mosquitos que al menor descuido me picaban; recordaré que, al tercer día de mi estancia en dicha capital, me robaron las dos maletas que traía de España con todos cuantos efectos encerraban, quedándome únicamente lo puesto, el impermeable que estaba en la percha y unas seis o siete pesetas que llevaba en el bolsillo. El robo había tenido lugar en la casa particular donde yo me alojaba, los criados de ella eran indios y, al preguntarles por las maletas, me decían que no entendían: el dueño de la casa tenía visita y yo no me resolvía a molestarle para saber si aquellas habían sido trasladadas a otra habitación por disposición suya, y en tal estado de incertidumbre pasé cerca de dos horas hasta que dicho señor me dijo que él no había dispuesto cosa alguna respecto al particular. Como de raza india se quedó tan tranquilo, y, sin preguntar cosa alguna a sus criados, se conformó con decirme que a él nunca le había robado; así que yo solo, por calles desconocidas, preguntando a esta y a la otra pareja de guardias, fui hasta cerca de Sampaloc al cuartel de la guardia veterana, a cuyos oficiales referí lo que me pasaba. Uno de estos vino conmigo a mi alojamiento, se enteró de la situación del cuarto entresuelo que yo ocupaba y, desde luego, se convenció de que los ladrones eran gente de la casa; se llevó tres criados y me dijo que volviera con él por si resultaba algo, con lo cual entre doce y una de la noche me dirigía a mi habitación completamente desconsolado. La noche pasó en claro, a las cuatro de la mañana me lavaba para ir a la instrucción, terminada la cual marché al cuartel de la veterana con objeto de informarme: nada se había podido sacar de aquella gente, y con esto perdí toda esperanza de volver a encontrar mis maletas. La señora de un T.te de la veterana me hizo tomar chocolate con ellos, y esto con dos copas de anís del mono, que me obligaron a tomar la noche anterior, era cuanto había yo tomado desde las 12½ del día anterior. Cada una de las dos comidas que hacía en el restaurante de París me costaba cuatro pesetas, de modo que no tenía suficiente dinero para las de este día; sin embargo, hice la de mediodía y pensaba pedir fondos a Caja para disponer de ellos y atender a mis necesidades, pero Dios me ayudó, pues se dio orden para que los capitanes extrajéramos de caja dinero para las compañías, y mi T.te Coronel me entregó 50 pesos que le había dado para mí don José Rocha.

Ya quedaba resuelta la crisis, aunque el disgusto nadie podía quitármelo de encima; y ¡qué triste es, cuánto desalienta una situación como por la que yo pasé!; pero me apenaba más aún el no tropezar con un compañero que, por mero cumplido siquiera, me ofreciera dos céntimos. Desengaños de la vida se llaman esas cosas.

Prescindiendo de las malas noches que pasé en Guadalupe y en el campamento de Pamplona durmiendo sobre un poco de paja o sobre sacos terreros rellenos de ella; omitiendo las que me han molido los huesos tirado sobre un mal petate en el piso de caña o de madera de algún bahay indecente de Bacoor, Imús, Calamba, Sta. Cruz, Sn. Fernando, Cabiao, Bañadero, Laspiñas etc.; dejando a un lado las que he dormitado sentado en un mal sillón en Lumban, en S. Antonio, en Laspiñas, en Calamba, en Baluig-Buig y otros puntos, sin contar las pasadas en claro recorriendo los puestos y tomando algún descanso sentado en el suelo o en alguna caña; relegando al olvido las marchas que he hecho a pie, en horas de calor insoportable, pudiéndose extraer de mi ropa algunos litros de sudor, o de las realizadas en igual forma por bosques casi vírgenes y por terrenos fangosos para escalar a poco elevadísimos cerros de muy difícil subida; no ocupándome de los trabajos de compañía que siempre he tenido que hacer, ni de las veces que cerca del Zapote, en el campamento de Pamplona, en el Bañadero, en Talisay, en Batulao, en S. Antonio, en Magalulo, en Mabahana, en S. Pablo y en el monte Bayabas he tenido expuesta la vida por haber mantenido fuego con el enemigo; omitiendo las ocasiones en que he pasado sed y hambre por esta o la otra circunstancia, me concretaré a referir tres o cuatro marchas regulares.

El 12 de septiembre del 97 salgo por la tarde con mi compañía hacia Lumbán, y, a medio kilómetro de mi salida de Sta. Cruz, empieza a lloviznar, va arreciando el agua que, desde Pagsanján a Lumban, resultó un aguacero de marca mayor sin que el impermeable impidiera que llegase calado hasta los huesos: me mudé de pies a cabeza, cuidé de secar la ropa mojada y en tales condiciones descansé regularmente en el convento, pero esto era el preludio de una función que se desarrollaría al siguiente día. A las siete de la mañana de este trepaba la columna por los cerros de Lumbán y a cosa de las ocho de la misma la cerrazón era completa, empezando a llover copiosamente; el viento soplaba con furia, y había que hacer esfuerzos para no ser arrastrado por él especialmente en los sitios elevados desde los cuales a un enorme precipicio era fácil la caída. Después de subir y bajar barrancos, por lo general con arroyos en su fondo, llegamos a las inmediaciones del campamento insurrecto de Magalulo, viéndonos obligados a atravesar una sementera de palay con agua y lodo hasta los muslos: desalojados los insurrectos de sus posiciones, debo advertir que es el punto donde he visto y oído más fuego de lantaca, pareciéndome de cañón algunos de sus disparos, descansamos sobre la mojada hierba y comimos, disponiendo después que los asistentes hicieran algún cobertizo para resguardarnos del agua. Como yo llevaba dentro del rollo de mi manta de viaje la ropa que me cuidé de secar la noche anterior, y contando con que los asistentes armarían un cobertizo regular, me mudé en un momento en que disminuyó la lluvia, con lo cual purgué pasar una noche no mala del todo: a medida que iba entrando más la noche, también iba arreciando la lluvia, para evitar la cual no servía el mal taponeo levantado por los asistentes, de suerte que antes de las 12 yo estaba acostado sobre un arroyo de agua y la de lo alto me había calado la manta de viaje y la ropa puesta. Convertido en un pato y tiritando de frío, me trasladé a donde estaban algunos oficiales, allí medio me acurruqué para concentrar algo de calor, que no podía excitar ni con comida ni con bebida por carecer de ambas, pero no conseguí entrar en reacción durante toda la noche: por descuido del asistente, el impermeable estaba mojado y por torpeza suya la manta no podía utilizarse (es bastante gruesa y no podía torcerse para quitarle el agua), así que a cuerpo gentil y dando diente con diente me sorprendió el nuevo día. Era la segunda vez que tiritaba en Filipinas, la 1.ª había tenido lugar en S. Antonio en la madrugada del día dos del mismo mes de septiembre, lo cual no es de extrañar por ser uno y otro punto muy elevados e inmediatos a las montañas de la contracosta, y daba una o varias malas noches sobre mi cuerpo.

Hasta que se hizo de día y emprendimos la marcha, no conseguí verme libre de frío; sin comer, sin fumar por haberse mojado los cigarrillos, atravesando ríos con agua hasta el pecho, y bajo la continuada acción de la pertinaz lluvia y del ímpetu del vendabal [sic], tropezando aquí y cayendo allí, agarrándose al cogón o a las cañas para no caer, y medio desfallecido, llegué al convento de Lumbán del cual ya habían tomado posesión mi T.[te] Coronel, Rodríguez del Barrio, Daganzo, el cap. Ayudante, el Capn. Leda ayudante de Jaramillo y el cap. Morales de E. M., del Cuartel Gral. del mismo Sr., vestidos unos de fraile y otros de tao.

En casa del T.[te] Mayor me proporcionaron un traje del país que, con una camiseta que compré, me sirvió hasta que al siguiente día se enjugaron mis prendas.

Otro viaje divertido para mí fue el que realicé, desde Calamba a Tanauang el 27 de julio del año citado. Al amanecer de dicho día, que apareció encapotado, salía de Calamba con un convoy de treinta y tantos carros, poco después de una hora empezaron a caer aguaceros, que yo comparaba con las lluvias de abril en España, los cuales se transformaron en lluvia torrencial; el camino estaba intransitable, viéndose obligados los carreteros a guiar por sementeras de caña, aquí se atascaba un carro y más allá dos, lo que naturalmente retrasaba la marcha y obligaba a aguantar más el agua, yo iba a caballo y aun así el agua del camino me llegaba a las pantorrillas en ciertas hondonadas; los soldados todos marchaban descalzos, prefiriendo herirse los pies a quedar los zapatos en el barro, sistema que desde aquel día adoptaron los de mi compañía siempre que había que atravesar terrenos pantanosos. Completamente calado hasta los huesos, llegué a S.[to] Tomás bajo un diluvio de agua, allí di un pequeño descanso a la fuerza, de modo que no le diera tiempo para enfriarse, y seguí la marcha encontrando peor el camino hasta el puente del río Tanauang. Daba lástima ver a la fuerza en la forma como llegaba entre doce y una a dicho pueblo, y ninguno de los oficiales de la compañía le tenían envidia, pues creo yo que no se diferenciaba aquella de estos.

En la mañana del dos de septiembre del citado año, bajo una espesísima niebla, que no permitía distinguir los objetos a corta distancia, dejábamos el pueblo de S. Antonio para dirigirnos al campamento atrincherado de los insurrectos que llamaban El Real; pero como nos esperaban por el camino convenido que une el pueblo con él, tomamos otra dirección diferente y, por falta de guías, anduvimos y desanduvimos varias veces un mismo camino. Bajamos y subimos cerros, cruzamos varios barrancos y arroyos, en muchos sitios hubo que abrir paso a fuerza de bolo, llegando tostados por el sol a la orilla de un río invadeable; que fue reconocido por distintos puntos: cansado el jefe de aquellas marchas y contramarchas, dispone que retrocedamos y busquemos los senderos que llevan a Lumbán.

Para colmo de ventura y cuando caminábamos resudosos, una nube de tronada descarga sobre nosotros, ya iba el calor del cuerpo secando la ropa cuando otra nube repite la escena anterior; a la subida de un barranco, que se había hecho muy resbaladizo efecto de la lluvia y paso de tropa, me di una soberbia caída envuelto en el impermeable que se despegó por todas partes.

Muerto de hambre, pues el asistente había sido tan inocente que no preparó cosa alguna, aunque el día anterior llevé a una vaca con su ternero que había recogido en un reconocimiento, encargándole que preparara algo del ternero, llegué a Lumbán y menos mal a un bocado de carne que tomé a cuenta de otros y a algunas guayabas[116] que cogí y comí.

A las seis de la mañana del 23 de diciembre de dicho año 97 debía encontrarme con mi compañía en la estación de Manila, para marchar en tren a S. Fernando de la Pampanga, lo cual requería que a las cuatro ya anduviera por las calles en dirección al cuartel de Arroceros donde se alojaba la fuerza; cayéndome agua del cielo y agotando cuantos charcos había desde la puerta de Parian a dicho cuartel, llegué a este con la ilusión de poder ir a caballo desde él a la estación, pero todo mi gozo en un pozo, porque mi cabalgata iba arrastrando una pata y apenas podía andar, así que me vi obligado a continuar agotando charcos.

Como desconocía el camino de la estación y tampoco se encontraban personas a quien preguntar, recorrí un sin número de calles del barrio de Tondo hasta que ya hallé un alma caritativa que me indicó la dirección de aquella; para evitar el lodo y agua marchaba yo por la estrecha acera de la calle, y cuando mejor creía caminar por ella pierdo terreno, y me meto hasta los muslos en una alcantarilla descubierta, que arrastraba todas las inmundicias de los chinos que por allí habitaban.

Una vez instalado en el coche, me vi obligado a mudarme de calzoncillos, calcetines, pantalón y botas, que olían, pero no a rosas, y de camisa y guerrera que estaban empapadas, por cierto, que estando en el cambio de calzoncillos, entró en el mismo coche el Coronel Sr. Millán del Bosch[117].

Como si el agua recibida no bastase, y cuidado que en dos horas alguna se puede recibir, desde la estación de S. Fernando al punto en que se alojó la fuerza, un poco cayó sobre los soldados, oficiales y sobre mí que convertidos en sopa dimos con nuestros huesos, aquellos en un camarín cuyo suelo era de arena y los oficiales en un bahay de caña y nipa en el cual no había ni mesa, ni silla, ni nada que indicase que podía servir para personas.

Cuando nos disponíamos a enjuagarnos y descansar, nos avisan que vayamos a casa del T.^te^ Coronel para presentarnos al General, como lo hicimos bajo una lluvia

---

[116] Frutos comestibles del guayabo, que es de forma aovada, del tamaño de una pera mediana, de varios colores, y más o menos dulce, con la carne llena de unos granillos o semillas pequeñas. DLE.

[117] Joaquin Milans del Bosch y Carpio nació en Barcelona el 6 de junio de 1854. Alférez de caballería en 1871, alcanzó por méritos de guerra las graduaciónes de teniente, capitán y comandante, y el empleo de coronel en 1897, y ascendió a general de brigada en 1907, de división en 1913. Desempeñó los cargos de ayudante del rey, jefe del cuarto militar de S. M. y comandante general de alabarderos, capitán general de Cataluña y gobernador civil de Barcelona. Murió fusilado en el año 1936. *Revista de Historia y Genealogía Española, Segunda época*. Año III. Septiembre-Octubre. n.º 17. 1929. p. 418.

muy fuerte, teniendo que cerrar los ojos y atravesar charcos para ir desde nuestro alojamiento hasta el puente, cuyo trayecto recorrimos después siempre a caballo en días de lluvia. Hecha la presentación al general, regresamos a nuestra casa, y ya pudimos mudarnos y descansar sobre las cañas del piso: por fortuna yo llevaba una especie de petate baste o exterón, que hizo su oficio.

No quiero terminar estas notas sin decir cuatro palabras acerca de la última casa o fonda en que he estado. Aunque me daba diariamente calentura y no me encontraba con fuerzas, solo por abandonar el hospital, pedí el alta al médico, cuyo señor me la dio para el 14 de julio del 89 con ocho días de convalecencia, alojándome en La bandera española, que está en la calle de Solana y esquina a la de S. Franco. y convento de id. Me tocó hacer el cuarto en una habitación que mide once pasos de largo por seis de ancho; sin mesa para escribir, sin mesillas de noche, con cuatro sillas y cuatro palanganeros, incluyendo las camas, quedaba llena la habitación. Esta tiene dos puertas, una que comunica con el pasadizo de entrada, salón que sin contar el hueco de la escalera mide treinta y cinco pasos de largo por nueve de ancho, y la otra que da a la aguada o galería que mira a la calle de Solana, cuya puerta ha de estar abierta para tener luz, y de aquí que todo el que pasa por la galería ve lo que uno hace. El fondista se veía mal de fondos, lo cual, unido a la escasez de artículos, contribuía a que comiéramos medianamente, por no decir mal, y a que mi bolsillo supliera dicha escasez, tirando así hasta el 1.º de agosto en que dejó de darnos de comer.

Entre los cuatro huéspedes había dos que les sobraba el calor, que nos hacía falta a los otros dos, y abrían ambas puertas después de abrir las conchas de la galería, con lo cual no ganaba yo en mi convalecencia a la hora en que iban a acostarse. Por fortuna quedé solo unos días de los primeros de agosto, y dormí con las puertas cerradas; conseguí una mesa para escribir, pues antes me veía obligado a hacerlo en el comedor, cuando estaban preparadas las mesas. Desalojado el comedor, es el paseo que utilizo la mayoría de los días, pues las constantes lluvias me obligan a ser casero, y esa circunstancia del comedor, que reúne a sus dimensiones buena ventilación, es la que me detiene en la casa, porque será muy difícil hallar otra con un paseo tan bueno para mí.

Por fortuna en el cuarto estamos únicamente don Mauro Lleo T.^te^ Crl. de Ingens. y yo, viviendo con desahogo relativo, que para mí resulta bueno porque dicho Señor pasa muy pocas horas en casa. La puerta de la galería, contigua a la cual está mi cama y mi mesa, queda cerrada todas las noches, y la del comedor se queda entreabierta para que refresque el cuarto.

Únicamente por el desahogo del comedor aguanto la incesante lata que me propinan unos andaluces, vecinos de cuarto separado del mío por tabique de madera: dicho cuarto lo ocupaban dos señoras cuyos maridos estaban prisioneros, el uno en

Cavite y el otro en Malolos, ambas jóvenes y una con dos niños tan latosos como la mamá; desde el amanecer hasta cosa de las once de la noche no cesaban de hablar en voz alta, de cantar y de reír, poniéndome la cabeza hecha un bombo, cosa muy fácil, pues la tengo bastante delicada. Al cuñado de la que tiene dos niños apenas se le oía antes, pero desde que se entregó la plaza y come con esa gente el T.te Solís, se ha desarrollado la garganta de aquel mozo, y lo mismo que los otros hablan hasta por los codos dando voces que repercuten en mi cráneo. El oficial prisionero en Cavite vino hace unos días, con su venida cesó algo el ruido, pero por desgracia mía se ha marchado con su mujer a otra casa; así que el gallinero se ha alborotado más, porque Solís y el cuñado de la que vive hoy en él pasan acompañándola casi todas las horas del día y las primeras de la noche sin cesar de mover la lengua; si a esto se agrega que uno de los pequeñuelos llora, hay uno muy llorón, el otro canta, ambos piden esto o aquello, se verá que el concierto es completo.

Dos cuartos más allá del mío viven una viuda de un capitán con cuatro hijos, el menor que tendrá dos años y medio es de oro para llorar, y una criada india que con frecuencia lleva chinelas de madera produciendo con la del piso un ruido de marca mayor. Dicha viuda habla también a voces, se le pegan muy poco los oficios de casa, pasándose casi todo el día charlando en la galería o formando prendas con los andaluces latosos. Que hoy no comemos que la muchacha no ha traído aun esto o lo otro, que mi marido por aquí o por allí, que unos me dice que me quede en Filipinas, que otros me aconsejan que me vaya, que soy una pobre viuda pero que aun tengo para vivir un año o más, aunque no me paguen, que a los prisioneros los tratan así etc., etc., son frases que no se apartan de sus labios. La galería cuenta con 14 chiquillos, y creo inútil indicar cuanto ruido producirán al cabo del día, uno cruza arrastrando una lata otro chillando, el de acá llora, el de más allá ríe, el cercano gimotea y el lejano vocea, en fin una grillera completa, y se complacen en armar ruido a la hora precisa de dormir la siesta. Dichoso paseo casero cuando das que hacer a la cabeza.

Manila 17 de septiembre de 1898.

Sobre el 25 o 26 de septiembre la señora andaluza pasó a un cuarto del entresuelo, y yo lo celebré infinito porque ya cesaba la lata; pero, ocupado el cuarto por un capellán y dos oficiales, no resultó la cosa como yo pensaba, porque hay días que celebran largas sesiones y hablan muy alto, especialmente el asistente del capellán, que también mete cuchara en el cuezo.Los que no se corrigen son los revoltosos de la viuda, con los cuales *forma pendant*[118] otro de no sé quién; y todos muy madrugadores.

---

[118] La expresión *forma pendant* es un galicismo que se suele traducir por: hace pareja, ser equiparable o ser compañero.

3.4. Consideraciones a las «Notas de mi viaje a Filipinas»

Consideraciones a las «Notas de mi viaje a Filipinas»
Francisco Garzón Sevillano
1897-1898

3.4.1. *El Batallón Cazadores Expedicionario, n.º 11*

(Véase las imágenes 18, 19 y 20 al final de este capítulo).

Este Bon., tanto por su oficialidad cuanto por el lucido personal de tropa que lo formaba, estaba llamado a figurar en primera línea y a que sus trabajos y fatigas de campaña obtuvieran el merecido premio. Efectivamente, su primer jefe D. Enr.^{e} Sánchez Salcedo[119] acababa de cesar como ayudante de campo del Cap^{n}. General de Cataluña, Sr. Despuyols, había sido profesor de la Academia Gral. cuando la dirigía el general Galvis, a cuya brigada quedó afecto el Bon., y tenía buenas relaciones en Filipinas, donde había pasado años siendo Capitán; el Capitán ayudante, don Juan Calero[120], dejaba de ser profesor de la Acad.^{a} de Infantería, contaba con poderosos amigos y venía a probar fortuna, y con objeto de tener valor acreditado[121]; el 1.er Teniente Silvela[122] era sobrino carnal del ministro del mismo nombre, y venía recomendado hasta lo sumo; el 2.º Teniente D. Antonio Dabán[[123] era hijo del T.^{te} General de este apellido, presidente de la Junta de reforma de la táctica de Inf.ª y poco después Cap^{n}. General de Madrid; García Otermín[124] Ayllón[125], Sánchez Ocerín[126], Serrano[127], González[128], Trinchan[129], Prats[130], Soria Sta. Cruz[131] y otros subalternos eran hijos de acreditados jefes del Ejercito quienes, como es natural, no dejarían a sus hijos sin recomendaciones valiosas, y es lógico que al lado de esta gente algo

119 Enrique Sánchez Salcedo.

120 Juan Calero Ortega.

121 La anotación de 'valor acreditado' en la hoja de servicios de los miembros de las Fuerzas Armadas precisa de una valoración discrecional técnica de la Administración y únicamente procede en situaciones de guerra o de conflicto armado o en operaciones militares que impliquen o puedan implicar el uso de la fuerza armada.

122 Agustín Silvela Corral.

123 Antonio Dabán Vallejo.

124 José García Otermín.

125 Luis Ayllón Ruiz del Castillo.

126 José García Otermín.

127 Rafael Serrano González.

128 Fernando González Billón.

129 Ramón Trinchán Quintana

130 Nicolás Prats Delcourt.

131 Fernando Soria Santa Cruz Villalba.

bueno podían esperar los infelices que no contábamos con aquellas: el personal de tropa, en su mayoría catalanes, valencianos, aragoneses y castellanos, era lucidísimo, venía ansioso de medir sus armas con los insurrectos y de regresar pronto a España, cuyo segundo extremo no podía abarcarse sin terminar con la insurrección; los cornetas, cabos y sargentos adolecían de falta de instrucción, como que en su mayoría eran clases improvisadas para Filipinas, pero esa falta de instrucción podía haberse remediado bastante durante el viaje, si el T.te Coronel no hubiese sido tan pesado con las constante reuniones de capitanes, y dicha falta desaparecía ante los buenos deseos y constante trabajo de los oficiales.

El comandante mayor don Fran.co Clot[132], el de armas don Primo González[133], que ya había estado en este país; el Capitán cajero don Pedro Población, reincidente en venir a Filipinas; el de la 1.ª don Genaro Caballero; el de la 2.ª don Franco. Martín[134]; el de la 3.ª don Miguel Herrero[135]; el de la 4.ª don Fernando González Villón; el de la 5.ª don Edo Xandaró[136]; el de la 6.ª don Antonio Yañez[137]; el de la 7.ª don Franco. Cabonell[138] y yo, con el abanderado don Bernabé Sánchez[139] y con el habilitado don Franco. Llairó[140] y médico provisional don Teobaldo G.ª Olmedo Roncero[141], éramos los oficiales que con los ya citados constituíamos el cuadro del Bon.

P.ª la revista de Febrero fueron alta los 1.os T.tes don Juan Anguita Palomino y don Dionisio Sánchez, con los 2os. id don Bernardo Hernández Aparicio, don Justo Aixalá, don Carlos Azcarraga Sánchez, don Franco. Hernández Sicilia, don Enrique Fernández y don Hilario Gracia Aznar, algunos de los cuales estaban aquí en otros Bones.

(1) Yañez, Cabonell y B e. Sánchez habían estado en Cuba.

¿Por qué, bajo tan buena base, el batallón no figuró durante la primera etapa de la guerra, o sea, en tanto duró el mando del Excmo. Sr. General D. Camilo Polavieja?

Nuestro 1.er Jefe podría contestar categóricamente a la pregunta anterior: la verdad es que no tuvo el tacto conveniente para saber conservar a su lado a los oficiales de influencia, pues Silvela quedó a las órdenes del Capan. Gral. Dabán y pasó agregado al 1.er Bon. con el pretexto de mandar su guerrilla montada; García Otermín marchó después a las órdenes del general Sr. García Sarralde. Calero fue agregado

132 Francisco Clot Cavedo,
133 Primo González Sandino.
134 Francisco Martín Vea.
135 Miguel Herrero Rodríguez.
136 Eduardo Xandaró Echauz
137 Antonio Yáñez Soler.
138 Francisco Carbonell Comas.
139 Bernabé Sánchez Ortiz.
140 Francisco Llairó Vilella.
141 Teobaldo García Roncero.

al 6.º Bon., Yáñez pasó al 69 y algunos otros oficiales se desperdigaron por distintos puntos. Por falta también de tacto, consiente en que la compañía de Xandaró pase sola a Parañaque, que él con cuatro, a cuyos capitanes solo conocía desde la organización del Bon., (1.ª, 3.ª, 6.ª, y 7.ª), se dirige desde Guadalupe a Biñan, y que las otras tres vayamos por otro lado. Por falta de tacto, a decir del capitán Calero, manifestaba a los generales que ni tenía confianza en los oficiales, ni en sus bisoños soldados, a lo cual hubo general que le dijo: ¿cómo Sr. Ten.te Coronel, puede V. afirmar eso con tan escogida oficialidad?...

Por falta de tacto, y acaso otra cosa..., al decir de cuantos oficiales iban con él, quedó con las cuatro compañías relegado al olvido en Silang, en cuyo punto dicen que no se creía seguro con ellas por temor a los insurrectos, cuando la división Lachambre con 14.000 hombres desde Silang, cuyo pueblo tomó, iba apoderándose de todas las posiciones enemigas más allá de Silang.

Sin que el Batallón (1.ª, 3.ª, 6.ª y 7.ª) tomara parte activa en fuego alguno, ni en la toma de Silang, según oí a un indio que trabajó mucho por España, el Sr. Gama, natural de Biñang y hacendado en aquel pueblo, hubo propuestas en las cuales obtuvieron los oficiales las siguientes gracias: cruz roja sencilla el T.te Corl., id. los capitanes Calero y Caballero, id. los T.tes Daganzo, Sánchez médico y otros: cruz roja pensionada el capitán Carbonell y 2.ºTente. Prats.

El T.te Coronel se vió precisado a pedir el pase al cuadro, y a principios de Marzo quedó el Bon. a las órdenes del T.te Coronel, D. Juan Rodríguez Navas, que acababa de recibir noticia oficial de su ascenso.

Se cuenta que el Sr. Sánchez Salcedo, al manifestar en Silang al general que sus cuatro compañías eran insuficientes para defender a Silang, dijo que no contaba con capitanes de confianza, a lo cual replicó el general que ningún jefe debía decir eso, pues siempre contaría con alguno conocido: «En verdad, replicó Sr. Salcedo, que los tenía, pero por lo mismo los mandé con el comandante de armas». Jamás debió V. proceder así, repuso el Gral., porque un 1.er jefe nunca debe desprenderse de aquellos capitanes y oficiales que le inspiren confianza.»

Es evidente que, con un T.te Coronel, así, ya puede esperarse cualquiera cosa buena. ¡Qué desacertado estuve yo cuando en España pedí a mi digno jefe el T.te Coronel D. Juan San Pedro y Cea, que recomendara mi colocación en un Batallón expedicionario mandado por algún amigo suyo!

¡Cuánto hubiera ganado habiendo sido destinado a cualquiera otro Bon!

Veamos qué ventajas obtuvimos las comps. 2.ª, 4.ª, 5.ª y 8.ª a las órdenes del comandante de armas, Sr. González, jefe de la 3.ª línea avanzada. Este Sr. pasó a Parañaque, puesto de suma importancia y de mucha confianza, porque el T.te Coronel,

Salcedo creyó ver en él un jefe de valía y empuje, de cuyo error participé yo por algunos días; pero el comandante González, de un fondo excelente, era un jefe adocenado[142] y bastante falto de instrucción civil y militar. Encariñado con la vida sosegada que hacía en Parañaque, no le vi salir de él más que el día 5 de febrero, en que a la una de la tarde fue con nosotros hacia Laspiñas, donde se había sentido algo de fuego, sin que un solo día se le ocurriera pasar a este pueblo con el fin de enterarse del estado de las compañías 2.ª y 8.ª, encargadas del servicio de descubierta y de hacer frecuentes reconocimientos.

Desde el 22 de febrero, en que las cuatro citadas compañías pasamos al campamento de Pamplona, hasta el 29 de marzo, fecha de la salida del mismo, no se le ocurrió tomar medida alguna conducente a cerciorarnos de las posiciones del enemigo, nunca llegó a los puestos que ocupaban las avanzadas nuestras, y jamás estuvo en el sitio donde se hacía la aguada[143] dos veces al día. Todo su afán se reducía a rodearse de seguridades, así que de continuo se estaba trabajando en el atrincheramiento del campamento, resultando un servicio sumamente penoso para la tropa y para los oficiales. Una de sus mejores cualidades consistía en tratar de cumplir fielmente las órdenes de sus superiores, debido acaso a su falta de iniciativa personal. Extrañó sobremanera al E.º M.or que no hubiéramos practicado reconocimientos, ni drapeado las cercanías del campamento, pero a los capitanes nos tocaba secundar las órdenes del jefe de este y nada más. Recordaba con sobrada frecuencia la buena vida que pasó en Parañaque, y no hacía otra cosa que lamentarse de haber salido de él por acceder a los deseos de algunos jóvenes oficiales, que pedían entrar de lleno en las operaciones; así creíamos que sucedería cuando con el Coronel Arizón salimos de Laspiñas, pero contra nuestros deseos y aspiraciones se estrellaba el poco tacto de nuestros inmediatos jefes y el poco afán de los mismos por lucir sus dotes guerreras.

Un mes y siete días de constante trabajo, con frecuente exposición de la vida, pasaron sin obtener ventaja alguna en mi carrera como en la de otros tan afortunados como yo; cuando sin necesidad de entrar en peligrosas aventuras ni de meternos en libros de caballería, podríamos haber obtenido recompensa todos los oficiales con solo los hechos desarrollados durante nuestra estancia allí.

Durante el tiempo en que estuve a las órdenes de dicho comandante, se le mandaron formular dos propuestas: por la 1.ª (conducción de convoyes de Laspiñas al Campamento, ¿cuándo?) obtuvo dicho jefe la cruz roja de 2.ª clase pensionada; el Capitán Gon.z Billón y T.te Azcárraga la id. de 1.ª clase no pensionada; y por la 2.ª (por trabajos y fatigas de campaña hasta el 10 de abril) resultaron agraciados con cruz roja sencilla el cap.n Xandaró, los T.tes Trinchan, Soria S.ta. Cruz, Robles, Fernández, Sánchez Ocerín,

---

142 Vulgar y de muy escaso mérito. DLE.

143 Acción y efecto de aprovisionarse de agua un buque, una tropa, una caravana, etc. DLE.

uno que acababa de incorporarse y estuvo quince días con nosotros, Gracia y el médico provisional Sr. Barbero. Hubo varias cruces para las clases e individuos de tropa, resultando pensionadas las de los sold.^{os} heridos de mi comp.^{a} Guin y Oró.

Las compañías 2.ª y 8.ª, que éramos las que más habíamos trabajado, no fuimos incluidas en la 2.ª, se entiende los oficiales, por haber sido propuestos por los reconocimientos practicados, a orillas del Zapote; y en la 1.ª que por sorteo fui el Capitán designado para ser propuesto, no entré por malas artes del compañero González, que sedujo al comandante y me puso con él en mal lugar.

Aunque huérfanos de recomendaciones y sin jefe nuestro que se interesara, debido únicamente a los servicios prestados, obtuvimos por los reconocimientos sobre el Zapote cruz roja de 1.ª clase el Capitán Martín, los 1.os T.^{tes} Anguita y García Otermín, y yo, resultando varios soldados con cruces.

En el concepto de Martín y el mío nuestras cruces debieron ser pensionadas, en atención a lo mucho que habíamos trabajado y nos habíamos expuesto en las descubiertas desde fines de Enero, y es innegable que con una regular recomendación lo hubieran sido. El mal proceder del compañero González me estropeó, porque no habiéndose interpuesto en mi camino podía yo haber aprovechado la coyuntura que se me ofrecía de entrar en relaciones con el T.^{te} Coronel Lecumberry, ayudante del general Polavieja, y enviarle para que entregara a este Sr. la carta que para él traía de España.

Lo mejor habría sido que nuestros respectivos jefes hubieran trabajado para seguir con la división Lachambre, al lado de la cual se sacaron muchísimas recompensas muy gordas, pues se formulaban propuestas por todos los hechos, y en ellos entraban todos los batallones. Raro fue el jefe que no obtuvo empleo o M.ª Cristina y con ellos medraban los capitanes y subalternos.

Con el general Polavieja, que salió para España el 15 de abril, marchó una pléyade de jefes y oficiales que habían sido recompensados largamente, y desde dicha fecha mi batallón entra en una nueva fase, siendo su vida más activa pero menos peligrosa, a mi modo de ver, y más positiva.

El T.^{te} Coronel, Sr. Rodríguez Navas, que no había visto las comp.^{s} 2.ª, 4.ª, 5.ª y 8.ª, deseaba tener reunido todo el Bon., y con tal objeto las mismas a Bacoor y pasamos a Tanauang con el Cte González. La 3.ª estaba en Biñang y las otras tres con el T.^{te} Coronel en Silang; y como nosotros íbamos a cubrir la línea de Bañadero a Calamba, de aquí que la 2.ª pasó al fuerte de Bilog-Bilog, la 4.ª a Sto. Tomás y puente de Vigá, la 5.ª quedó en Tanauang y la mía pasó a Bañadero el18 de abril.

El objeto de la referida línea era impedir que los insurrectos invadieran las prov.^{as} de Lagua y Batangas, y se limitaran a vivir en Talisay y barrios sitos en las estribac.^{es} del Sungay hasta que se le diera una batida general.

El 24 del citado abril es atacada simultáneamente la línea en los puntos de Sto. Tomás, Bilog-Bilog y Bañadero, siendo rechazados los insurrectos en todos ellos. La exageración del parte que llegó de Sto. Tomás fue causa de que el T.te Coronel, que acababa de llegar a Tananauang y de hacerse cargo de la línea, no diera al asunto la importancia que tuvo; de aquí que, después de transcurrido mucho tiempo, formuló propuesta, por la cual recibieron recompensa, excepto los que habíamos trabajado. El capn. Martín tuvo mención honorifica, el T.te Fernández cruz roja de 1.ª, lo mismo que Soria y Sánchez Ocerín, el Sarg.to Polo de la 2.ª ascendió a 2.º T.te, y con las cruces para tropa aquí se limita el premio de los que rechazamos al enemigo. ¡Ahí me faltaba consignar que el T.te D. Rafael Serrano, de mi comp.ª único oficial de ella recompensado con una roja, estaba en Manila desde primeros de marzo; el T.te Daganzo, que se hallaba en Tanauang con el T.te Coronel, también pescó mención. No quiero citar los nombres de muchísimos oficiales de otros batallones que obtuvieron gracias, sin haber oído silbar una bala.

En Bañadero, como punto más avanzado hacia Talisay, éramos frecuentemente molestados por el enemigo, y todos los puestos, incluso el de Baluig-Buing, establecido entre Bañadero y Bilog-Bilog, tenían excesivo servicio por las frecuentes confrontas que había que hacer de día y de noche.

La 5.ª pasó a Tayabas, la 1.ª operó por la Laguna si bien residía en Sta. Cruz, la 3.ª pasó de Tanauang a Tayabas, y la 6.ª y 7.ª estaban en Calamba.

El 30 de mayo concurrimos al ataque y toma de Talisay la 2.ª comp.ª, una sección de la 4.ª y la mía que ocupó la vanguardia con la sección de alumnos y voluntarios de Albay. Por tal hecho de armas, el T.te Coronel obtiene cruz roja pensionada, el T.te D. Ángel Rodríguez del Barrio (niño mimado del 1.er Jefe que lo trajo con él del Bom. n.º 1) la de M.ª Cristina, Daganzo y el médico Teobaldo roja pensionada, el T.te D. Bernabé Sánchez y yo roja sencilla, los sarg.tos de mi compañía Ortega y López-Valcárcel ascienden a 2.os T.tes, seis soldados de mi compañía sacan cruces pensionadas, y otros de todas las que concurrieron las reciben sencillas.

Aquí se descubre ya claramente el juego de nuestro jefe, consistente en halagar al general de la brigada don Nicolás Jaramillo, proponiendo a los afectos al cuartel general de ella, y dar cuanto le sea posible a R.ez del Barrio, Daganzo y médico que entonces formaban su camarilla. Así se explica que Odonell lleve M.ª C.ª, el Capn. Moner, ayudante del general Castilla que con el anterior no hizo nada, la saque pensionada lo mismo que el T.te de Caball.ª Maturana y que el Sgto. Catalina asciende a 2.º T.te, etc., etc. En una palabra, mi jefe será pródigo con los de fuera y miserable con los de casa.

A primeros de junio, asiste la 6.ª comp.ª del Bom. al desastre del Puray, en los montes de S. Mateo, obteniendo su capitán D. Juan Huertas la M.ª C.ª y el 2.º T.te D. Bernardo Hern.ez el empleo de 1.º

A mediados del mes de julio, en el barrio de S. Agustín próximo a Tananauang, tiene unos cuantos tiros la columna del T.te Coronel de E. M., Sr. Sánchez Ocaña, y el hijo de mí 1er. Jefe, que acababa de pasar de Cuerpo de ingen.ros al Bon., obtiene el empleo de 2.º Teniente. Después de Talisay pasamos a Taal las comp.as 2.ª, 4.ª, y 8.ª, pues allí se pensó reunir el Bon., pero tuvimos que volver, quedando l 2.ªen Tananauang, la 4.ª con la 7.ª en Talisay y la mía a Calamba y de allí a Biñan.

A fines de julio estuvo reunido el Bon. un momento en Lipa y una noche en Taal, desde cuyo punto pasamos a Balayán para emprender una operación sobre el barrio de Ló. En este punto estuvo reunido todo el Bon. durante unas 36 h, pues cuatro comps. proseguimos hasta Lian y las otras cuatro quedaron en Balayan.

Suspendida la operación sobre el barrio de Ló por las torrenciales lluvias, regresamos las 4 comp.s que fuimos a Lian, y el 12 en tres columnas combinadas hicimos una operación sobre el Batulao[144] y barranco de Taclan-anag por lo cual se concede: cruz roja pensionada al Com.te González, roja sencilla al Cap.n Huertas, al Cap.n Martín, al T.te Daganzo, al id. Hernández Sicilia, al id. Llairó, al id. de mi comp.ª D. Fermín García, al id. de id. Serrano, a otros que no recuerdo y al médico. Rodríguez del Barrio estaba en Manila, y yo obtuve mención honorífica.

El 15 practicamos algunos reconocimientos, el 21 lo hicieron las comp.s 1.ª, y 2.ª, pues las 5.ª, 6.ª, 7.ª y 8.ª habían pasado a Lipa, y el 28 la 1.ª, 2.ª, y 4.ª lo practican por las faldas del Batulao y sacan que yo recuerde: cruz roja pensionada el Capn. de la 4.ª D. Ant.º del Rio, roja sencilla, el cap. Martín, el T.te Sánchez, el id. Zamanillo, el T.te Tristancho, el id. Beltrán, etc.

El T.te Coronel Pasó a Sta. Cruz, como jefe de columna volante, y con las compañías 5.ª, 7.ª, y 8.ª en unión de la sección de alumnos se hizo la operación sobre S. Antonio de la Laguna, el 1.º de septiembre, resultando de ella las gracias siguientes para oficls. cruz roja pensionada al T.te Azcárraga que estuvo en la retaguardia (ya se ve la influencia del general Castilla), id. sencilla al cap. de la 7.ª don Constantino Pérez, el 2.º Tte. Aixalá, el id. Fco. García, el id. Serrano, el id. Fdo. Rodríguez del Barrio, el id. Serra, el 1.º don Juan Anguita que por casualidad le cazamos, para ir a aquellos empinados cerros.

Al regreso a Sta. Cruz, quedó la columna volante compuesta de los compas. 1.ª, 2.ª, 7.ª y 8.ª con la sección de alumnos; las 5.ª y 6.ª pasan al centro de Luzón y la 3.ª y 4.ª quedan en Lipa con el Gral. Jaramillo.

El 13 del mismo mes, con un temporal horrible y aguacero continuo, hicimos la operación sobre Magalulo, obteniendo los oficiales las recompensas sig.tes: cruz roja pensionada el cap.n Caballero y médico don Olegario, id sencilla el T.te Polo

---

[144] Montaña que es un volcán inactivo, en la provincia de Batangas, cerca de la ciudad de Tagaytay.

agregado a mi comp.ª, el T.te Sánchez (D.), el T.te R.z del Barrio (A. que asistió a dicha acción, pero no a la de S. Antonio), el T.te Santos, y yo que figuré como contuso.

El 2 de octubre tomamos el campamento de Mabahana, por cuyo hecho de armas nos felicita el general de la brigada y el Cap.n General, en telegrama que dice: «Enterado combate satisfactorio proximidad S. Antonio, ordenó a Gral. Brigada formule propuesta a favor de distinguidos y heridos». Pero ¿qué fruto se obtuvo? Al Cap.n Martín cruz roja sencilla, al T.te Antequera igual cruz, al id. T.te Sicilia la id., y de igual clase, al T.te D. Evaristo Rodríguez, al id. Fern.z, y hasta los soldados heridos se quedaron con sencillas.

Y ¿qué importa si el hecho anterior se daba la M.ª Cristina al cap. Lecha, ayudante de Jaramillo, y se hacía juicio de votación al cap. de E. M. García Morales, afecto al cuartel de dicho general? Dar a aquel del cual podamos esperar alguna cosa es máxima que no olvidará nuestro jefe, así como que nadie sepa la forma en que se hacen las propuestas. De aquí que nunca sabía uno si iba o no propuesto por tal o cual acción. Rodríguez del Barrio y el Sargto. Heras, escribiente del Jefe, eran los únicos que hacían y deshacían sin que nadie les pusiera cortapisas.

El 8 de octubre las comp. 2.ª, 7.ª y 8.ª con sección de alumnos salimos para S. Pablo, pernoctamos en Magdalena, pasamos por Nagcarlán y desde allí, por veredas intransitables y por empinados cerros, llegamos al barrio de Binyan, cuya trinchera tomamos después de sostener fuego en Anabó.

Llegan dos compañías del Bon. 12 que con las nuestras concurren a desalojar de insurrectos el pueblo de S. Pablo ocupado por estos, y cuyo destacamento de 50 h con un Capitán llevaba tres días encerrado en el convento. Las gracias recogidas por nuestra fuerza fueron: empleo de Coronel a nuestro T.te Coronel, empleo de Capitán al T.te D. Ángel R.z del Barrio, cruz de M.ª C.ª al T.te Azcarraga agregado a mi comp.ª, cruz roja pensionada al T.te Aixalá, al médico y a mí; y cruz roja sencilla al Cap.n Pérez de la 7.ª; el T.te don Evaristo R.z Navas, de mi compañía obtuvo mención honorífica.

Para el empleo de Coronel, ¿bastan las gracias distribuidas a los oficiales? Conteste el que quiera.

El mismo día en que nos batíamos junto a S. Pablo, se había batido, con dos comp.as del Bon. 14, la 3.ª y 4.ª nuestras en el cruce de caminos de Lipa y Tanauang muy próximo a Alaminos. Fue un desastre completo, pero del cual el 14 sacó bastante provecho, en tanto que dichas 3.ª y 4.ª obtuvieron para un oficial: cruz roja sencilla el Com.te González, y de igual sencilla el Cap.n del Río, T.tes Tristancho, Maldonado, Jaramillo y Jors.

Pasamos a Alaminos el día 11, por la tarde llegó el general con poca fuerza, pero con muchos jefes: el nuestro mandaba seis comp.as del Bon. y tenía al comandante de armas, el del 12 tenía dos compañías, el del 14 otras dos, el del 15 otras dos, el Sr. Sánchez Ocaña era el Jefe de E.º M.[or] de la brigada, dos compañías del 70 venían a órdenes de un comandante y la artillería la mandaba un capitán. Fuimos a S. Pablo y el 21 practicamos un reconocimiento sobre el Maquiling[145] las Comp.[as] Del 70 y las nuestras, cuyo reconocimiento no dio el juego que prometía el Cuartel Gral. de la Brigada, que proyectaba muchos juicios de votación. Se englobaron los hechos de Alaminos y de Binyan y de S. Pablo con una propuesta, para que todos los Batallones citados aprovechasen la ocasión de dar a diestro y siniestro como lo hicieron: únicamente el nuestro fue parco y comedido como siempre.

Llegadas nuestras seis compañías a Sta. Cruz, a poco salen dos para Sta. María, yo voy a unos barrios próximos a Cavinte y a mi regreso todas las compañías estaban fuera. La 2.ª quedó en Siniloan y las 1.ª, y 3.ª y 7.ª con alguna fuerza de la 4.ª marchan por Binangonan en la contracosta del Pacífico, sufriendo lo que es indecible por falta de caminos y sobra de carros.

En fin de octubre se disuelven las compañías 7.ª y 8.ª, y yo paso a mandar la 3.ª que llegó el 11 con el T.[te] Coronel y demás compañías; en lugar de aquellas comp.[as] figuran dos formadas por voluntarios del país.

Para recoger los enfermos, armamento y demás efectos de las comp[as]. Marcha el cap[n]. del río con su comp.[a] y 60 h.[es] mios a Lipa, dicen que tuvieron fuego en el barrio de Sta. Clara, que los insurrectos atacaban a Tanauang asistiendo ellos para reducirlos, y la cosa es que el Cap.[n] del Río, el T.[te] Jaramillo, el T.[te] Tristancho y el T.[te] Ortega (estos dos de mi nueva compañía) sacan una cruz roja sencilla.

Pasa el Bon. a formar parte de la brigada del Centro, y esa circunstancia trae a Manila las comp.[as] 1.ª, y 2.ª y parte de la mia el 19 de Novbre.; viene luego fuerza de la 4.ª, que estaba en Binangonan, y llegan el 29 los restos de esta y de la mía. Pero esto era un trasiego continuo de fuerzas: la 1.ª sale el 24, está fuera unos días y asiste a la toma del Puray; la 2.ª marcha a Cápiz (Visayas), cubre destacamentos, uno de los cuales, el mandado por el T.[te] Antequera, es macheteado incluso el oficial y solo quedan vivos dos sold.[os], el 7 de enero dicha compañía, con las fuerzas que mandaba el Cte. de E. Mor. Sr. Despuyols, tiene fuego con el enemigo fuerte en un cerro del que le desalojaba, obteniendo cruz roja pensionada el Cap.[n] Martín y T.[te] Hern.[ez] Sicilia; y mi compañía desde el 5 de diciembre al 21 opera por la provincia de Bataan a las órdenes del T.[te] Coronel de E. Mayor, D. Fran.[co] Huete, practica varios reconocimientos, y el 14 sostengo con mi columna (35 volunt.[os] de Pagasinan y 15 sold.[os] míos sin contar el asi T.[te] y destinos) un nutrido fuego con el enemigo fuertemente

145 El monte Maquiling es un volcán potencialmente activo de 1109 metros de altura en la provincia filipina de La Laguna, a unos treinta kilómetros de Manila.

atrincherado en el monte Bayambas, cuyas faldas lame el río Labañga, Al sigte. día con el T.te Coronel Huete y 80 hombres del 8.º Bon. nos dirigimos al campamento que abandonaron a nuestra presencia; el Sr. Huete dio poca importancia a aquello, por haberlo aprendido de ideas de otros, y solo se formuló propuesta para heridos y contusos.

A primeros de febrero se entregan 400 insurrectos con unas ochenta armas de fuego, y esa gente fue con la que luché.

Queda el Bon. afecto a la División Jaúdenes y trata el jefe de reunirlo en S. Fernando, donde solo consiguió ver las comp.as 1.ª y 3.ª; porque la 2.ª seguía en Visayas, la 5.ª en Pangasinan, la 4.ª en Tárlac y la 6.ª en Camarín, de donde salió diezmada por las calenturas.

A fines de enero pasamos la 1.ª, 2.ª, 3.ª, 4.ª y 6.ª a la provincia de Nueva Écija, y nuestro 1er. Jefe desaparece de escena en cuanto tiene un cablegrama participándole su ascenso a coronel.

D. Juan Rodríguez Navas es persona de excelente fondo y especialmente compasivo, aunque en su aspecto exterior aparece severo. A mi modo de ver, su ilustración es muy somera, aunque aquí tenía la fama de poseer una vasta instrucción, nacido esto de lo dicharachero que es, como andaluz, y de lo amigo de escribir con tendencias a lo poético. Desligado del Coronel General de Jaramillo, por el cual mostró más interés que por el Bon., hubiera quedado satisfechísimo a cuantos oficiales tuvimos hechos de armas mandados por él. Como político no dejaba de serlo en apariencia, siempre en sus partes figuraba uno como distinguido, y siempre trataba de quedar bien con el que le hablaba. Yo, en virtud del afecto que mostraba por la 8.ª, siempre creí que a su lado tenía que recibir alguna buena recompensa, pero no resultó cual yo pensé debido al dichoso Ctel. Gral., donde subieron a oficiales, en 4 o 5 meses un sobrino y un hijo de Zaramillo, donde obtuvo empleo de capitán un Sr. que era 2.º T.te de la escala gratuita, donde a Odonell se le dieron 3 Mas. Cas., donde G.ª Morales obtuvo empleo de Com.te de E.º Mor. etc., etc.

Aquí termina la 21 etapa.

Desde primeros de febrero hasta fines de abril, que el nuevo T.te Coronel, don Julián Fernández Manzanares, reúne en Manila el Bom., cada compañía de este anda por un lado fraccionada en varios destacamentos, cual sucede a otros batallones. La 4.ª con el Coronel del Real asistió a algunos hechos de Zambales, la 3.ª y otras a los de Mangataren, etc. Yo desde mediados de Fbro. no presto servicio. Desde 1.º de mayo pasa el Bon. al cuartel de Malate y presta el servicio desde Malate al amarre del cable; el 28 de id. salen las comp.as 1.ª, 2.ª, 3.ª y 5.ª con el Tte. Coronel del 2, y al sig.te día sostienen fuego con los insurrectos, en el puente de la divisoria de Bacoor, desde la madrugada hasta la caída de la tarde, en que dejan el campo por estos que estaban en número muy crecido. Por un desastre, que tal fue, y no otra cosa, dicho hecho de armas, se da la M.ª C.ª al Capitán que entonces mandaba mi compañía, al T.te Polo al T.te Gascón (estos dos fueron heridos), al médico del Bon. que pedía la *laureada* pensiona al cap. Martín y al T.te Salgado, sencilla a Caballero Serrano, y a otros. Asciende a oficial Sarg.to Caballero.

Desde primeros de junio hasta el 13 de agosto, que capituló Manila, el Bon. (no todos los comp.as) prestó el servicio de blokaus y de trincheras, penosísimo por la incesante lluvia y expuesto por el constante fuego del enemigo. El T.te Coronel No pasó de la 2.ª línea, fijando su residencia en la rotonda de Sampáloc. Esto se llama entender la cosa.

Hoy el Batallón cuenta con una oficialidad heterogénea, pues entran elementos del país y mestizos; yo no conozco a muchos oficiales del mismo y, francamente no me he esforzado por conocerlos.

Por el desastre del tres de abril en Bayambang se da el empleo de capitán al T.te Sánchez (D.), cruz roja sencilla a los T.tes Onrubia y Marrero. Por los hechos de Zambales en 8 de marzo dan otra sencilla a Azcárraga.

Caballero, que no salió de la gallera de Sampáloc durante el sitio, se dice que le dieron una pensionada por el 7 de agosto, y que tiene juicio de votación por la retirada de la fuerza. Él mismo se admira de esta pensionada... Así es el mundo.

3.4.2. *Comparación entre mis fatigas y recompensas*

II. Comparación entre mis fatigas y recompensas

Asunto es de suyo delicadísimo y difícil de tratarlo yo con la imparcialidad debida, porque el amor propio nos lleva más allá de lo regular y, cegando nuestra inteligencia, nos ofrece como bueno, grandioso y extraordinario aquello que nos halaga y seduce. Me propongo abordar el problema de solución más intrincada, o acaso insoluble a juzgar por aquel lema tan en boga para la culta Grecia: «Conócete a ti mismo»; y en verdad que el conocimiento de nuestra propia personalidad, a la justa apreciación de nuestros méritos o deméritos, a formar juicio exacto de nosotros mismos creo firmemente que es imposible llegar, por mucha sangre fría que domine nuestros raciocinios y por habituados que estemos a juzgar de otros.

Sin embargo, huyendo de los extremos a que inconscientemente suelen arrastrar una desmedida soberbia o una excesiva humildad, quiero hacer que mi pensamiento se refleje, lo más fielmente posible, en estas frases, mal coordinadas, que a continuación expongo:

¿Mis servicios y fatigas de campaña hallan justa compensación en las recompensas que por ellos me han concedido? Examinada la cuestión en absoluto, puedo afirmar desde luego que ha sido suficientemente recompensado; pero mirada aquella en relación a las otorgadas a otros muchísimos, es innegable que me se debe bastante para aproximarnos a lo justo.

Cuando reflexiono sobre las innumerables noches en que, frente al enemigo, no me he acostado por vigilar el servicio y enterarme de lo que aquel proyectaba; cuando recuerdo las que he pasado soñoliento tendido sobre un petate en el piso de algún destartalado bahay, o sobre un mal lancape de gruesa caña, o sentado en algún sillón mal acondicionado, ya que no sobre un poco de hierba húmeda; cuando tiendo la vista sobre los caminos que he atravesado bajo la influencia de un sol abrasador, pasando hambre y sed ya por descuido del asistente, ya por falta de tiempo para proveerse de alimentos; cuando pienso en los muchos aguaceros que, sorprendiéndonos en despoblado, me han ablandado desde la cabeza a los pies, y en las varias veces en que , con el agua hasta la cintura y aun hasta el pecho, me he visto obligado a cruzar arroyos y ríos; cuando vislumbro los empinadísimos cerros de Lumbán, de Paete, de Cavinte, Lian, de Valer, de Darpader, de Bayabas y de Anabó, que con suma dificultad he tenido que escalar; cuando me parece estar atravesando, unas veces a pie y otras a caballo, fangales inmensos, barrancos casi cortados a pico cuya bajada es tanto o más penosa que la subida, pues más que pasos para personas lo son para ciervos y cerdos del campo; y cuando creo estar oyendo el silbido de los proyectiles que, lanzados por el enemigo, han pasado muy próximos a mí, sin que por la misericordia de Dios ninguno haya llegado a tocarme el pelo de la ropa; no puedo menos que decir: «Todo esto es inherente a la carrera de las armas; por todas estas fatigas nos paga el Estado, que a los oficiales de ultramar nos da un sueldo que es el doble más la mitad del que percibimos en España. ¿Cómo recompensa al soldado que es el que más sufre en las citadas circunstancias? ...

Luego, con cruces sencillas basta para estimular al oficial, y yo quedo altamente agradecido con una mención honorífica, tres cruces rojas de 1.ª clase y otra de la misma pensionada, más el derecho al uso de la medalla de Luzón».

No, no puedo quejarme mirado el problema en absoluto, pues para mí una cruz que se ostente en el pecho, y que ha sido ganada al frente del enemigo, representa un tesoro de imprescindible valor y que debe ser mirado con veneración y respeto.

Entrando ahora en el terreno de las comparaciones, muy resbaladizo de suyo, veremos como las recompensas que me han concedido no son suficientes para pagar mis fatigas y trabajos en la compañía, Por el pronto estableceré la comparación dentro de la casa y la extenderé después fuera de ella.

El Capitán de la 7.ª, D. Franco. Carbonell, por su mal estado de salud, tiene que quedarse en Manila cuando el Bon. sale a operaciones, se incorpora más tarde en Silang, y por un reconocimiento, en el cual se hicieron algunos disparos, obtiene cruz roja pensionada lo mismo que un subalterno suyo, es decir, que por una vez que entra en fuego lleva la referida cruz; en cambio yo asisto al fuego que tuvimos junto al Zapote en 14 de febrero, a los consiguientes a los reconocimientos sobre el puente del mismo, estoy casi a diario en contacto con los insurrectos y obtengo un cruz roja sencilla.

El comandante D. Primo González, que había sentado sus reales en Parañaque, dándose vida de príncipe y sin oír el silbido de las balas, obtiene cruz roja pensionada; pasamos al campamento de Pamplona, en el cual pudiera creerse que la exposición era igual para todos, siendo así que mi compañía fue la única que tuvo muertos y heridos, después del día del incendio, y los Capes. Xandaró y González con los T.tes Azcarraga, Sánchez Ocerín, Soria, Robles, etc., reciben cruces rojas sencillas, y yo saco lo que el negro del sermón.

Por el ataque a la línea de Bañadero a Calamba, en 24 de abril son recompensados el Cap.n Martín, T.tes Fernández, Sánchez Ocerín, Daganzo y Serrano (estos dos no estuvieron en el ataque) y varios de fuera de casa; pero yo no tengo la honra de ser incluido en la propuesta, a pesar de haber rechazado al enemigo después de dos horas de fuego.

Por el ataque y toma de Talisay, en 30 de mayo, dan una roja pensionada a mi T.te Coronel, M.ª Cristina al T.te Rodríguez del Barrio, roja pensionada al T.te Daganzo y al médico Teobaldo, y para mí hay una roja sencilla, siendo Daganzo el único oficial de los citados que estuvo expuesto como yo, pues R.ez y el médico con el jefe estuvieron muy alejados de las balas.

Por la operación sobre Batulao, en 12 de agosto, recibe el Comte. González una cruz roja pensionada y yo, que le acompañé, obtengo mención honorífica.

Por el hecho de armas sobre S. Antonio, el 1.º de septiembre, dan al T.te Azcarraga cruz roja pensionada, y yo, que estuve con una sección embebido en la línea de fuego, salgo con las manos vacías.

Por el ataque y toma del campamento de Magalulo, en 13 de septiembre, obtienen pensionada el médico D. Olegario y capitán D. Jenaro Caballero, este era la 1.ª vez que asistía a una acción seria, y en cambio yo, que figuro como contuso, tengo que conformarme con una roja sencilla.

Por las operaciones del 8, 9, 10 y 11 de octubre en las proximidades y pueblo de S. Pablo, asciende a Coronel mi T.te Coronel, recibe el empleo de capitán el 1.er T.te don Ángel Rodríguez del Barrio, que no hizo nada de particular. Obtiene la cruz de M.ª Crist.ª el 1.er T.te D. Carlos Azcárraga agregado a mi compañía, y yo saco cruz roja pensionada.

La mera narración de los hechos citados prueba palmariamente la desigualdad en la distribución de las recompensas, y lo poco afortunado que he sido en ella.

Tendiendo la vista fuera del Batallón, resaltará mucho más aquella desigualdad. Por lo de Talisay de dan en nuestra columna: M.ª Cristina a Odonell, pensionada al Capn. Moner. T.^{te} Maturana y a varios oficiales del 12 y de volunt.^{os} de Albay, que se encontraron a mi retaguardia; por lo de Batulao se da pensionada al cap. Lecha, ayudante del Gral. Jaramillo, cuyo Capn. estuvo al frente de una compañía nuestra; por un fuego fingido, puesto que no se vió enemigo, recibe el Capn. del Río cruz pensionada; por Magalilo se da M.ª C.ª al Capn. Ledra y empleo de Com.^{te} al Capn. D. E.º Mor., García Morales, que nos acompañaron como meros touristas; por los hechos del 8, 9, 10 y 11 de octubre, llevan pensionada el T.te Coronel del 12, empleo de 1er. T.^{te} su secretario, y pensionada varios Cap.^{tes} y oficiales del citado Bon., que sabido es solo asistieron a la entrada en S. Pablo y no dispararon sus soldados.

Hasta aquí hechos relacionados conmigo.

Y ¿qué diré del Cap^{n}. del 5.º, don Baldomero García, que por unos reconocimientos y la toma del camp^{to}. de Pamplona, se lleva el empleo de comandante en menos de tres meses? ¿Qué diré del Cap^{n}. de la Guardia Civil, Sr. López Návia, que por ser el adlátere de Barrager se lleva M.ª C.ª, sin hacer nada provechoso? ¿Qué meritos especiales contrajo el 2.º T.^{te}, don Julián Serrano Orive, para elevarse a capitán a los dos meses de operaciones? ¿Cuáles son los del id. don Antonio Dabán, que con el empleo de Capitán se lleva M.ª Crist.^{a}? ¿Donde están los del 1.er T.^{te} Silvela, que por unos días que se separó de Polavieja y estuvo al lado de otro Gral., obtuvo empleo de Capitán? ¿Qué servicios peligrosos prestó en el 6.º, a que fue agregado el Cap.^{n} Calero, para llevarse M.ª Cris.ª, que se ha transformado en el empleo de comandante? ¿Qué gracia especial desarrolló el comandante, don Miguel P.º de Rivera, para que por el desastre del Puray, al que llegó tarde, se le ascendiera a T.^{te} Coronel y por representar a su tío al lado de los insurrectos se le otorgara una M.ª Cristina? ¿Por qué hoy cunde un disgusto general al ascender a Comandante al hijo del general Jáudenes que hace dos meses era T.^{te}? ¿Por qué se ha oído decirle a algunos oficiales «esas cruces pensionadas y M.ª Cristina no debías ponértelas, si tuvieras vergüenza»? Sería interminable la lista de los jefes que han escalado al generalato, de los que han recibido uno o dos ascensos, de capitanes ascendidos a comandantes o que han recibido pensionadas y M.ª Cristas., de subalternos recompensados en igual forma, y de infelices que no saben dónde tienen la mano derecha elevados a la categoría de oficiales. La mayoría de los hijos de militares, que no han servido para ingresar en la Academia o para emprender una carrera, ocupan hoy un puesto entre los oficiales de la escala de reserva, pues tan fácil se hizo el ascenso de Sarg.^{to} a oficial.

A tal desprestigio ha llegado hoy la cruz roja del M.º Mr., por el despilfarro que de ella se ha hecho concediéndola a cuadrilleros, capitanes municipales, párrocos, escribientes y empleados en oficinas, que los oficiales la miran con desdén.

A la cruz laureada de S. Fernando todo el mundo se cree con derecho, habiendo quien solicita la formación de juicio contradictorio por haber tenido la desgracia de ser herido a la primera descarga, que bastó para que su gente abandonara el puesto que se le había confiado, sufriendo una completa derrota.

No quiero terminar sin consignar que conozco un T.te ascendido a Capitán[1], mediante juicio de votación, por un hecho en virtud del cual se le instruyó expediente; que conozco al Capitán[2] que obtuvo M.ª Cristina por estar tendido en una zanja durante el fuego; y termino callando mil casos que repugna ocuparse de ellos.

En cuanto a mí se cumplió aquello de que «El que ha nacido para ochavo nunca llegará a ser cuarto».

(1) Aparici.
(2) Cs. Raoli.

3.5. Cuentas. Fin del diario

A mi esposa Dña. Maximina Guitian García dejé la asignación mensual de trescientas pesetas, que debió empezar a cobrar desde el mes de enero de 1897, siendo su apoderado en Madrid, punto donde la percibe, mi primo don Luis Sevillano Sanz, oficial 1.º de Administración Mar.

Para responder a tal asignación, deposité, como garantía, el importe de tres de ellas, o sea ciento ochenta pesos, que me fueron descontados en el Bon. Cazes. Expedicionario n.º 11 según resguardo expedido por este, el cual obra en mi poder.

Para el pago de la asignación a mi esposa he dejado en la caja de dicho Batallón las cantidades siguientes:

1897	
	Pesos Cént.os
En el mes de enero	60
En el id. de febrero	60
En el id. de marzo	60
En el id. de abril	60
En el id. de mayo	60
En el id. de junio	60
En el id. de julio	60
En el id. de agosto	60
En el id. de septiembre	60
En el id. de octubre	60
En el id. de noviembre	60
En el id de diciembre	60
Suma y sigue	720

	Pesos Cént.os
Suma anterior	720
1898	
En el mes de enero	60
En el id. de febrero	60
En el id. de marzo	60
En el id. de abril	60
En el id. de mayo	60
En el id. de junio	60
En el id. de julio (1)	60
En el id. de agosto (2)	60
En el id. de septiembre	60
En el id. de octubre	60
En el id. de noviembre (en el cuadro)	60
Total	1380

(1) A primeros de este mes, conforme a lo dispuesto por la superioridad, retiré dos depósitos de garantía, o sea ciento veinte pesos, según recibo que di a Caja.

(2) La asignación de este mes, por no haber sido girada a España por la Caja Gral. de Ultramar, fue retirada por mí según recibo del 5 de septiembre entregado a Caja.

IMAGEN 17. Fotografía del teniente coronel de infantería don Enrique Sánchez Salcedo, en MONTEVERDE Y SEDANO, Federico de. *La campaña de Filipinas - La División Lachambre 1897*, Madrid 1898, p. 447.

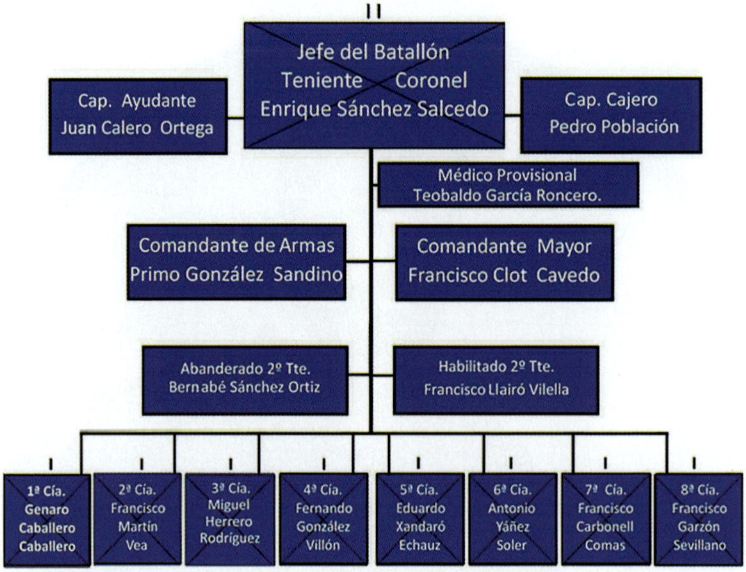

IMAGEN 18. Organigrama del Batallón Cazadores Expedicionario, n.º 11. Según descripción dada por el capitán Francisco Garzón Sevillano en sus notas, y real orden circular 9 diciembre. Disponiendo la organización de siete batallones de Infantería con destino al distrito de Filipinas, Colección Legislativa del Ejército. Páginas 554 y siguientes. Madrid Año 1896.

IMAGEN 19. La bandera del Batallón Expedicionario número 11, en el que se encuadró Francisco Garzón Sevillano durante la campaña de Filipinas en los años 1896 a 1898. Dibujo del autor, inspirado en lo dispuesto en las normas vigentes en la época, a partir del decreto de S. M. la reina Isabel II, publicado en la *Gaceta de Madrid*, Número 3313, del domingo13 de octubre de 1843.

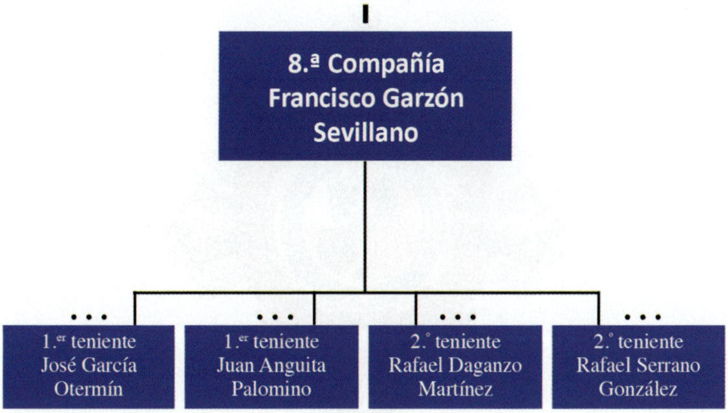

IMAGEN 20. Organigrama inicial de la 8.ª Compañía que mandaba el capitán don Francisco Garzón Sevillano según sus notas, y real orden circular de 09/12/1896 antes citada.

IMAGEN 21. Medallas que poseía el capitán don Francisco Garzón Sevillano, dibujos del autor.

IMAGEN 22. Placa de primera clase de la Orden Militar de María Cristina, creada por R. D. de 30 de enero de 1890, dibujo del autor.

4. CONCLUSIÓN

Francisco Garzón Sevillano nació en Ciudad Rodrigo el día 21 de agosto de 1852 y falleció en Barcelona el 13 de diciembre de 1898.

A nuestro personaje le tocó vivir en una época convulsa de la historia de España, cuando la política se vio trastornada por los acontecimientos y en la sociedad el desencanto se generalizó.

El siglo XIX, termin*ó* con la derrota de España en la guerra hispano-estadounidense, que ha sido calificada como absurda e inútil por gran parte de los historiadores, pues el fin de la contienda militar era más que previsible, y llevó a nuestro país al llamado Desastre del 98.

De la infancia de Francisco Garzón no sabemos nada.

De su adolescencia conocemos que inició los estudios de segunda enseñanza en el Seminario Conciliar de Ciudad Rodrigo (186-1868) y quizá, como era habitual en la época, tuvo que ayudar a su padre en el trabajo de herrero.

En 1873, con 21 años, ingresó en el ejército como soldado de caballería.

España se encontraba entonces enfrascada en la tercera guerra carlista, que como las dos anteriores era a la vez una lucha dinástica, y también de enfrentamiento entre dos ideologías políticas opuestas.

La última de estas contiendas enfrentó a los partidarios de Carlos de Borbón y Austria-Este, autonombrado duque de Madrid y pretendiente carlista al trono, con los sucesivos gobiernos de Amadeo I, de la I República y de Alfonso XII.

Como soldado, durante los días 4 y 5 de enero de 1874 vivió los denominados sucesos de Valladolid, que se produjeron cuando los 2.000 voluntarios de la República, que en su mayoría estaban identificados con las ideas del republicanismo intransigente, instigados por el alcalde Manuel Pérez Terán, se decidieron por la resistencia frente al gobierno instaurado tras el golpe de Estado perpetrado por el general Pavía.

El 2 de enero de 1874 se puso fin a la Primera República española que dio paso a la dictadura de Serrano y posteriormente a la restauración borbónica.

El 22 de marzo de 1875, Francisco, con 23 años, obtuvo el empleo de alférez en la escala de milicias provinciales y fue destinado entonces al Batallón Provincial de Salamanca número 25, acantonado en Burgos. Con dicha unidad prestó servicio en Burgos, Santander y Castro Urdiales hasta fin de octubre de 1875.

Pasó posteriormente al Batallón Provincial de Pamplona de guarnición en Santander, donde permaneció hasta el 1 de mayo de 1876.

Tras finalizar la tercera guerra carlista el 27 de febrero de 1876, pasó con su unidad a Pamplona, donde permaneció hasta finales de septiembre.

Más tarde fue destinado al Batallón de Reserva Provincial de Salamanca, y se quedó en dicha unidad hasta fin de agosto de 1877. Se le confirió entonces el empleo de alférez de infantería y desde el 1 de septiembre de 1877 hasta finales de agosto de 1884, formó parte del cuadro de mandos del Batallón de Reserva de Ciudad Rodrigo.

Entre los años 1878 y 1880, en un colegio se Ciudad Rodrigo adscrito al Instituto de Salamanca, reanudó los estudios de bachillerato, y obtuvo el Grado de Bachiller con fecha 24 de mayo de 1880. Contaba entonces con 28 años.

El 6 de noviembre de 1885 ascendió a 2.º teniente, y fue destinado el 1 de diciembre de 1885 al Batallón de Reserva de Salamanca, n.º 103, donde permaneció hasta finales de junio de 1889.

Entre los años 1881 y 1889 en la Universidad de Salamanca cursó los estudios de Ciencias Físico Químicas, y consiguió licenciarse en el año 1889. También entre los años 1886 y 1890 en la misma universidad cursó la carrera de Filosofía y Letras, de la que obtuvo el título de licenciado en el año 1890.

Alcanzó el Grado de Doctor en Filosofía y Letras en la Universidad Central de Madrid en el año 1892.

Curiosamente ese mismo año, en la misma universidad, Angela Carraffa de Nava, que también había cursado la licenciatura en Salamanca, alcanzó el máximo grado académico concedido por la universidad, y se convirtió en la primera mujer en doctorarse en Filosofía y Letras en España[146].

En 1880, Garzón Sevillano ejerció como profesor de física y química en el Seminario Conciliar de Ciudad Rodrigo y como profesor auxiliar interino de Geometría y Trigonometría en el Instituto de Salamanca.

También practicó la docencia durante los cursos 1891/92 y 1892/93 en la Academia Politécnica de Salamanca que se había inaugurado el 15 de marzo de 1891.

---

[146] JAGOE, Catherine, BLANCO, Alda y ENRÍQUEZ DE SALAMANCA, Cristina. *La mujer en los discursos de género: textos y contextos en el siglo XIX*. Barcelona 1998, p. 126. También FLECHA GARCÍA, Consuelo. *Las primeras universitarias en España, 1872-1910*. Madrid 1996, p. 178.

Ejercía al mismo tiempo como ayudante de clases prácticas en la Facultad de Ciencias de la universidad salmantina.

Siendo ya primer teniente de la escala de reserva de infantería en 1893, ejerció la enseñanza como director del Colegio del Socorro, en la calle de San Lorenzo 16 de Madrid.

Francisco Garzón concurrió a oposiciones en diferentes cátedras de institutos y también de las universidades de Salamanca y Sevilla. En la *Gaceta de Madrid* nº 87 del 28 de marzo de 1895, figura su nombre como opositor a la cátedra de Lengua Griega de la Universidad de Salamanca.

Fracasó en su intento de dedicarse a la enseñanza y en sus escritos lo lamenta, de ello, se intuye que esa debía de ser realmente su vocación.

Tras su ascenso a capitán en diciembre de 1896, fue destinado a una de las unidades que se crearon para restablecer el orden en la llamada insurrección de Filipinas, que tuvo lugar cuando la sociedad secreta filipina Katipunan, inició un levantamiento contra el gobierno colonial español, con lo que se desencadenó así una auténtica guerra entre España y los filipinos insurrectos.

Francisco Garzón Sevillano llegó a Filipinas el 17 de enero de 1897. Participó de forma destacada en las operaciones y combates, obteniendo por los hechos de campaña varias condecoraciones militares.

Para su regreso a la península, embarcó en Manila el 31 de octubre de 1898. Consiguió retornar, pero falleció en el hospital militar de Barcelona el 13 de diciembre, muy pocos días después de su arribada a puerto, a causa de las enfermedades contraídas durante su permanencia en Filipinas. Tenía 46 años.

Como hemos señalado en la introducción, esta pequeña obra de investigación, comprende esencialmente la transcripción del diario del viaje que Francisco Garzón Sevillano escribió con ocasión de su desplazamiento a Filipinas. Comprende también su estancia en aquellas latitudes y finaliza poco antes de su embarque en Manila para regresar a la península.

El contenido del diario, en mi opinión, tiene gran valor, ya que, desde un punto de vista crítico, Garzón Sevillano narra de primerísima mano lo que ocurrió en una de las últimas posesiones del Imperio español.

Arremete, censura y reprocha a sus mandos por ciertas decisiones y costumbres arraigadas en la vida militar de la época, cuando se concedían condecoraciones y ascensos practicando el favoritismo y el nepotismo, sin considerar en muchas ocasiones los méritos o el valor demostrados en el campo de batalla.

Por otro lado, describe con minuciosidad aspectos muy variopintos en la forma de vestir, costumbres y vida en Filipinas, tanto de nativos como de españoles allí afincados.

Narra con prolijo detalle los paisajes y lugares agrestes, pero de singular belleza de aquellas zonas tropicales, principalmente los de la isla de Luzón, que por razón de la vida en campaña conoció con sumo detalle.

Aparece en el fondo de lo escrito por Garzón Sevillano un modo de pensar que no está lejos de lo que luego plasmaron en sus obras los componentes de la Generación del 98, a los que, en mi opinión, podría haberse unido si hubiera sobrevivido.

Francisco Garzón, durante sus estudios y actividades de ayudante de clases prácticas en la Universidad de Salamanca, debió de tener contactos con Miguel de Unamuno, eximio Rector de la Universidad de Salamanca, de lo escrito en su diario, se intuye la influencia que Unamuno pudo ejercer sobre él.

Sus paisanos de Ciudad Rodrigo y de Salamanca y los interesados por la historia de nuestras últimas posesiones coloniales deben conocer y no olvidar a este ilustre salmantino que, con justicia, fue elogiado por la prensa local y provincial, tras su fallecimiento en Barcelona a los pocos días de su regreso de ultramar. De su muerte también se hicieron eco los periódicos de Barcelona.

Para finalizar, quiero reseñar que no debemos olvidar que, al final del siglo XIX, fueron muchos los españoles que dieron su vida por España en unas guerras inútiles y sin esperanza.

Entre los muy conocidos por la historiografía, la literatura y el cine están *los últimos de Filipinas o héroes de Baler,* pero fueron muchos más los españoles que padecieron o dejaron su vida en aquellos conflictos. Entre ellos, está nuestro paisano, el universitario salmantino Francisco Garzón Sevillano.

5. APÉNDICE DOCUMENTAL

DOCUMENTO 1. Fotocopia recortada de la partida de bautismo de Francisco Garzón Sevillano, contenida en el folio 24 vuelto y 25 del libro 6/1 de la parroquia de San Andrés de Ciudad Rodrigo, y su transcripción literal en la página siguiente.

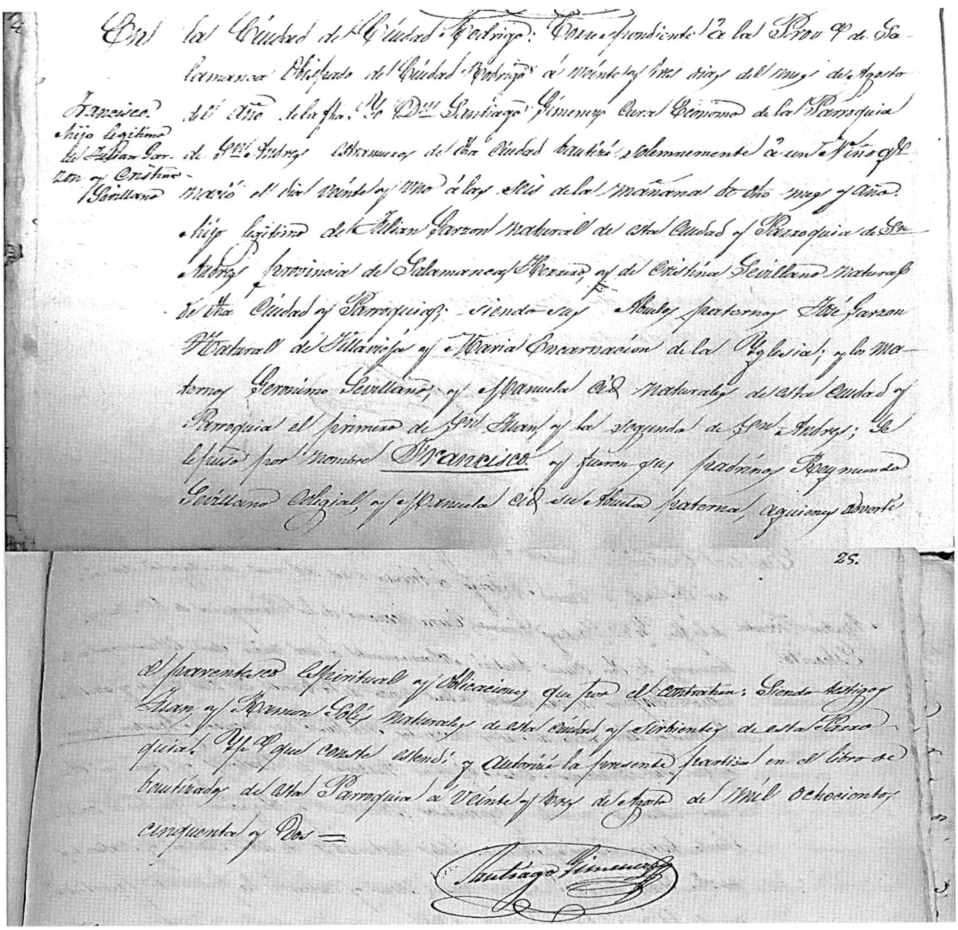

Francisco hijo legitimo de Julian Garzon y Cristina Sevillano

En la Ciudad de Ciudad Rodrigo: Correspondiente a la Prov.a de Salamanca Obispado de Ciudad Rodrigo a veinte y tres dias del mes de Agosto del año de la fha. Yo Dn. Santiago Gimenez Cura Ecónomo de la Parroquia de Sn. Andres extramuros de esta Ciudad bauticé solemnemente a un Niño qe. nació el dia veinte y uno a las seis de la mañana de dho mes y año hijo legitimo de Julian Garzon natural de esta Ciudad y Parroquia de Sn. Andres provincia de Salamanca Herrero, y de Cristina Sevillano natural de esta Ciudad y Parroquia; siendo sus Abuelos paternos José Garzon natural de Villavieja y Maria Encarnacion de la Yglesia; y los maternos Geronimo Sevillano, y Manuela Gil naturales de esta Ciudad y Parroquia el primero de Sn. Juan, y la segunda de Sn. Andres; Se le puso por nombre Francisco y fueron sus padrinos Raymundo Sevillano Oficial, y Manuela Gil su Abuela paterna, a quienes adverti

25.

el parentesco espiritual y obligaciones que por el contrahen: Siendo testigos Juan y Ramon Solis naturales de esta Ciudad y sirvientes de esta Parroquia. Y para que conste extendí y autorizé la presente partida en el libro de bautizados de esta Parroquia a veinte y tres de Agosto de mil ochocientos cinquenta y dos =

Santiago Gimenez

En la Ciudad de Ciudad Rodrigo, correspondiente á la prov. de Salamanca, obispado de Ciudad Rodrigo á veinte y tres días del mes de Agosto del año de la fecha. Yo D. Santiago Giménez Cura Ecónomo de la Parroquia de San Andrés estramuros de dicha ciudad bauticé solemnemente a un niño que nació el día veinte y uno á las seis de la mañana de este mes y año, hijo legítimo de Julián Garzón natural de esta ciudad y Parroquia de San Andrés y provincia de Salamanca, herrero, y de Cristina Sevillano natural de esta ciudad y Parroquia, siendo sus abuelos paternos José Garzón natural de Villavieja y María Encarnación de la Iglesia; y los maternos Geronimo Sevillano y Manuela Cid naturales de esta Ciudad y Parroquia, el primero de ellos San Juan y la segunda de San Andrés; se le puso el nombre de Francisco y fueron sus padrinos Reimundo Sevillano Colegial, y Manuela Cid su abuela paterna a quienes advertí del parentesco Espiritual y oblicaciones que por el contrahen. Siendo testigos Juan y Ramon Solís naturales de esta ciudad y sirvientes de esta Parroquia. Y para que conste estendí y autoricé la presente partida en el libro de bautismos de esta Parroquia á veinte y tres de Agosto de mil ochocientos cincuenta y dos.

Santiago Giménez.

Documento 2. Archivo General Militar de Segovia (AGMS), sección 1.ª legajo G-2059.Hoja de servicios de Garzón Sevillano, Francisco (29 páginas).

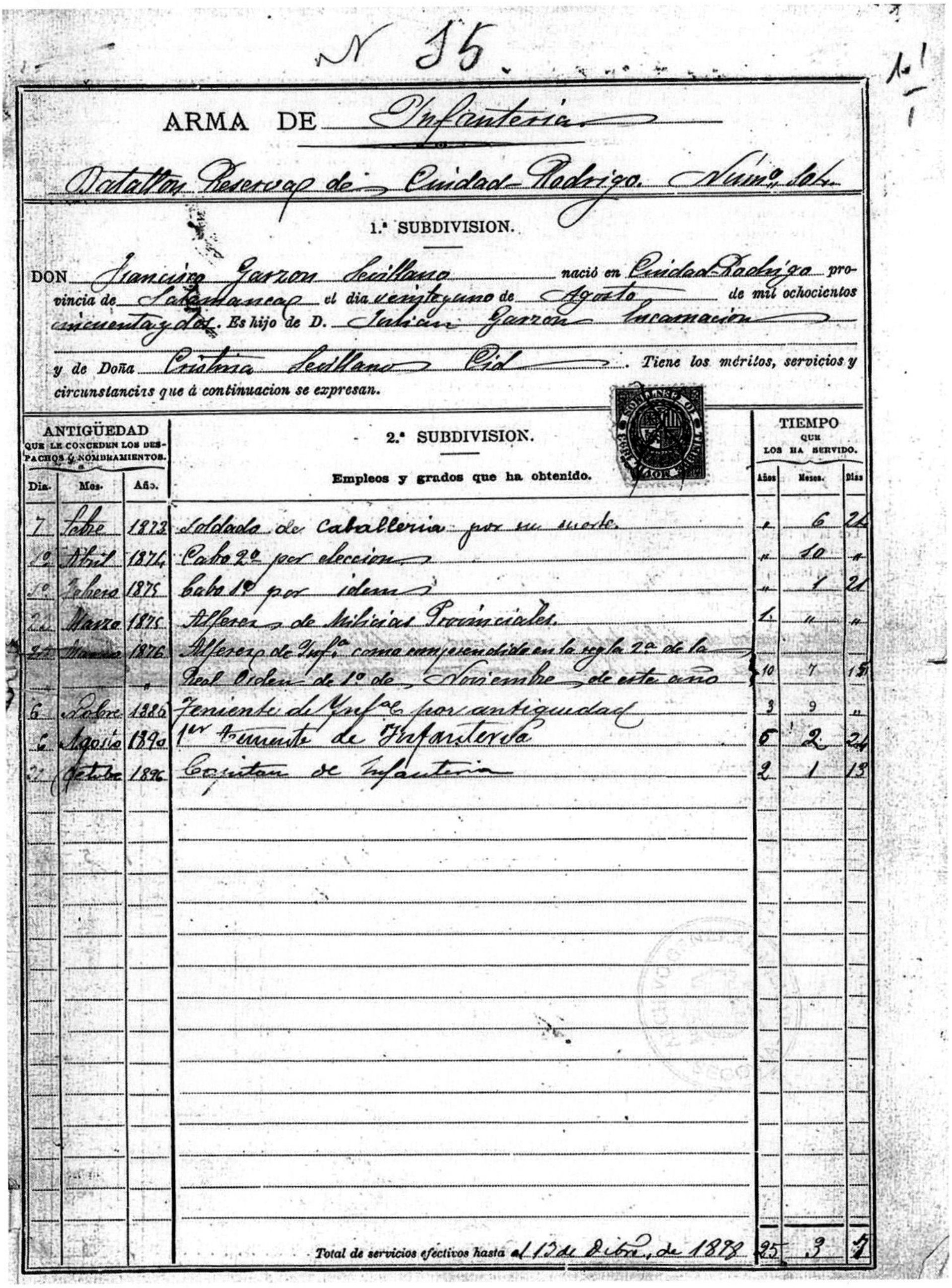

Nº 35.

ARMA DE Infantería

Batallon Reserva de Ciudad Rodrigo Núm.º 104

1.ª SUBDIVISION.

DON Francisco Garzon Sevillano nació en Ciudad Rodrigo provincia de Salamanca el dia veintiuno de Agosto de mil ochocientos cincuenta y dos. Es hijo de D. Julian Garzon Encarnacion y de Doña Cristina Sevillano Cid. Tiene los méritos, servicios y circunstancias que á continuacion se expresan.

ANTIGÜEDAD QUE LE CONCEDEN LOS DESPACHOS Ó NOMBRAMIENTOS.			2.ª SUBDIVISION. Empleos y grados que ha obtenido.	TIEMPO QUE LOS HA SERVIDO.		
Dia.	Mes.	Año.		Años	Meses.	Dias
7	Setbre	1873	Soldado de Caballeria por su suerte	"	6	24
1º	Abril	1874	Cabo 2º por eleccion	"	10	"
1º	Febrero	1875	Cabo 1º por idem	"	1	21
22	Marzo	1875	Alferez de Milicias Provinciales	1	"	"
[illegible]	Marzo	1876	Alferez de Infª como comprendido en la regla 2ª de la Real Orden de 1º de Noviembre de este año	10	7	15
6	Octbre	1886	Teniente de Infª por antigüedad	3	9	"
6	Agosto	1890	1er Teniente de Infantería	5	2	24
21	Octubre	1896	Capitan de Infantería	2	1	13
			Total de servicios efectivos hasta el 13 de Dicbre. de 1898	25	3	7

3.ª SUBDIVISION.

Aumentos por abonos del doble tiempo de campaña.

	Años	Meses	Días
Por la guerra civil de 1833 á 1840, segun R. D. de 20 de Octubre de 1835, y aclaraciones posteriores de 25 de Diciembre siguiente, 11 de Noviembre de 1840 y 2 y 14 de Abril de 1856. Desde ___ de ___ de 18___ hasta ___ de ___ de 18___			
Por la de Cataluña, segun R. D. de 9 de Octubre de 1848, R. O. de 30 de Julio de 1849, 16 de Enero y 7 de Agosto de 1850. Desde ___ de ___ de 18___ hasta ___ de ___ de 18___			
Por la de Africa, segun R. D. de 10 de Abril de 1860			
Por el tiempo medio concedido al Ejército de ocupacion de Africa, segun R. O. de 14 de Marzo de 1861. Desde ___ de ___ de 18 hasta ___ de ___ de 18___			
Por el tiempo medio concedido á la guarnicion de Melilla por R. O. de 11 de Diciembre de 1855, hecho extensivo á las demás posesiones de Africa, por otra de 28 de Julio de 1862, y la de 6 de Febrero de 1879. Desde ___ de ___ de 18___ hasta ___ de ___ de 18___			
Por haber pasado á Ultramar en virtud de mandato obligatorio, sin ventaja y haber cumplido allí el tiempo prefijado en la regla 6.ª de la R. O. de 1.º de Marzo de 1855			
Por la guerra de Santo Domingo, segun R. D. de 12 de Enero de 1864 y Reales órdenes de 24 de Octubre del mismo, 7 de Junio y 26 de Octubre de 1865. Desde ___ de ___ de 18___ hasta ___ de ___ de 18___			
Por la de Cuba, segun Decreto de 4 de Marzo de 1870. Desde ___ de ___ de 18___ hasta ___ de ___ de 18___			
Por las insurrecciones republicanas y guerra carlista, desde 1868 á 1876, segun Ley de Febrero de 1877 y Real Instruccion de 31 del mismo mes. Desde ___ de ___ de 18___ hasta ___ de ___ de 18___			
Por los sucesos de Valladolid en Enero de 1874	4		21
Desde 1º de Mayo de 1875 al 20 de Marzo de 1876 por mitad	1	5	10
Por la idem de Luzon desde 17 de Enero de 1897 á 23 de Enero de 1898 (por entero)	1		
Suman	1	5	18

Años	Meses	Días

	Años	Meses	Días
Total de servicios con abonos	1	5	18

2

4.ª SUBDIVISION.

Cuerpos y situaciones á que ha pertenecido desde su entrada en el servicio.

	Años	Meses.	Días.
En la Caja de quintos de Salamanca desde el 7 Octbre al 15 del mismo de 1873.	"	"	8
En el Regimiento de Santiago 5.º de Lanceros hasta fin de Julio de 1874	"	10	16
En el Establecimiento Central de Instruccion de Caballería hasta fin de Marzo 1875	"	8	"
En el Bon Provincial de Salamanca n.º 25, hasta fin de Octubre de 1875	"	7	"
En el Bon Reserva ordinaria de Pamplona n.º 46 hasta fin de Octbre de 1876	"	11	"
En el Bon Reserva de Salamanca n.º 25 hasta fin de Agosto de 1877	"	11	"
En el Bon Reserva de Ciudad Rodrigo hasta fin de Agosto de 1884	7	"	"
En el Batallon Cazadores de Tarifa n.º 5 hasta fin de Setiembre de 1884	"	1	"
En situación de reemplazo hasta fin Novbre 1885	1	2	"
En el Bon Reserva de Salamanca n.º 103 hasta fin de Junio 1889	3	7	"
En el Bon Depósito de Cazs n.º 6 hasta fin de Marzo de 1890	"	9	"
En el Cuadro de Reclut. de Salamanca N.º 82 desde 1º de Abril 1890 hasta fin de Septiembre de 1891	1	6	"
En el Bon Depósito de cazadores n.º 6 hasta fin de Febrero de 1892	"	7	"
En la Zona de Reclutamiento de Madrid n.º 58 fin Enero 1896	3	7	
En el Bon Cazadores de Ciudad-Rodrigo n.º 7 fin de Dbre 96	"	11	"
En el Bon Cazadores n.º 11 desde 1º Enero (~~hasta~~) de 1897 hasta fin de Octubre de 1898	1	10	"
En el Cuadro eventual hasta el 7 de Nobre que embarcó para la peníla	"	"	7
En marcha y navegación para la Península y expectación de destino hasta el 13 de Diciembre de 1898 que falleció en el Hospital Militar de Barcelona	"	1	6
Suma de servicios efectivos igual á la de la segunda subdivision	25	3	7
Idem de los aumentos que constan en la tercera	1	5	18
Total de servicios con abonos	26	8	25

Aumentos para el solo objeto de optar á las condecoraciones de la Real y militar órden de San Hermenegildo.

	Años	Meses.	Dias.
Suma anterior			
Por el natalicio de S. A. R. la Princesa Doña María Isabel, segun R. D. de 5 de Enero de 1852.			
Por el de S. A. R. el Príncipe D. Alfonso, segun el de 7 de Diciembre de 1857.			
Por el advenimiento de D. Amadeo I al trono, segun el de 3 de Febrero de 1871.			
Por el Régio enlace de S. M. el Rey D. Alfonso XII, segun R. D. de 22 de Enero de 1878.	1	//	//
Suma.			

Descuento del tiempo que no es de abono para optar á las mencionadas condecoraciones.

	Años	Meses.	Dias

	Años	Meses.	Dias.
Total de servicios que quedan para optar á las expresadas condecoraciones. .			

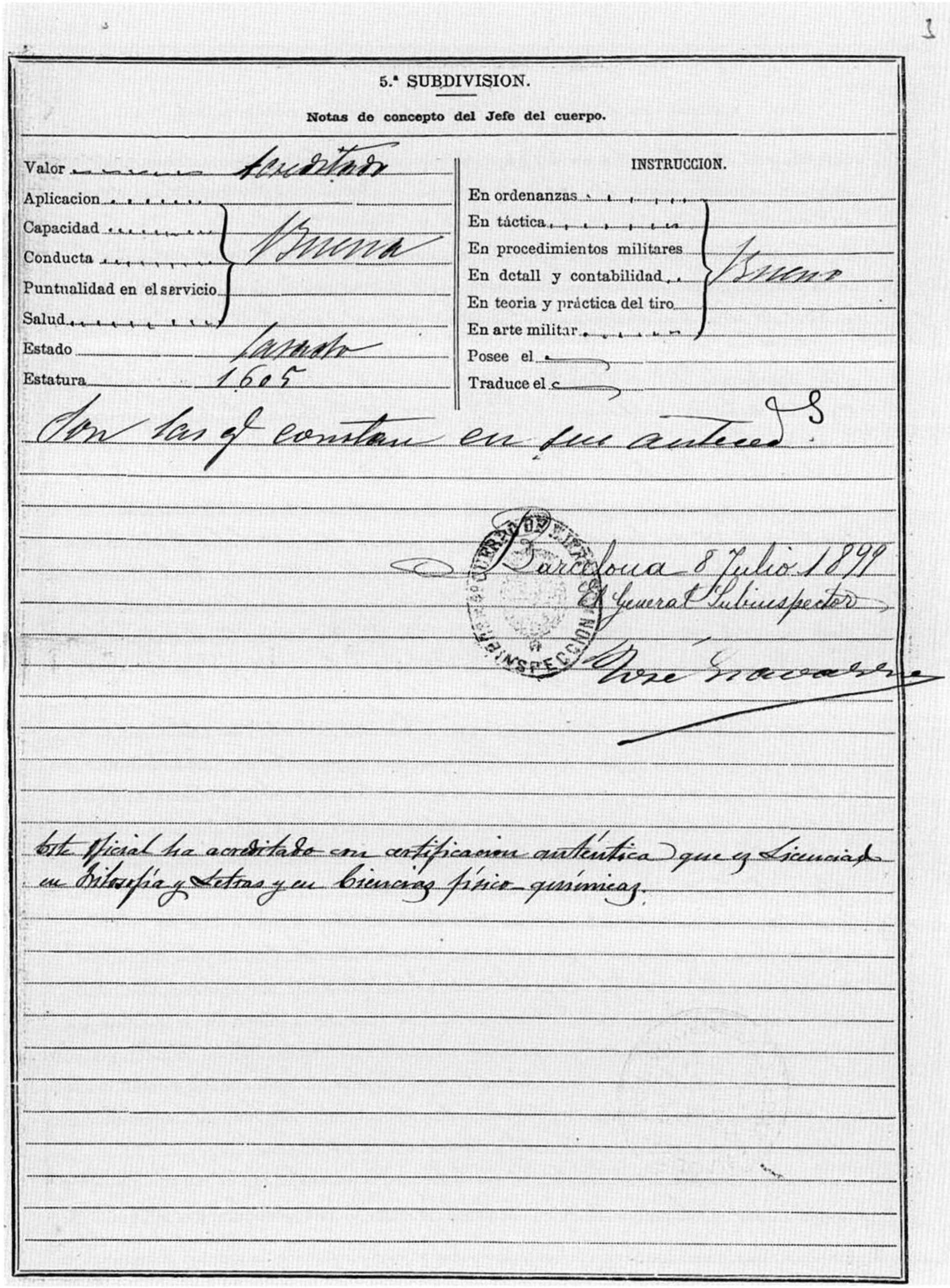

5.ª SUBDIVISION.

Notas de concepto del Jefe del cuerpo.

Valor	Acreditado	INSTRUCCION.	
Aplicacion	Buena	En ordenanzas	Bueno
Capacidad	Buena	En táctica	Bueno
Conducta	Buena	En procedimientos militares	Bueno
Puntualidad en el servicio	Buena	En detall y contabilidad	Bueno
Salud	Buena	En teoria y práctica del tiro	Bueno
Estado	Casado	En arte militar	Bueno
Estatura	1.605	Posee el	
		Traduce el	

Son las q. constan en sus anteced.s

Barcelona 8 Julio 1899
El General Subinspector
José Navarro

Este oficial ha acreditado con certificacion auténtica que es Licenciado en Filosofía y Letras y en Ciencias físico-químicas.

4

7.ª SUBDIVISION.

AÑOS.	Servicios, vicisitudes, guarniciones, campañas y acciones en que se ha hallado.
1873.	Desde el 7 de Setiembre en la Caja de quintos de Salamanca como soldado por su suerte pasando seguidamente al Deposito de Valladolid en el que permaneció hasta el 18 que fué destinado al Regimto de Santiago 9º de Caballeria de guarn en dicha plaza donde quedó de servicio ordinario el resto del año.
1874.	En la misma situacion encontrandose en los sucesos que tuvieron lugar en esta Ciudad los dias 4 y 5 de Enero y en 1º de Abril ascendió á cabo 2º por eleccion segun nombramto aprobado por los Jefes del Cuerpo, siendo baja en fin de Abril por pasar á la Academia Mr de Caballeria; y con arreglo á lo dispuesto en el articulo 17 y 31 de la ley de matrimonio civil y el 52 del Reglamento le fué espedida en 22 de Mayo á peticion propia certificacion de libertad para contraer matrimonio. Continuando de guarn en Valladolid hasta fin de Julio que es baja por haber sido destinado con el Escuadron de Herradores al Estalecimiento central de Instruccion, segun orden del E. S. D. G. del Arma de 28 de dicho mes, permaneciendo en Alcalá de Henares hasta fin de año.
1875.	En 1º de Febrero ascendió á Cabo 1º por eleccion segun nombramiento aprobado por el E. S. Brigadier Sub-director del Establecimiento, donde continuó hasta fin de Marzo que fué baja mediante haber sido promovido al empleo de Alferez de Milicias Provinciales y destinado al Bon Provincial de Salamanca nº 25. segun circular nº 164 de 1º de Abril al que se incorporó en Burgos en 1º de Mayo en cuya plaza, Santander y Castro-Urdiales, quedó de servicio ordinario hasta fin de Octubre que segun circular nº 566 fecha 12 del mismo fué destinado al Bon activo Provincial de Pamplona de guarn en Santander en cuya plaza finó el año de servicio ordinario.
1876.	En dicha plaza de igual servicio hasta 1º de Mayo que pasó de guarn á Pamplona (Navarra) en la que permaneció hasta fin de Setbre que segun oficio del Jefe Superior del Arma fecha 12 del mismo, fué destinado al Bon Reserva de Salamanca al que se incorporó á su tiempo y quedó en situacion de provincia el resto del año. Segun R. D. de 3 de Julio fué declarado Benemérito de la Patria. Segun lo dispuesto en la Regla 2ª de la R. O. de 1º de Octbre de este año, se le confiere el empleo de Alferez de Infanteria con la antigüedad de 22 de Marzo.
1877	En la anterior situacion hasta el 4 de Julio que marchó á Ciudad-Rodrigo con dos meses de licencia para asuntos propios, concedidos por el E. S. D. G.

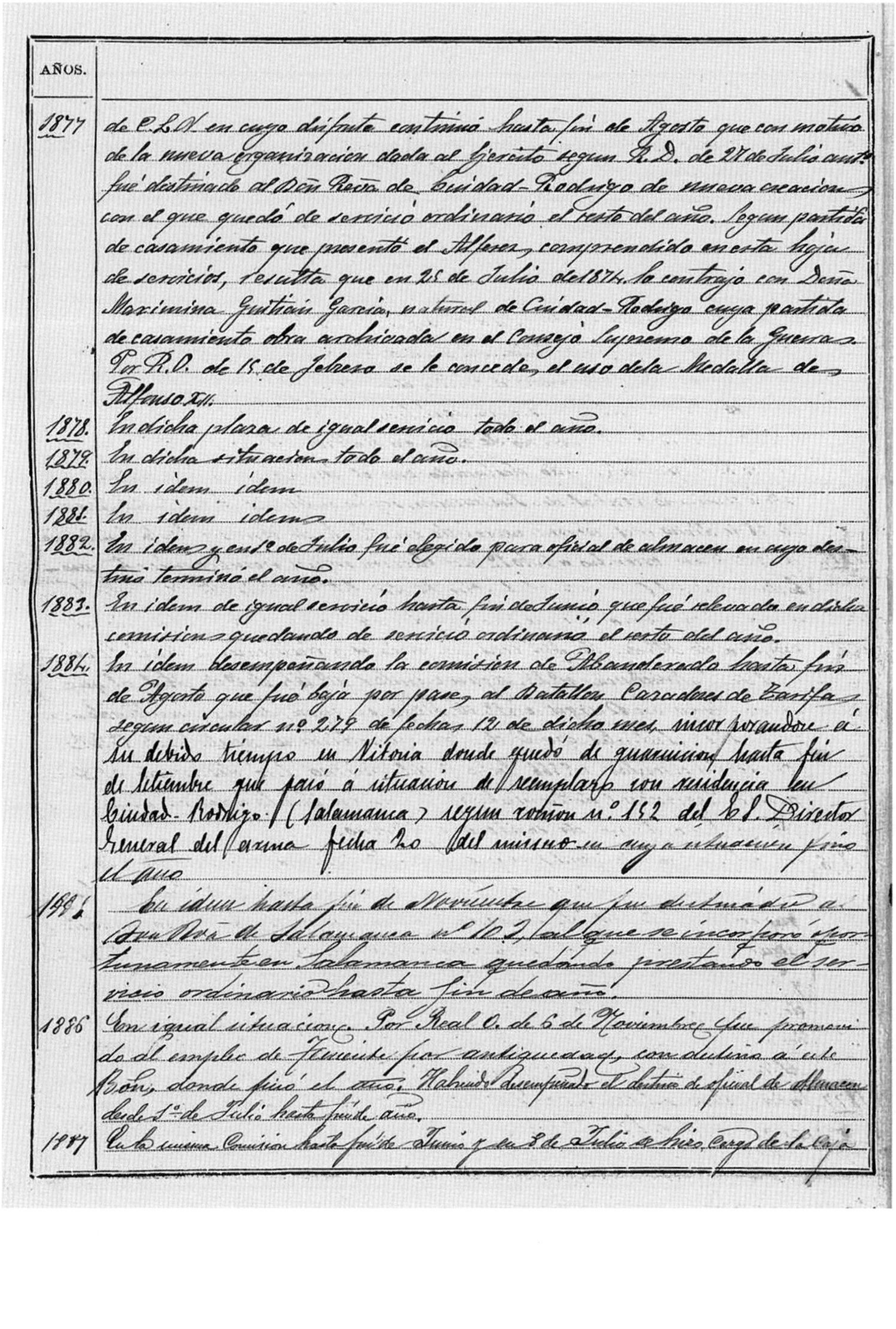

AÑOS.

1877 de C. L. V. en cuyo disfrute continuó hasta fin de Agosto que con motivo
de la nueva organización dada al Ejército segun R. D. de 27 de Julio ant.°
fué destinado al Bon Resa de Ciudad-Rodrigo de nueva creacion
con el que quedó de servicio ordinario el resto del año. Segun partida
de casamiento que presentó el Alferez, comprendido en esta hoja
de servicios, resulta que en 25 de Julio de 1874 la contrajo con Doña
Maximina Gutiérrez García, natural de Ciudad-Rodrigo cuya partida
de casamiento obra archivada en el Consejo Supremo de la Guerra.
Por R. O. de 15 de Febrero se le concede el uso de la Medalla de
Alfonso XII.

1878. En dicha plaza de igual servicio todo el año.

1879. En dicha situacion todo el año.

1880. En idem idem

1881. En idem idem

1882. En idem y en 1.° de Julio fué elegido para oficial de almacen en cuyo destino terminó el año.

1883. En idem de igual servicio hasta fin de Junio que fué relevado en dicha
comision quedando de servicio ordinario el resto del año.

1884. En idem desempeñando la comision de Abanderado hasta fin
de Agosto que fué baja por pase al Batallon Cazadores de Tarifa
segun circular n.° 279 de fecha 12 de dicho mes, incorporandose á
su debido tiempo en Vitoria donde quedó de guarnicion hasta fin
de Setiembre que pasó á situacion de reemplazo con residencia en
Ciudad-Rodrigo (Salamanca) segun comun. n.° 152 del E. S. Director
General del arma fecha 20 del mismo en cuya situacion finó
el año

1885 En idem hasta fin de Noviembre que fue destinado al
Bon Res.a de Salamanca n.° 102, al que se incorporó oportunamente en Salamanca quedando prestando el servicio ordinario hasta fin de año.

1886 En igual situacion. Por Real O. de 6 de Noviembre fue promovi-
do al empleo de Teniente por antigüedad, con destino á este
Bon, donde finó el año. Habiendo desempeñado el destino de oficial de Almacen
desde 1.° de Julio hasta fin de año.

1887 En la misma Comision hasta fin de Junio y en 8 de Julio se hizo cargo de la Caja

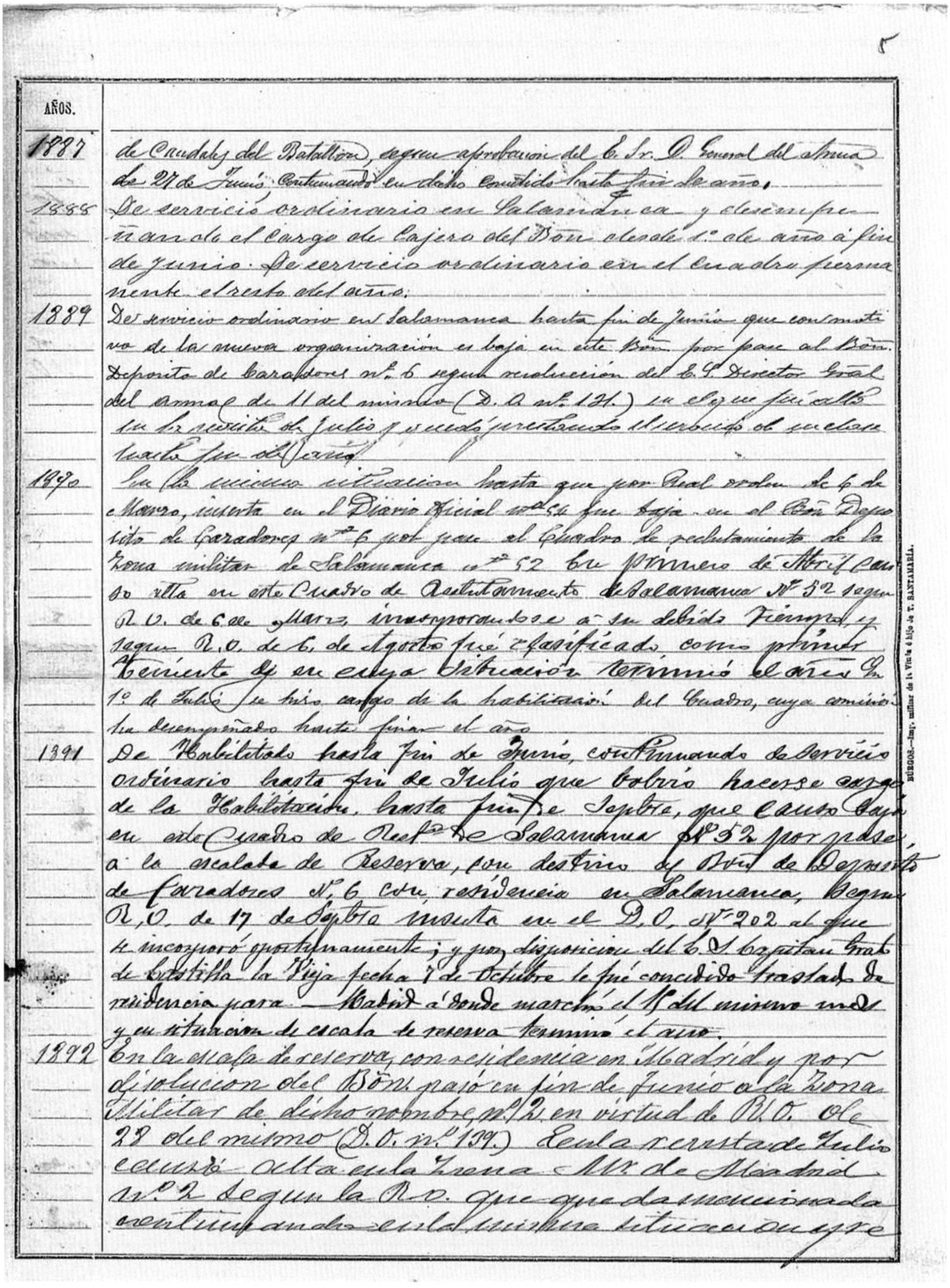

5

AÑOS.

1887 de Caudales del Batallón, según aprobación del E. Sr. D. General del Arma de 27 de Junio. Continuando en dicho cometido hasta fin de año.

1888 De servicio ordinario en Salamanca y desempeñando el cargo de Cajero del Bon desde 1º de año á fin de Junio. De servicio ordinario en el Cuadro permanente el resto del año.

1889 De servicio ordinario en Salamanca hasta fin de Junio que con motivo de la nueva organización es baja en este Bon. por pase al Bon. Depósito de Cazadores nº 6 según resolución del E. S. Director Gral del Arma de 11 del mismo (D. O. nº 121) en el que fué alta en la revista de Julio y sucedió prestando el servicio de su clase hasta fin de año.

1890 En la misma situación hasta que por Real orden de 6 de Marzo, inserta en el Diario Oficial nº 54 fue baja en el Bon Depósito de Cazadores nº 6 por pase al Cuadro de reclutamiento de la Zona militar de Salamanca nº 52 en primero de Abril causó alta en este Cuadro de Reclutamiento de Salamanca Nº 52 según R. O. de 6 de Marzo, incorporándose a su debido tiempo, y según R. O. de 6 de Agosto fué clasificado como primer Teniente en cuya situación terminó el año. En 1º de Julio se hizo cargo de la habilitación del Cuadro, cuya comisión ha desempeñado hasta final el año.

1891 De Habilitado hasta fin de Junio, continuando de servicios ordinarios hasta fin de Julio que volvió hacerse cargo de la Habilitación hasta fin de Septbre, que causó baja en este Cuadro de Rectº de Salamanca Nº 52 por pase a la escala de Reserva, con destino al Bon de Depósito de Cazadores Nº 6 con residencia en Salamanca, según R. O. de 17 de Septbre inserta en el D. O. Nº 202 al que se incorporó oportunamente, y por disposición del E. S. Capitán Gral de Castilla la Vieja fecha 7 de Octubre le fué concedido traslado de residencia para Madrid a donde marchó el 11 del mismo mes y en situación de escala de reserva terminó el año.

1892 En la escala de reserva, con residencia en Madrid y por disolución del Bon. pasó en fin de Junio a la Zona Militar de dicho nombre, nº 2 en virtud de R. O. de 28 del mismo (D. O. nº 139) En la revista de Julio causó alta en la Zona Mr de Madrid nº 2 según la R. O. que queda mencionada continuando en la misma situación que

BURGOS.—Imp. militar de la Viuda é hijo de T. SANTAMARÍA.

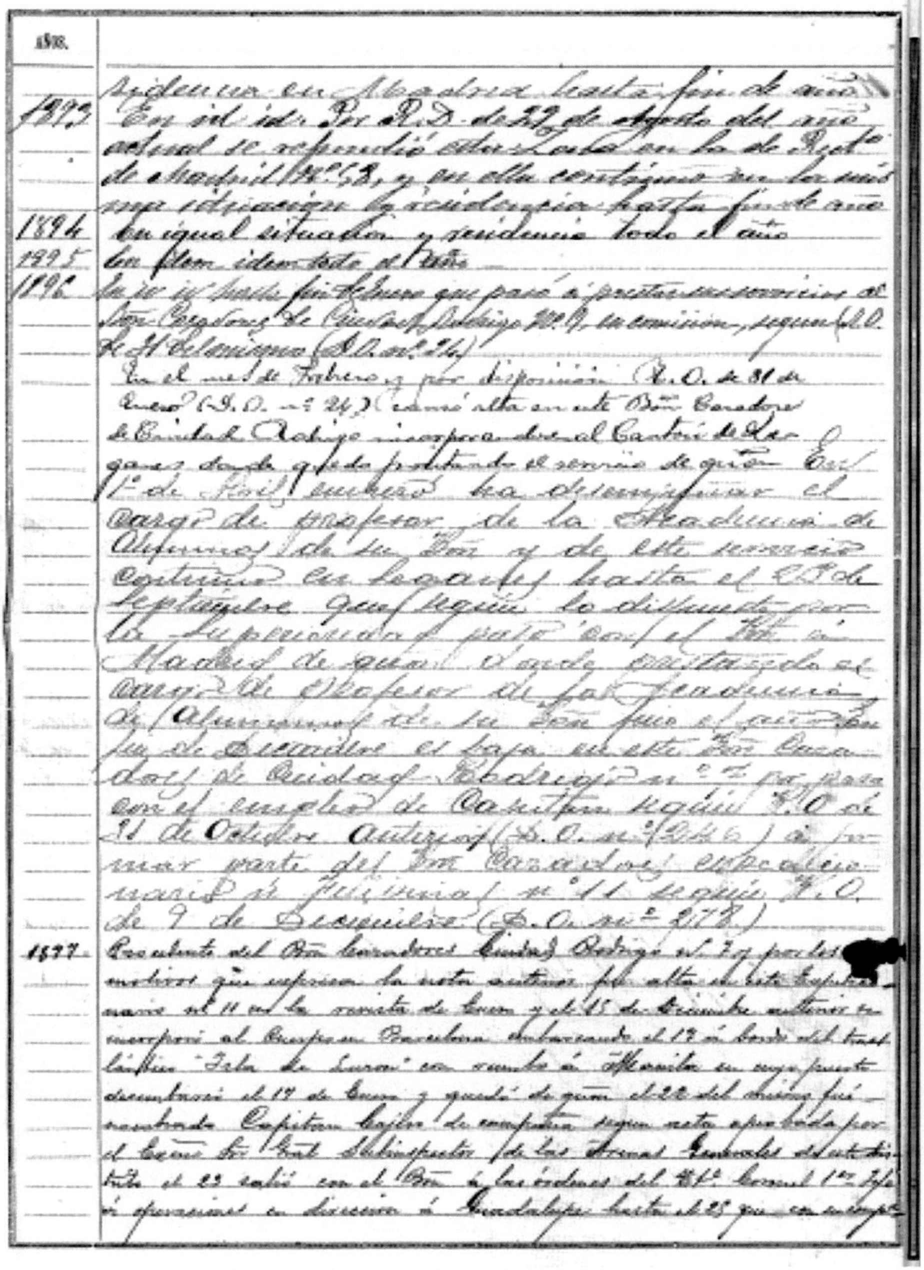

Año.

residencia en Madrid hasta fin de año

1893 En id. id. Por R. D. de 22 de Agosto del año actual se reemplazó [illegible] en la de Regto. de Madrid nº 58, y en ella continuó en la misma situación y residencia hasta fin de año

1894 En igual situación y residencia todo el año

1895 En ídem ídem todo el año

1896 En id. id. hasta fin de Enero que pasó á prestar sus servicios al Bon. Cazadores de Ciudad Rodrigo nº 7, en comisión, según R. O. de 31 del mismo (D. O. nº 24)

En el mes de Febrero y por disposición R. O. de 31 de Enero (D. O. nº 24) causó alta en este Bon. Cazadores de Ciudad Rodrigo incorporándose al Cantón de Leganés donde quedó prestando el servicio de guarnición. En 1º de Abril empezó á desempeñar el cargo de profesor de la Academia de Alumnos de su Bon. y de este servicio continuó en Leganés hasta el [illegible] de Septiembre que según lo dispuesto por la Superioridad pasó con el Bon. á Madrid de guarnición donde continuó desempeñando el cargo de Profesor de la Academia de Alumnos de su Bon. hasta el [illegible] En fin de Diciembre es baja en este Bon. Cazadores de Ciudad Rodrigo nº 7 por pasar con el empleo de Capitán según R. O. de 31 de Octubre anterior (D. O. nº 246) á formar parte del Bon. Cazadores expedicionario á Filipinas nº 11 según R. O. de 9 de Diciembre (D. O. nº 278)

1897 Procedente del Bon. Cazadores Ciudad Rodrigo nº 7 y por los motivos que expresa la nota anterior fue alta en este Expedicionario el 11 en la revista de Enero y el 15 de Diciembre anterior se incorporó al Cuerpo en Barcelona embarcando el 17 á bordo del trasatlántico "Isla de Luzón" con rumbo á Manila en cuyo puerto desembarcó el 17 de Enero y quedó de guarnición el 22 del mismo fué nombrado Capitán Cajero de compañía según nota aprobada por el Excmo. Sr. Gral. Subinspector de las Armas Generales de este distrito el 23 salió con el Bon. á las órdenes del Tte. Coronel 1er. Jefe á operaciones en dirección á Guadalupe hasta el 25 que con [illegible]

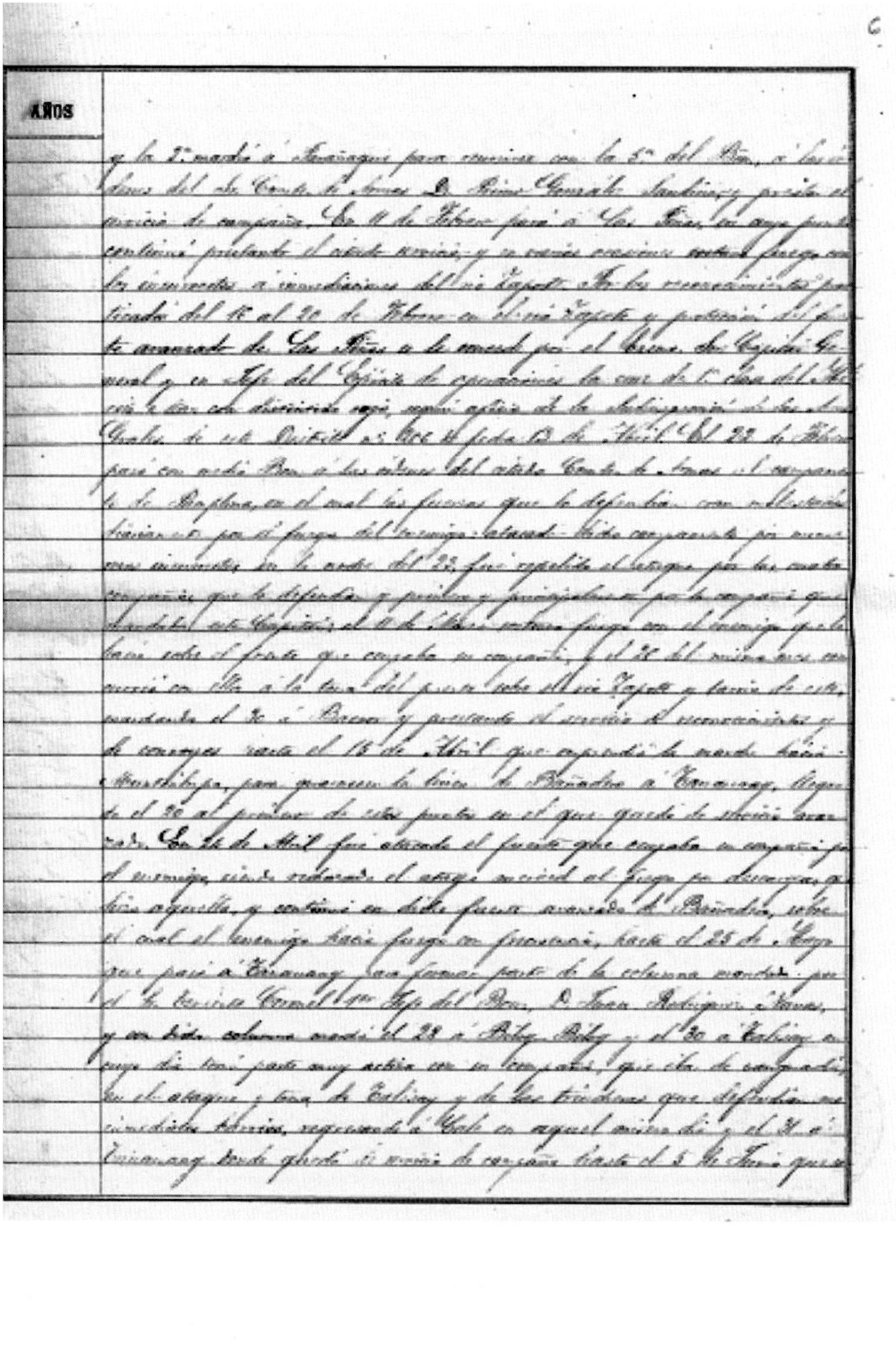

AÑOS

y la 2.ª marchó á [illegible] para reunirse con la 5.ª del Bón., á las ó-
denes del Sr. Conde de Imus D. Primo González [illegible] prestando el
servicio de campaña. En 11 de Febrero pasó á Las Piñas en cuyo punto continuó prestando el citado servicio, y en varias ocasiones sostuvo fuego con
los insurrectos á inmediaciones del río Zapote. En los reconocimientos practicados del 16 al 20 de Febrero en el río Zapote y protección del fuerte avanzado de Las Piñas se le concedió por el Excmo. Sr. Capitán General y en Jefe del Ejército de operaciones la cruz de 1.ª clase del Mérito Militar con distintivo rojo, según aparece de la [illegible]
Grales. de este Distrito n.º 106 de fecha 13 de Abril. El 22 de Febrero
pasó con dicho Bón. á las órdenes del citado Conde de Imus al campamento de [illegible], en el cual las fuerzas que lo defendían eran constantemente hostilizadas por el fuego del enemigo. Atacado dicho campamento por numerosos insurrectos en la noche del 22, fue rechazado el ataque por las cuatro
compañías que lo defendían y principalmente por la compañía que
mandaba este Capitán; el 11 de Marzo sostuvo fuego con el enemigo que le
hacía sobre el frente que ocupaba su compañía, y el 28 del mismo mes concurrió con ella á la toma del puente sobre el río Zapote y batería de este,
marchando el 30 á Bacoor y prestando el servicio de reconocimientos y
de convoyes hasta el 15 de Abril que emprendió la marcha hacia
Muntinlupa, para guarnecer la línea de [illegible] á [illegible], llegando el 20 al primero de estos puntos en el que quedó de servicio avanzado. En 26 de Abril fue atacado el fuerte que ocupaba su compañía por
el enemigo, siendo rechazado el ataque merced al fuego que se dirigió desde aquella, y continuó en dicho fuerte avanzado de [illegible], sobre
el cual el enemigo hacía fuego con frecuencia, hasta el 25 de Mayo
que pasó á [illegible] para formar parte de la columna mandada por
el Sr. Teniente Coronel 1.er Jefe del Bón. D. Juan Rodríguez [illegible],
y con dicha columna marchó el 29 á Bitay Bitay y el 30 á Talisay en
cuyo día tomó parte muy activa con su compañía, que iba de vanguardia,
en el ataque y toma de Talisay y de las trincheras que defendían sus
inmediatos barrios, regresando á [illegible] en aquel mismo día y el 31 á
[illegible] donde quedó de servicio de campaña hasta el 3 de Junio que se

AÑOS

lió para Taal. Según oficio de la Subinspección Gral. de las Armas
generales nº 398, fecha 9 de Julio, y propuesta aprobada por el E. S. Capitán Gral. y en Jefe del Ejército de operaciones se le concede la cruz de
1ª clase del Mérito Mar. con distintivo rojo por los que contrajo en el ataque y toma de [illegible] en 30 de Mayo. En Taal permaneció desde el
7 al 20 de Junio prestando servicio de campaña, y el 21 salió para Calamba donde prestó el anterior servicio hasta el 25 que pasó a Biñan
y quedó guarneciendo con su compañía dicho punto, Cabuyao y Santo
Domingo hasta el 26 de Julio que salió con dirección a Taal a donde
llegó el 30 y permaneció en él hasta el 31. En 1º de Agosto salió
para Balayán donde llegó el día 2, y el 3 pasó a Lian, en cuyo punto y prestando servicio de campaña estuvo hasta el 10 que regresó a
Balayán; el día 12, formando parte de la columna a las órdenes del
Sr. Comandante de Armas del mismo, salió para el barrio de Calan
y barranco de Cochang-amang y asistió al ataque y toma de las
trincheras que allí tenía el enemigo, y el 15 con su compañía practicó
un reconocimiento por el barrio de [illegible] y sus adyacentes de la compañía de Tuy; el 18 salió con dirección a Calamba, y el 22 embarcó para
Sta Cruz de la Laguna en cuyo punto quedó de servicio de campaña, formando en la columna volante constituida por cuatro compañías del
Bon. a las órdenes de su 1er Jefe el Tte. Coronel D. Juan Rodríguez
Navas. El 30 de Agosto pasó a Lumbán con el fin de emprender una
operación sobre el [illegible] y Cavinti, el 31 a Pete, y en 1º de Septiembre
asistió al combate librado con el enemigo en las inmediaciones de S. Antonio y a la toma de las trincheras que lo defendían, a las órdenes del
referido Tte. Coronel, continuando las operaciones hasta el día 6 que
regresó a Santa Cruz donde quedó prestando el servicio de campaña. Por
R. O. de 11 de Septiembre (D. O. nº 205 pág. [illegible]) se le confirma la concede la cruz de 1ª clase del Mº Mar. con distintivo rojo por los méritos que
contrajo en los días del 16 al 20 de Febrero. De servicio de campaña en
Sta Cruz hasta el 12 que marchó a Lumbán y el 13 de dicho mes de
Septiembre se encontró en el combate y toma de las trincheras del campamento de [illegible], a las órdenes de dicho 1er Jefe, continuando las operacio-

AÑOS	
	hasta el 16 que regresó á Sta Cruz, donde permaneció hasta el 23 que pasó á Macabang volviendo al dia siguiente á Sta Cruz. El 1º de Octubre salió para Lumban, y el dia 2 del mismo se encontró en el ataque y toma de las trincheras de Malabana, á las órdenes del referido 1er Jefe. Segun oficio de la Subinspeccion Gral. nº 710 fecha 29 de Octubre, y propuesta aprobada por S. E. el Capitan Gral y en Jefe de este Ejército de operaciones, se le concede la Mencion honorífica por los méritos que contrajo en la accion de Zaclang-anang el dia 12 de Agosto. Por R. O. de 6 de Octubre (D. O. nº 226 pág. 225) se le confirma la concesion de la cruz roja de 1ª clase del Mº Mar. por los méritos que contrajo en el ataque y toma de Talisay el dia 30 de Mayo. Regresando el dia 4 á Sta Cruz, siguió en el prestando servicio de campaña hasta el 8 que salió para Macabang, asistiendo el 9 á la accion librada en los montes de Nambó, al ataque y toma de las trincheras del barrio de Binyan y al ataque y ocupacion del pueblo de S. Pablo, á las órdenes del [illegible]; el 11 marchó con la columna al pueblo de Alaminos y el 12 volvió á S. Pablo, donde siguió prestando servicio de campaña hasta el 20 que pasó á Alaminos y el 21 practicó con la columna un reconocimiento sobre el monte de Maquiling y barrio de Tambo. El 26 de dicho mes de Octubre llegó á Sta Cruz y el 29 salió en direccion á Cavite, reconociendo con su compañía algunos barrios de la comprension de esta y regresando á Sta Cruz el dia 30. Segun oficio de la Subinspeccion Gral. de 2 de Noviembre, y propuesta aprobada por el E. S. Capitan Gral. y en Jefe de este Ejército de operaciones, se le concede la cruz de 1ª clase del Mº Mar. con distintivo rojo por los méritos que contrajo en el ataque y toma de Mangalula el dia 13 de Septiembre. Continuó de operaciones por Binangonan (distrito de la Infanta) y provincia de Tayabas hasta el 11 de Noviembre que llegó á Sta Cruz. El 17 del mismo salió para Tanauang, el 19 sostuvo fuego con el enemigo en el barrio de Sta Clara y el 29 regresó á Cala[illegible] en cuya plaza quedó de guarnicion. El 15 de Diciembre, con la columna volante que mandaba el Teniente Coronel de Estado Mayor, D. Francisco [illegible], marchó á la provincia de Bataan en la cual practicó varios

AÑOS

reconocimientos sosteniendo el día 14 un reñido y prolongado fuego
con el enemigo atrincherado en el monte Bayabas y tomándole y des-
truyéndole el campamento que allí tenía: el 21 volvió á Manila y el
23 pasó á San Fernando de la Pampanga, fina[l]izando el año de servicio de
campaña. Según oficio de la Subinspección Gral. de 9 de Diciembre, y en
propuesta aprobada por el E. S. Capitán Gral. y en Jefe del ejército
de operaciones, se le concede la cruz de 1ª clase del M. Mar. con distintivo
rojo pensionada por los méritos que contrajo en las operaciones realizadas en los pueblos de S. Pablo y Alaminos en los días 8, 9, 10 y 11 de
Octubre pasado. Por R. O. de 1º de Septiembre del año del margen (C.
L. nº 285) se le concede el doble tiempo por la campaña de Filipinas.
1892. De servicio de campaña en S. Fernando hasta el 12 de Enero que salió para la provincia de Nueva Ecija, el 20 llegó á San Isidro y
en él quedó de igual servicio: el 6 de Febrero emprendió la marcha
para la provincia de Pangasinan, y el 8 llegó á Bayambang donde
quedó de columna volante, practicando algunos reconocimientos por la barriada
de ese pueblo y límites de las provincias de Pangasinan y de Tarlac.
Por R. O. de 2 de Enero del año del margen D. O.
nº 2 Pagª 18 se le confirma la concesión [illegible]
[illegible] que le fue concedida por su comportamiento
en [illegible] del Batallón. Por R. O.
de 12 de Enero del año del margen D. O. nº 13 [illegible]
aprueba la concesión de la Cruz de 1ª Clase del Mérito [Naval]
con distintivo rojo por su comportamiento y [illegible]
en el combate de Magalalt. Por R. O. de [illegible] Febrero del
año marginal (D. O.) nº 33 se le aprueba la [illegible]
de la Cruz de 1ª Clase del Mérito Militar pensionada por
su comportamiento en la acción de San Pablo y Alaminos (Laguna).
Conforme con la nota que queda [illegible] con [illegible]
[illegible] de igual servicio hasta el 21 de [illegible]
que pasó a Manila donde permaneció hasta
el 23 de Marzo que regresó a Bayambang
quedando de servicio de campaña en el [illegible]

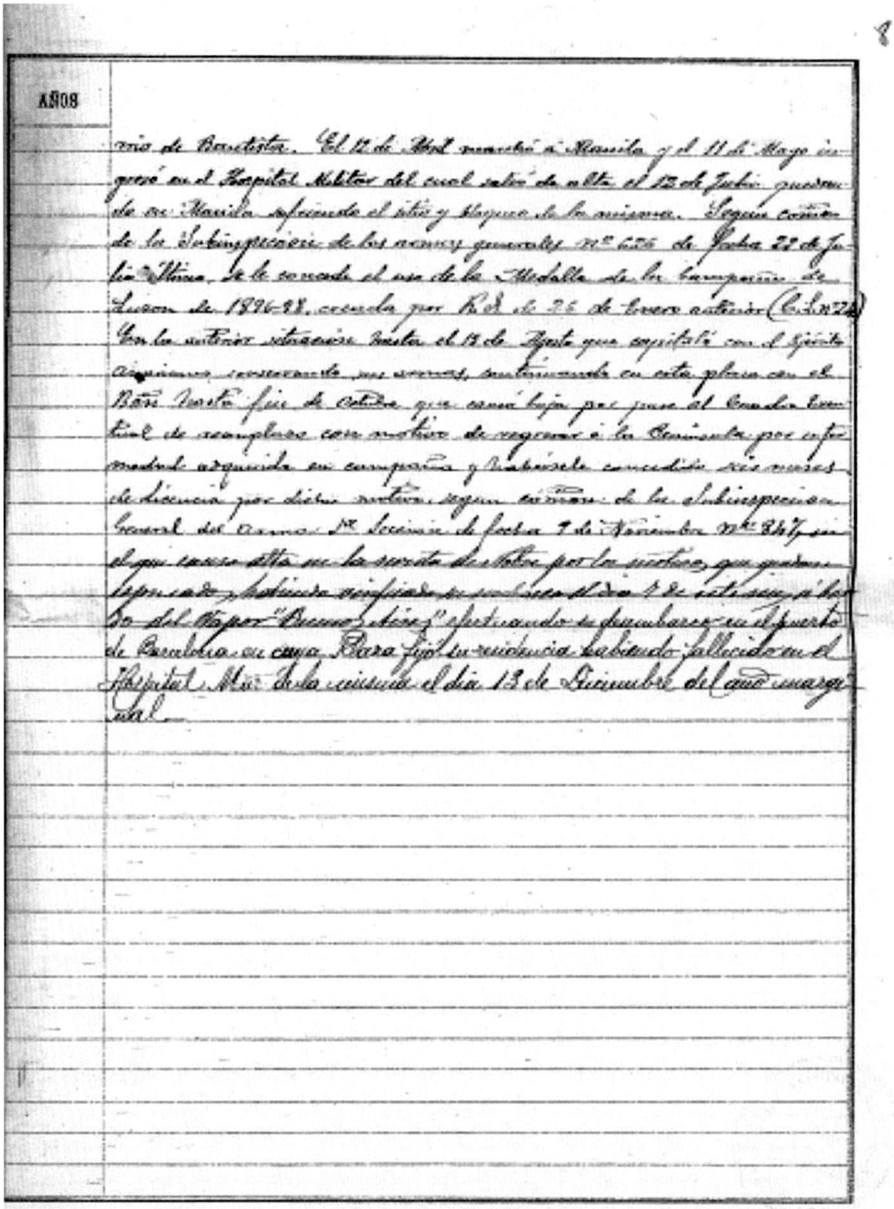

8

AÑOS

rio de Bautista. El 12 de Abril marchó á Manila y el 11 de Mayo ingresó en el Hospital Militar del cual salió de alta el 12 de Julio quedando en Manila sufriendo el sitio y bloqueo de la misma. Según comunicación de la Subinspección de las armas generales Nº 626 de fecha 22 de Julio último, se le concede el uso de la Medalla de la Campaña de Luzon de 1896-98, creada por R.O. de 26 de Enero anterior (C.L. nº 72) En la anterior situación hasta el 13 de Agosto que capituló con el Ejército americano conservando sus armas, continuando en esta plaza con el Batón hasta fin de Octubre que causó baja por pase al Cuadro Eventual de reemplazo con motivo de regresar á la Península por enfermedad adquirida en campaña y habérsele concedido seis meses de licencia por dicho motivo, según comunicación de la Subinspección General del Arma 1ª Sección de fecha 7 de Noviembre Nº 847, en el que causó alta en la revista de Octubre por los motivos que quedan expresados, habiendo verificado su embarque el día 8 de este mes á bordo del Vapor "Buenos Aires" efectuando su desembarco en el puerto de Barcelona en cuya Plaza fijó su residencia habiendo fallecido en el Hospital Mr. de la misma el día 13 de Diciembre del año marginal.

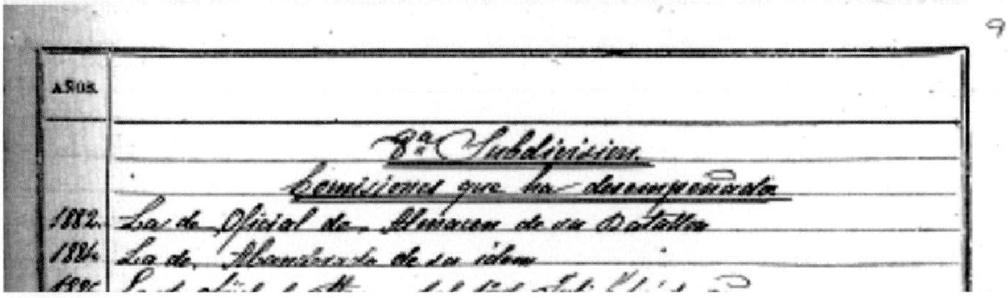

9

AÑOS

8ª Subdivision.

Comisiones que ha desempeñado

1882. La de Oficial de Almacen de su Batallon

1884. La de Abanderado de su idem

1885 [illegible]

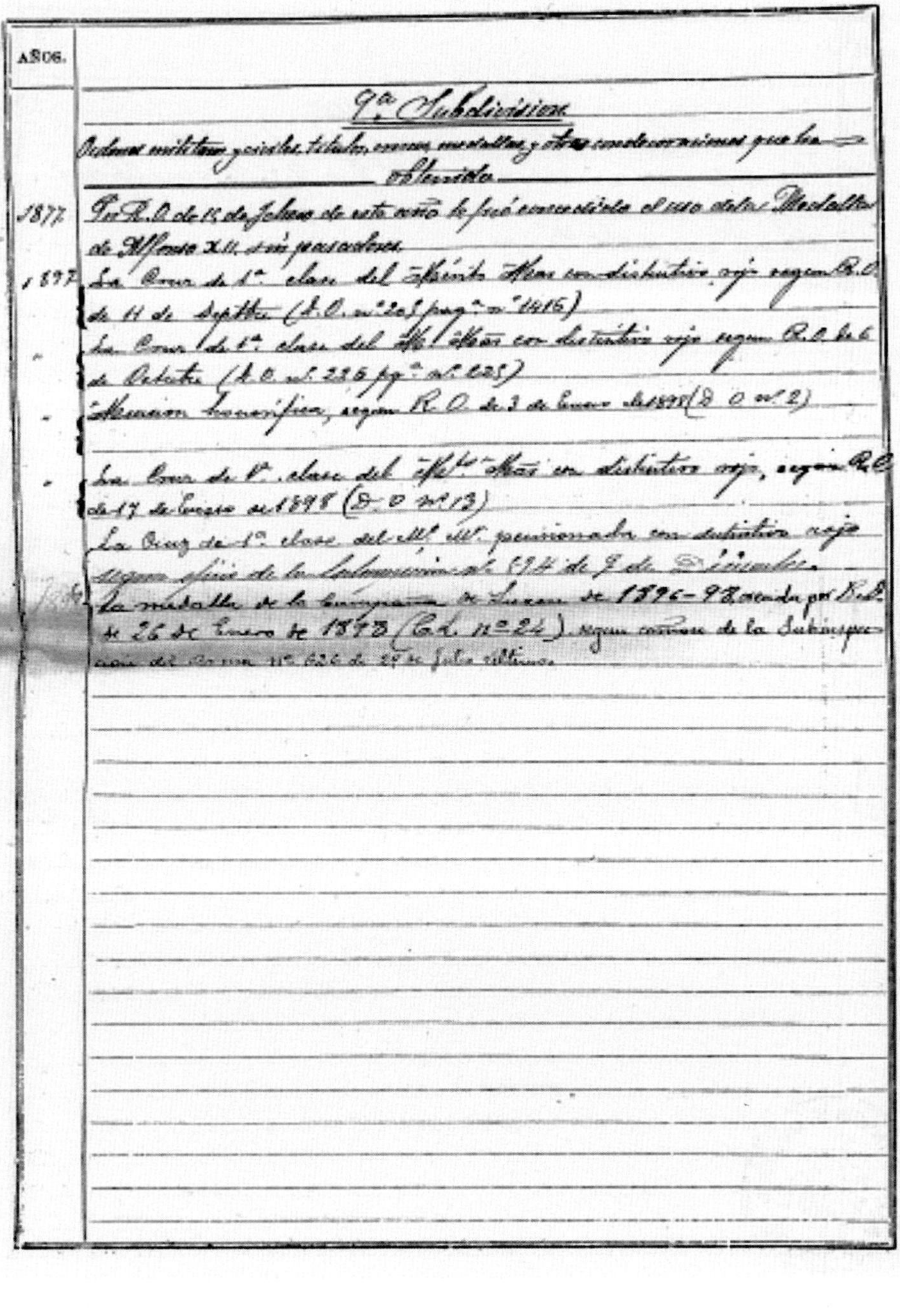

AÑOS.	
	9ª Subdivisión
	Ordenes militares y civiles, títulos, cruces, medallas y otras condecoraciones que ha obtenido
1877	Por R.O. de 12 de febrero de este año le fué concedido el uso de la Medalla de Alfonso XII, sin pasadores.
1897	La Cruz de 1ª clase del Mérito Militar con distintivo rojo según R.O. de 11 de Septbre (D.O. nº 203 pagª nº 1415)
"	La Cruz de 1ª clase del Mérito Militar con distintivo rojo según R.O. de 6 de Octubre (D.O. nº 226 pgª nº 625)
"	Mención honorífica, según R.O. de 3 de Enero de 1898 (D.O. nº 2)
"	La Cruz de 1ª clase del Mérito Militar con distintivo rojo, según R.O. de 17 de Enero de 1898 (D.O. nº 13)
	La Cruz de 1ª clase del Mº Mr. pensionada con distintivo rojo según oficio de la Subinspección nº 894 de 9 de Diciembre.
1898	La medalla de la Campaña de Luzón de 1896-98 creada por R.D. de 26 de Enero de 1898 (C.L. nº 24), según consta de la Subinspección del Arma nº 626 de 27 de Julio último.

AÑOS.

10.ª Subdivision.

Licencias temporales que ha disfrutado.

1877. Una de dos meses concedida por el E. C. C. G. de C. L. V. para Ciudad Rodrigo, por asuntos propios; empezó á usarla en 1.º de Julio y se incorporó á su debido tiempo.

12

AÑOS.

11ª Subdivisión

Procedimientos á que se ha hallado sujeto, y castigos graves que se le han impuesto en esa guarnición

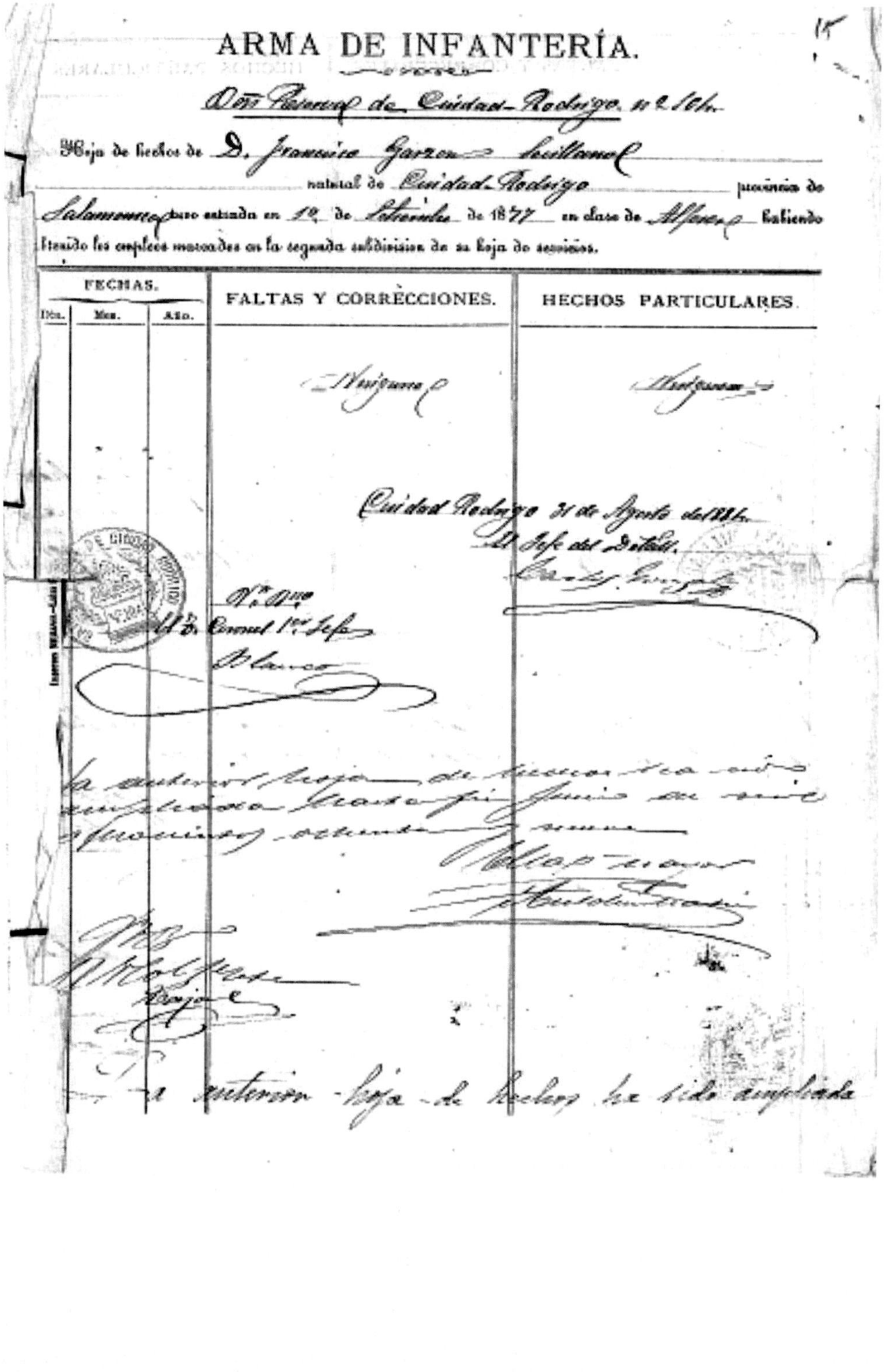

ARMA DE INFANTERÍA.

Dón Reserva de Ciudad-Rodrigo n.º 16.

Hoja de hechos de D. Francisco Garzón Sevillano natural de Ciudad-Rodrigo provincia de Salamanca que entrada en 1º de Setiembre de 1877 en clase de Alférez habiendo tenido los empleos marcados en la segunda subdivision de su hoja de servicios.

FECHAS. Día.	Mes.	Año.	FALTAS Y CORRECCIONES.	HECHOS PARTICULARES.
			Ninguna	Ninguna

Ciudad Rodrigo 31 de Agosto de 1884.
El Jefe del Detall.
[illegible]

V.º B.º
El Tr. Coronel 1er Jefe
Blanco

[illegible]

La anterior hoja de hechos ha sido ampliada

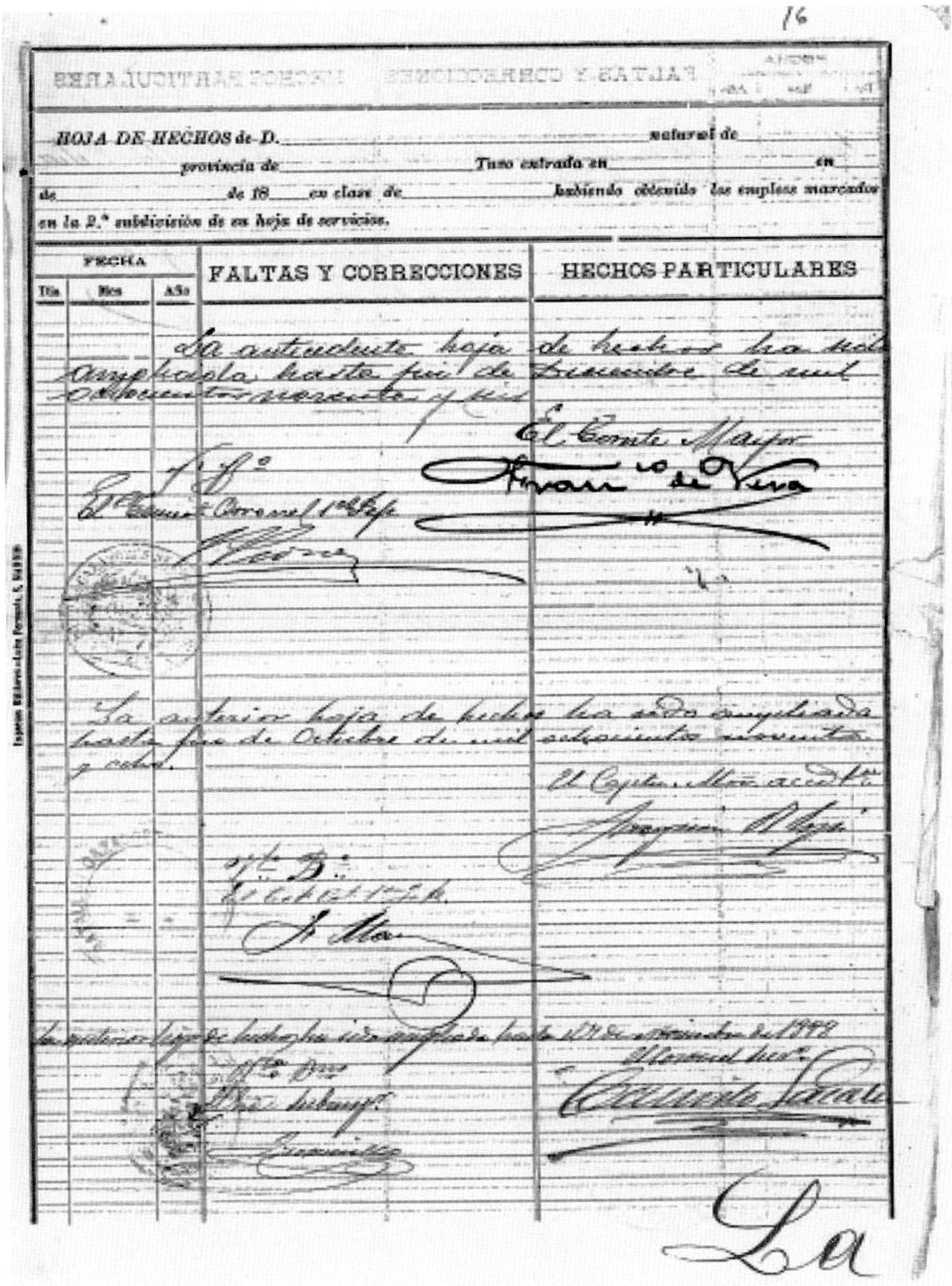

16

HOJA DE HECHOS de D. _____ natural de _____
_____ provincia de _____ Tuvo entrada en _____ en
de _____ de 18____ en clase de _____ habiendo obtenido los empleos marcados
en la 2.ª subdivisión de su hoja de servicios.

FECHA			FALTAS Y CORRECCIONES	HECHOS PARTICULARES
Día	Mes	Año		

La antecedente hoja de hechos ha sido ampliada hasta fin de Diciembre de mil ochocientos noventa y seis

El Comte Mayor

V.º B.º

El Teniente Coronel 1.er Jefe

La anterior hoja de hechos ha sido ampliada hasta fin de Octubre de mil ochocientos noventa y ocho.

El Capitán Mayor accidental

V.º B.º

[illegible]

La anterior hoja de hechos ha sido ampliada hasta [illegible] de 1898

El Coronel [illegible]

V.º B.º

[illegible]

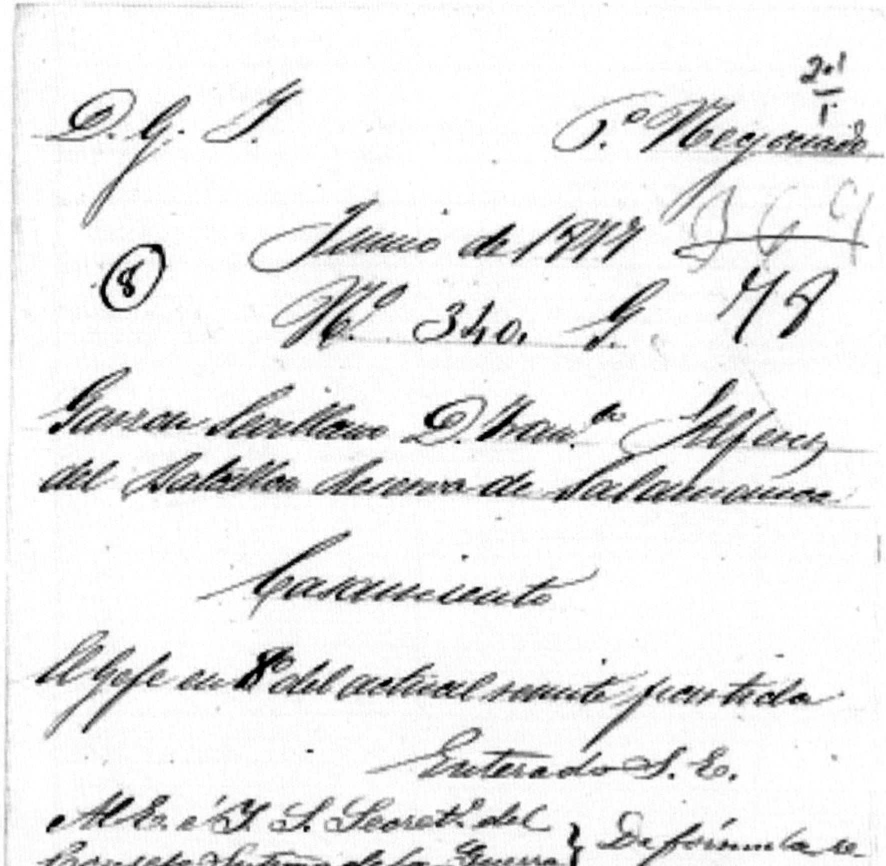

D. G. S. 5.º Negociado 201/1

Junio de 1877 364

(8) Nº 340. G. 479

Garcia Santillan D. Fran.co Alferez
del Batallon Reserva de Salamanca

Casamiento

El Jefe en 8 del actual remite partida

Enterado S. E.

Al Ex.º e Il.º S. Secret.º del Consejo Supremo de la Guerra } De fórmula se remite dicha partida = Madrid 16 Junio 1877

El Jefe

(Carro 16) Cabello

El Q.A. en 18 Octbre anual mismo

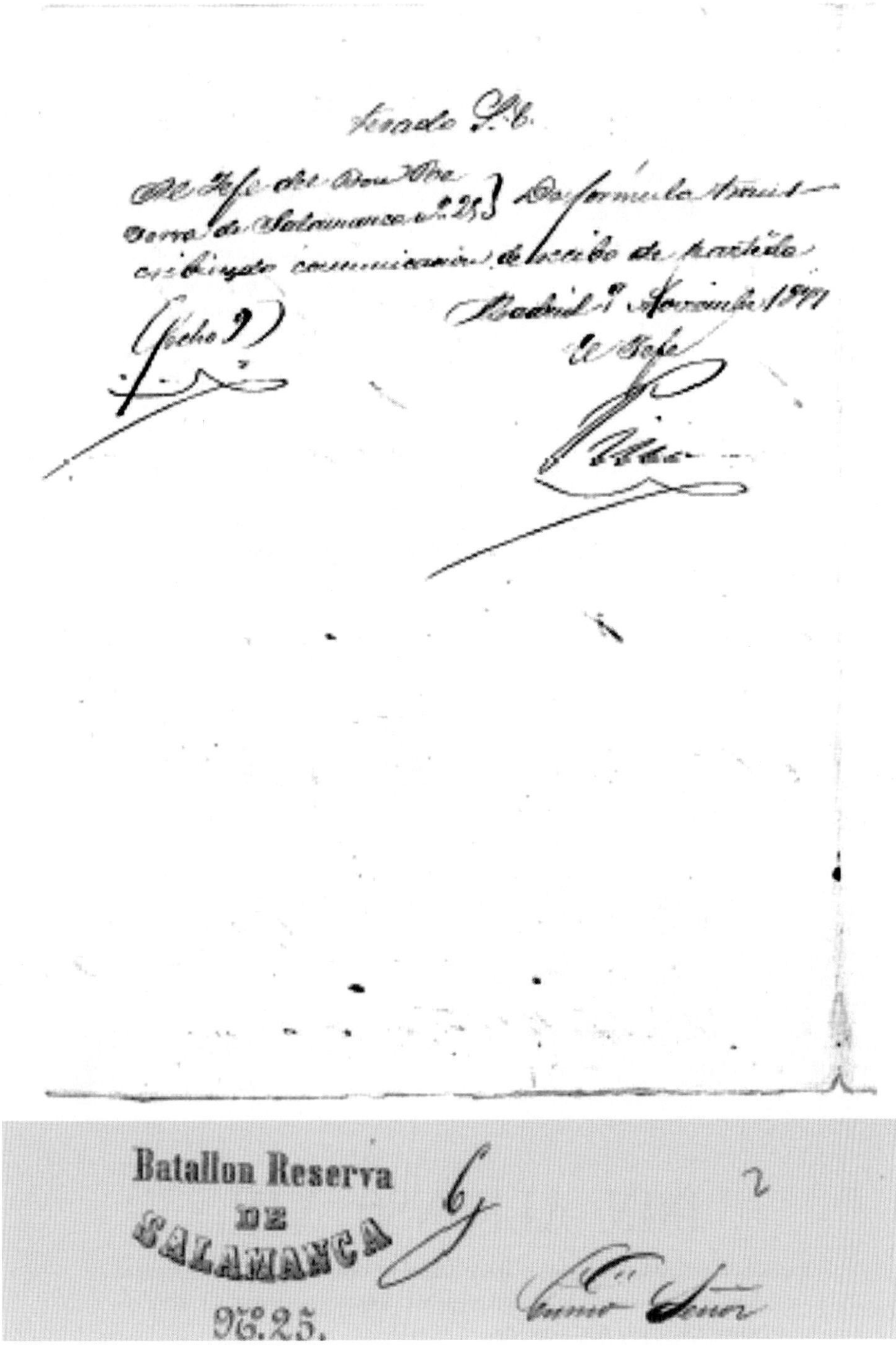
Enterado S. E.
(Fecho 9)
Madrid 9 Noviembre 1897
El Jefe
Batallon Reserva
DE
SALAMANCA
Nº. 25.
Excmo. Señor

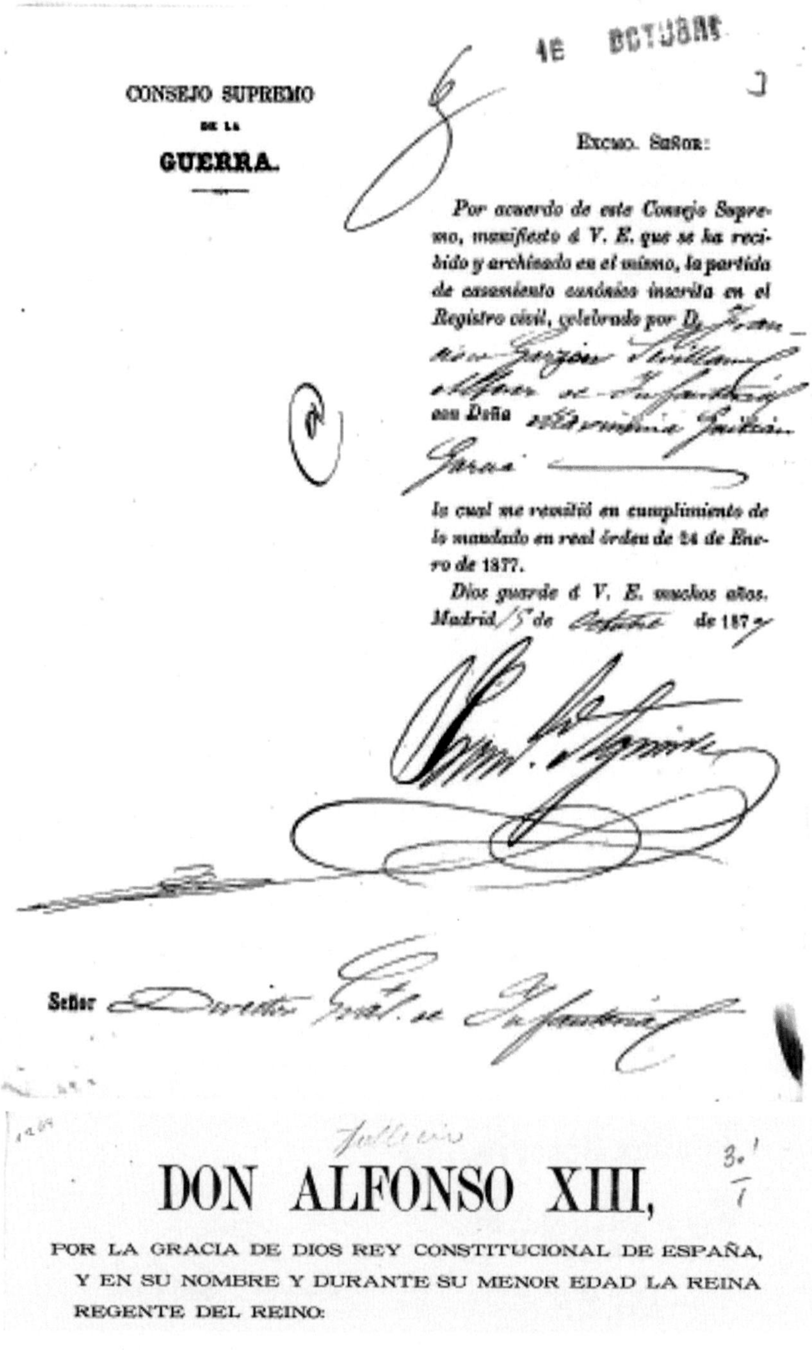

16 OCTUBRE

CONSEJO SUPREMO
DE LA
GUERRA.

EXCMO. SEÑOR:

Por acuerdo de este Consejo Supremo, manifiesto á V. E. que se ha recibido y archivado en el mismo, la partida de casamiento canónico inscrita en el Registro civil, celebrado por D. Francisco Garzón Santillana Alférez de Infantería *con Doña* [illegible] Garcia

lo cual me remitió en cumplimiento de lo mandado en real órden de 24 de Enero de 1877.

Dios guarde á V. E. muchos años. Madrid 15 *de* Octubre *de 187*7

Señor Director Gral. de Infantería

DON ALFONSO XIII,

POR LA GRACIA DE DIOS REY CONSTITUCIONAL DE ESPAÑA, Y EN SU NOMBRE Y DURANTE SU MENOR EDAD LA REINA REGENTE DEL REINO:

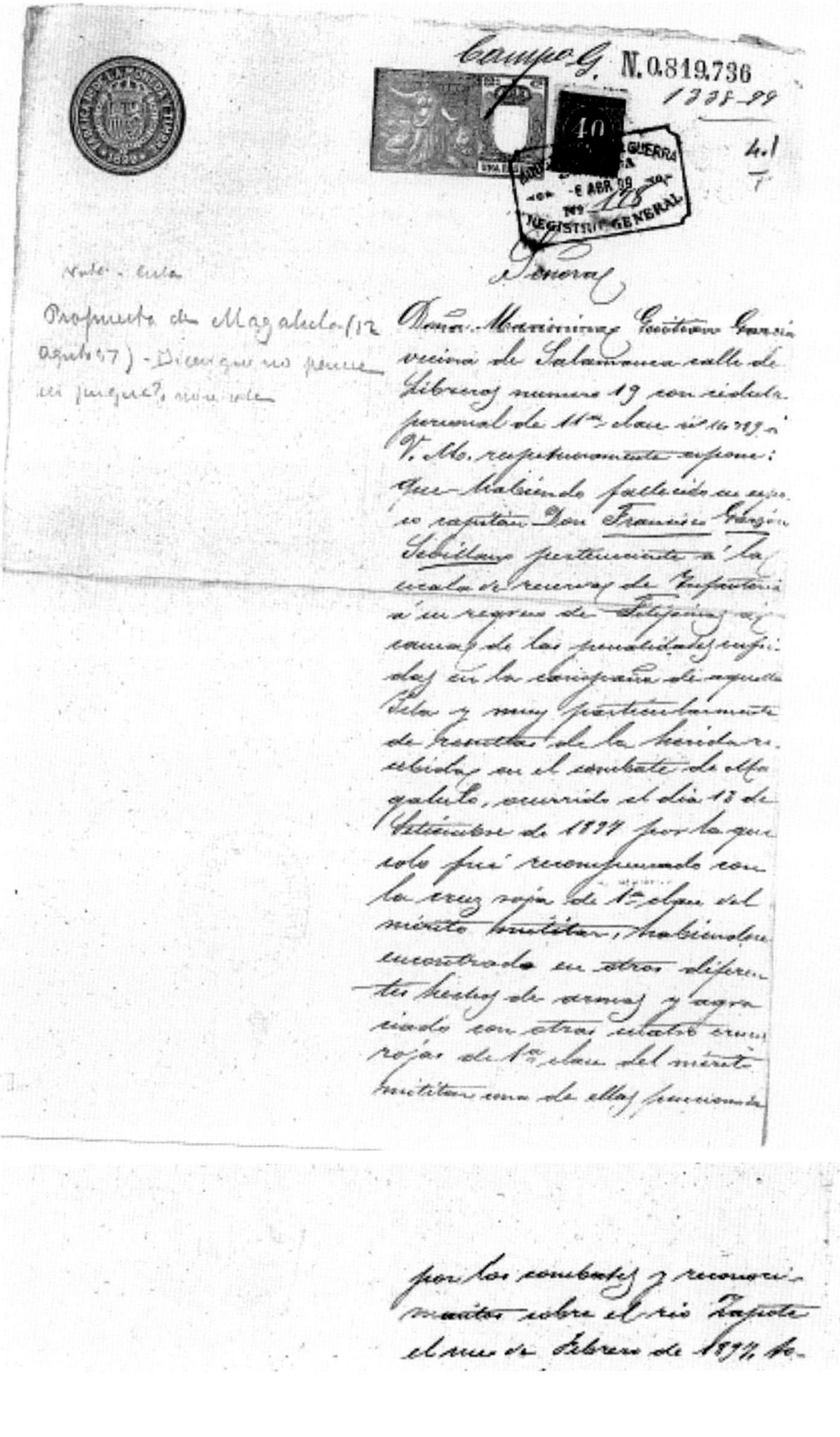

Campo G. N. 0.819.736
1338-99
4.1
7

Nº 118
REGISTRO GENERAL

Propuesta de Magalulo (12 agosto 97)

Señora

Doña Marcelina Gustavo García vecina de Salamanca calle de Libreros número 19 con cédula personal de 11ª clase nº 16.789 a V. M. respetuosamente expone: Que habiendo fallecido su esposo capitán Don Francisco Garzón Sevillano perteneciente a la escala de reserva de Infantería a su regreso de Filipinas a causas de las penalidades sufridas en la campaña de aquella Isla y muy particularmente de resultas de la herida recibida en el combate de Magalulo, ocurrido el día 13 de Setiembre de 1897 por la que sólo fué recompensado con la cruz roja de 1ª clase del mérito militar, habiéndose encontrado en otros diferentes hechos de armas y agraciado con otras cuatro cruces rojas de 1ª clase del mérito militar una de ellas pensionada

por los combates y reconocimientos sobre el río Zapote el mes de Febrero de 1897, &c.

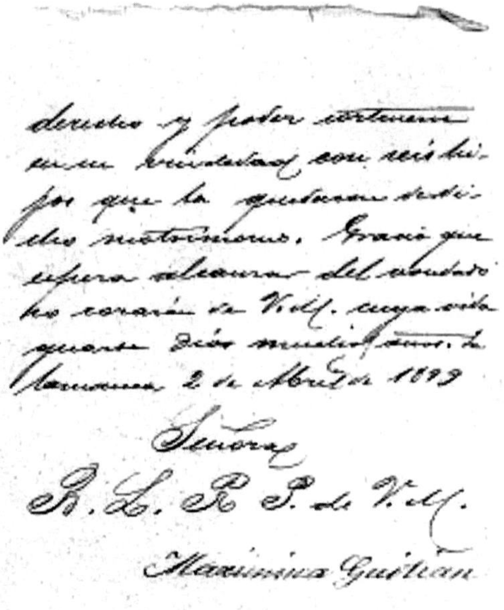

derecho y poder sostenerme
en su viudedad con seis hijos que la quedaron de dicho matrimonio. Gracia que
espera alcanzar del abundoso
so corazón de V. M. cuya vida
guarde Dios muchos años. Salamanca 2 de Abril de 1899

Señora

B. L. R. P. de V. M.

Maximina Gaitán

Documento 3. AHUSAL. Fondo Histórico. Caja n.º 4097/9. Expediente académico de Francisco Garzón Sevillano (9 páginas).

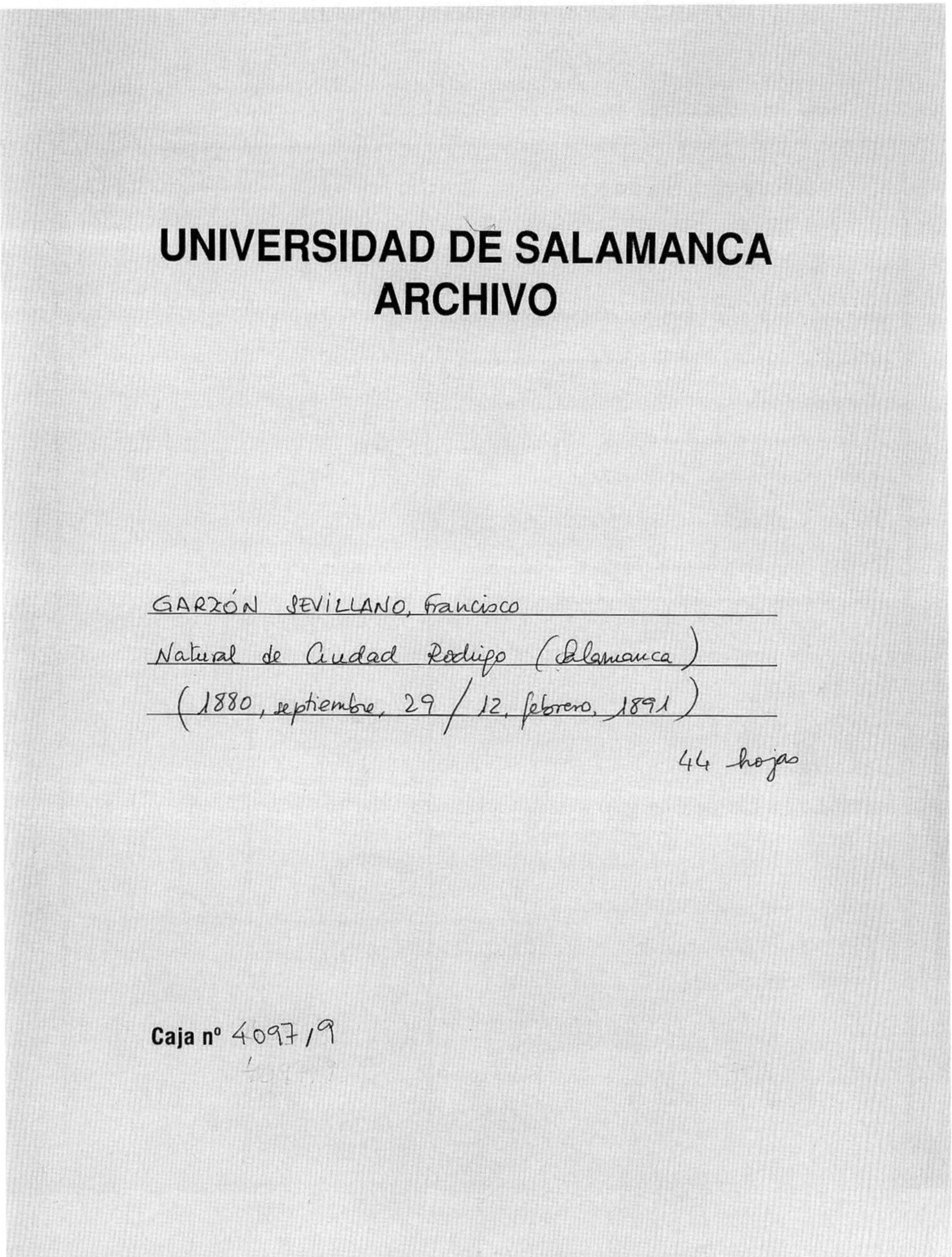

UNIVERSIDAD DE SALAMANCA
ARCHIVO

GARZÓN SEVILLANO, Francisco
Natural de Ciudad Rodrigo (Salamanca)
(1880, septiembre, 29 / 12, febrero, 1891)

44 hojas

Caja nº 4097/9

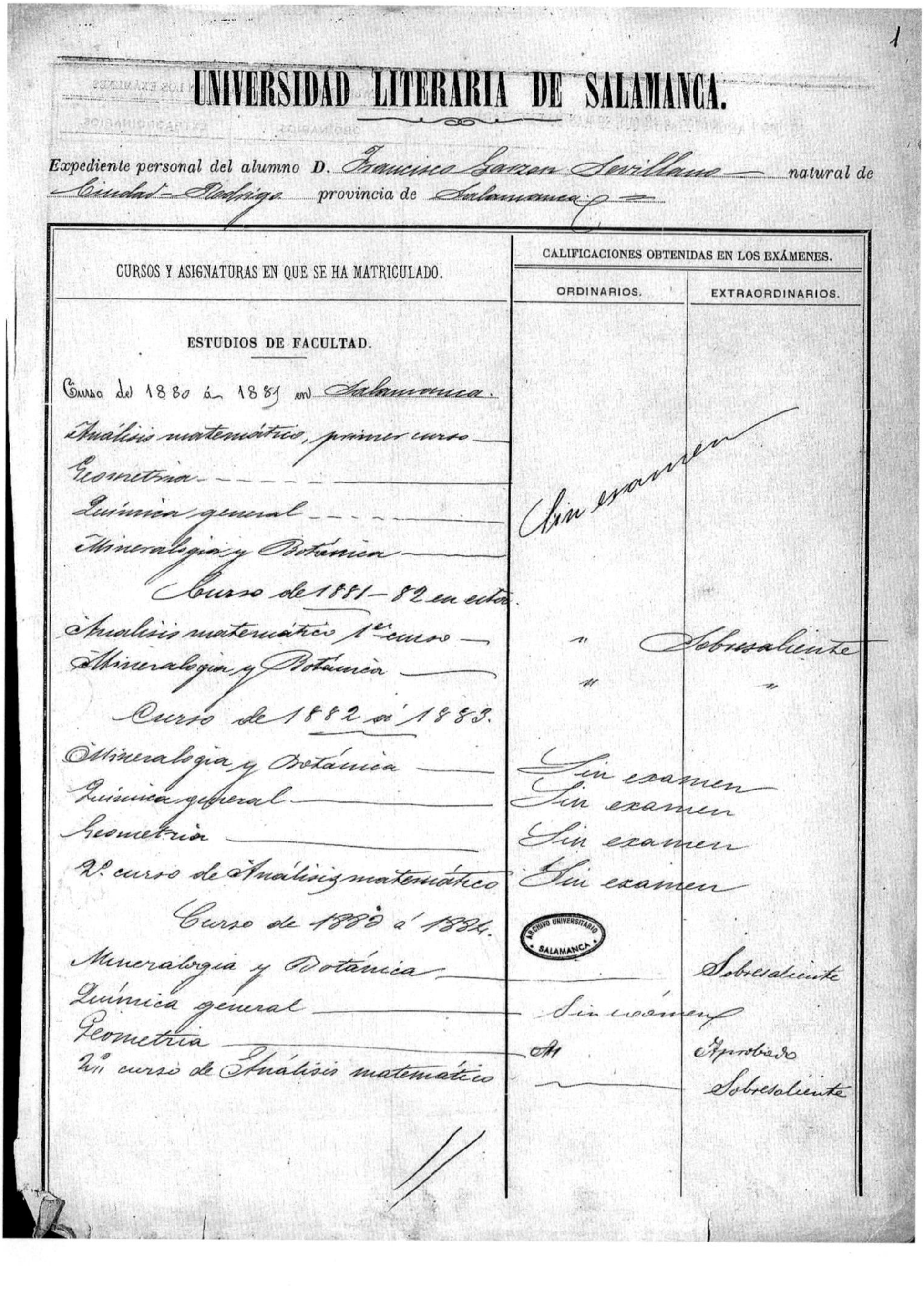

UNIVERSIDAD LITERARIA DE SALAMANCA.

Expediente personal del alumno D. Francisco Garzon Sevillano natural de Ciudad-Rodrigo provincia de Salamanca

CURSOS Y ASIGNATURAS EN QUE SE HA MATRICULADO.	CALIFICACIONES OBTENIDAS EN LOS EXÁMENES. ORDINARIOS.	EXTRAORDINARIOS.
ESTUDIOS DE FACULTAD.		
Curso del 1880 á 1881 en Salamanca.		
Análisis matemático, primer curso	Sin examen	
Geometría		
Química general		
Mineralogía y Botánica		
Curso de 1881-82 en esta		
Análisis matemático 1.er curso	"	Sobresaliente
Mineralogía y Botánica	"	"
Curso de 1882 á 1883.		
Mineralogía y Botánica	Sin examen	
Química general	Sin examen	
Geometría	Sin examen	
2.º curso de Análisis matemático	Sin examen	
Curso de 1883 á 1884.		
Mineralogía y Botánica		Sobresaliente
Química general	Sin examen	
Geometría	A	Aprobado
2.º curso de Análisis matemático		Sobresaliente

ARCHIVO UNIVERSITARIO SALAMANCA

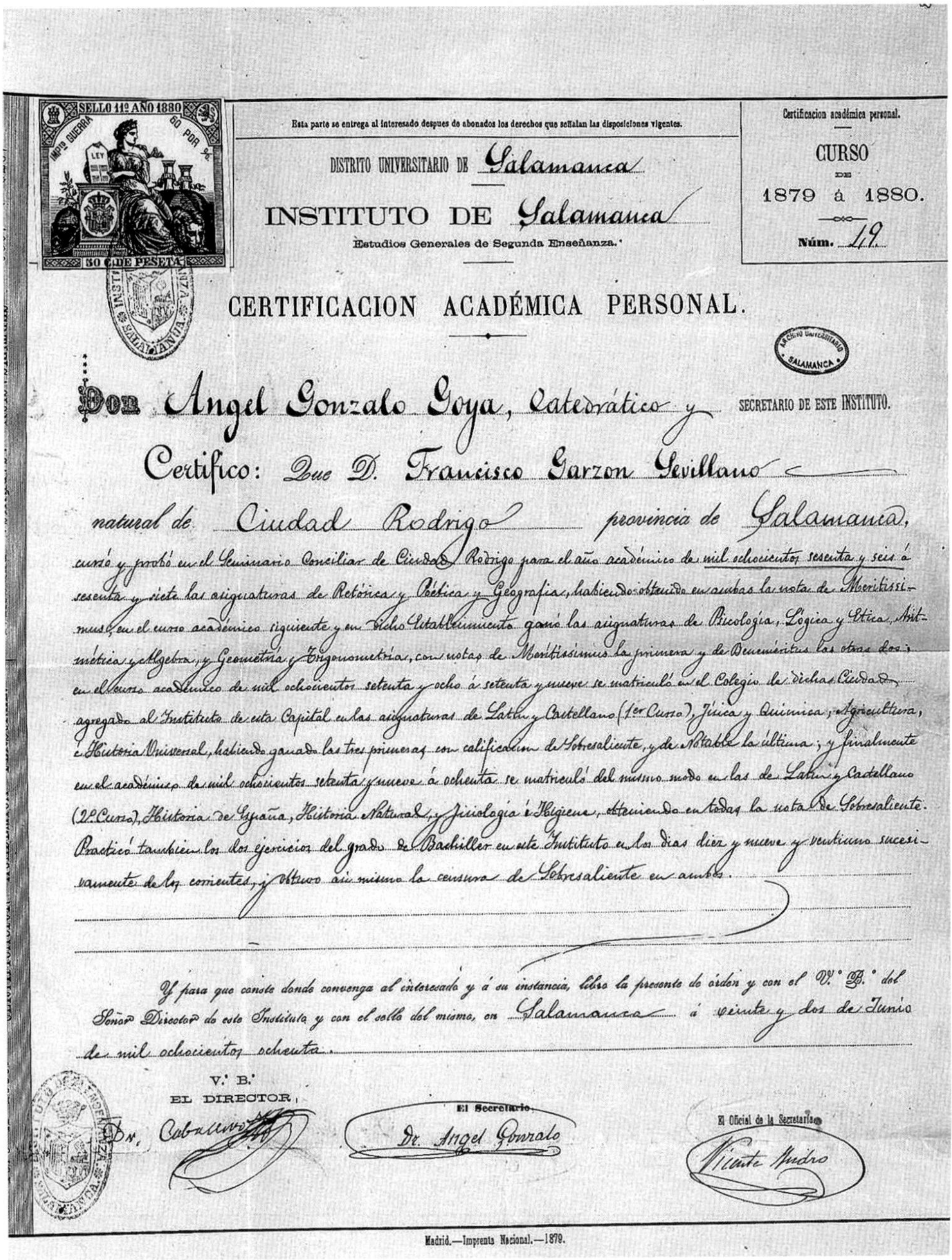

SELLO 11º AÑO 1880 — 60 POR % — IMPº GUERRA — LEY — 50 C. DE PESETA

Esta parte se entrega al interesado despues de abonados los derechos que señalan las disposiciones vigentes.

DISTRITO UNIVERSITARIO DE Salamanca

INSTITUTO DE Salamanca

Estudios Generales de Segunda Enseñanza.

Certificacion académica personal.

CURSO DE 1879 á 1880.

Núm. 49

CERTIFICACION ACADÉMICA PERSONAL.

Don Angel Gonzalo Goya, Catedrático y SECRETARIO DE ESTE INSTITUTO.

Certifico: Que D. Francisco Garzon Sevillano natural de Ciudad Rodrigo provincia de Salamanca, cursó y probó en el Seminario Conciliar de Ciudad Rodrigo para el año académico de mil ochocientos sesenta y seis á sesenta y siete las asignaturas de Retórica y Poética y Geografía, habiendo obtenido en ambas la nota de Meritíssimus, en el curso académico siguiente y en dicho Establecimiento ganó las asignaturas de Psicología, Lógica y Ética, Aritmética y Álgebra, y Geometría y Trigonometría, con notas de Meritíssimus la primera y de Benemeritus las otras dos; en el curso académico de mil ochocientos setenta y ocho á setenta y nueve se matriculó en el Colegio de dicha Ciudad agregado al Instituto de esta Capital en las asignaturas de Latín y Castellano (1er Curso), Física y Química, Agricultura, é Historia Universal, habiendo ganado las tres primeras con calificación de Sobresaliente, y de Notable la última; y finalmente en el académico de mil ochocientos setenta y nueve á ochenta se matriculó del mismo modo en las de Latín y Castellano (2º Curso), Historia de España, Historia Natural, y Fisiología é Higiene, obteniendo en todas la nota de Sobresaliente. Practicó tambien los dos ejercicios del grado de Bachiller en este Instituto en los dias diez y nueve y veintiuno sucesivamente de los corrientes, y obtuvo así mismo la censura de Sobresaliente en ambos.

Y para que conste donde convenga al interesado y á su instancia, libro la presente de órden y con el V.º B.º del Señor Director de este Instituto y con el sello del mismo, en Salamanca á veinte y dos de Junio de mil ochocientos ochenta.

V.º B.º
EL DIRECTOR,
Dr. Caballero

El Secretario,
Dr. Angel Gonzalo

El Oficial de la Secretaría,
Vicente Hidro

Madrid.—Imprenta Nacional.—1879.

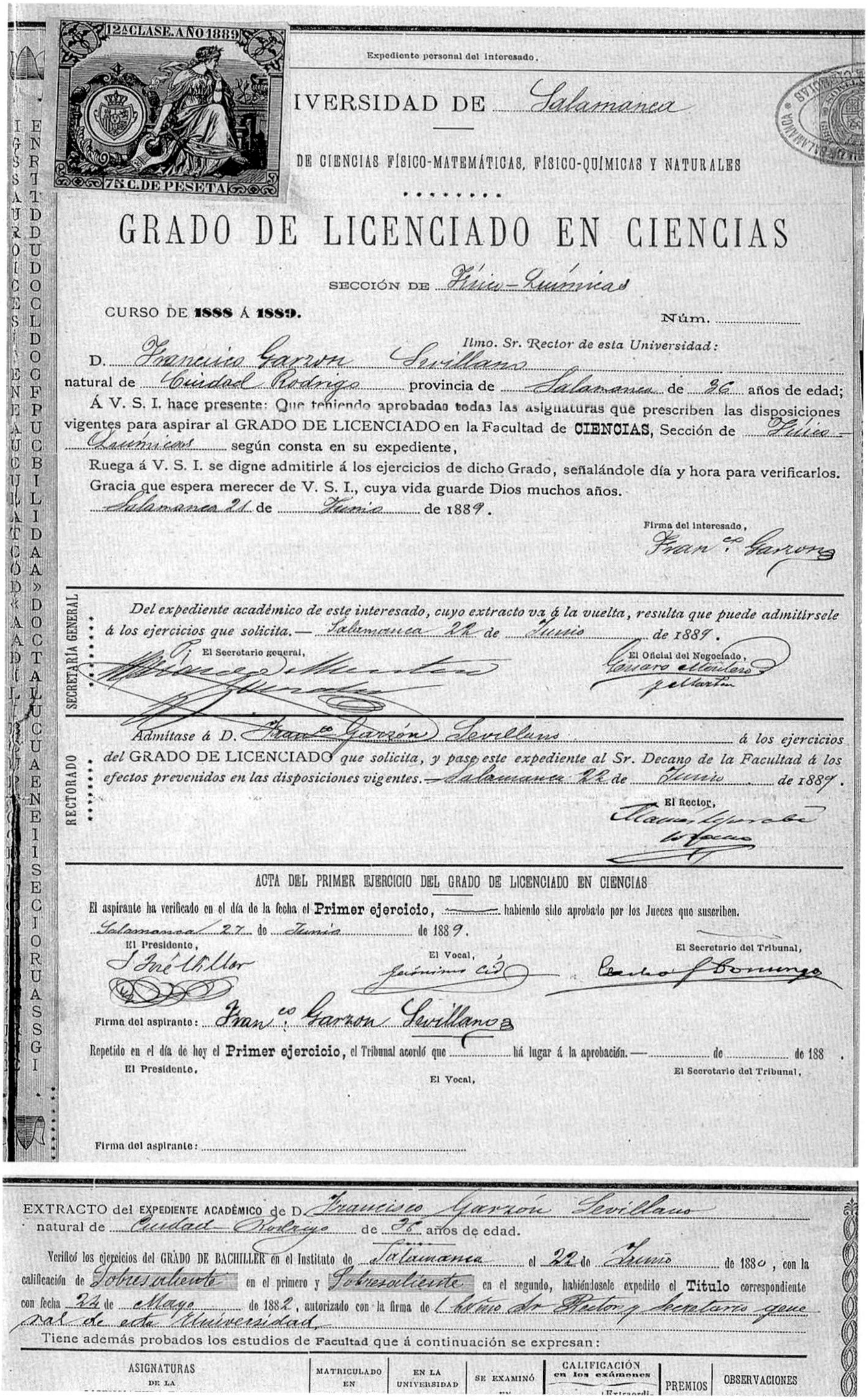

12.ª CLASE. AÑO 1889

75 C. DE PESETA

Expediente personal del interesado.

[UN]IVERSIDAD DE Salamanca

DE CIENCIAS FÍSICO-MATEMÁTICAS, FÍSICO-QUÍMICAS Y NATURALES

GRADO DE LICENCIADO EN CIENCIAS

SECCIÓN DE Físico-Químicas

CURSO DE 1888 Á 1889. Núm. ....

Ilmo. Sr. Rector de esta Universidad:

D. Francisco Garzón Sevillano

natural de Ciudad Rodrigo provincia de Salamanca de 26 años de edad;

Á V. S. I. hace presente: Que teniendo aprobadas todas las asignaturas que prescriben las disposiciones vigentes para aspirar al GRADO DE LICENCIADO en la Facultad de CIENCIAS, Sección de Físico-Químicas según consta en su expediente,

Ruega á V. S. I. se digne admitirle á los ejercicios de dicho Grado, señalándole día y hora para verificarlos. Gracia que espera merecer de V. S. I., cuya vida guarde Dios muchos años.

Salamanca 21 de Junio de 1889.

Firma del interesado,

Fran.co Garzón

SECRETARÍA GENERAL

Del expediente académico de este interesado, cuyo extracto va á la vuelta, resulta que puede admitírsele á los ejercicios que solicita.— Salamanca 22 de Junio de 1889.

P. El Secretario general, [illegible]

El Oficial del Negociado, Cesáreo Menéndez [illegible]

RECTORADO

Admítase á D. Fran.co Garzón Sevillano á los ejercicios del GRADO DE LICENCIADO que solicita, y pase este expediente al Sr. Decano de la Facultad á los efectos prevenidos en las disposiciones vigentes.— Salamanca 22 de Junio de 1889.

El Rector, [illegible]

ACTA DEL PRIMER EJERCICIO DEL GRADO DE LICENCIADO EN CIENCIAS

El aspirante ha verificado en el día de la fecha el Primer ejercicio, ——— habiendo sido aprobado por los Jueces que suscriben.

Salamanca 27 de Junio de 1889.

El Presidente, J. José Villar

El Vocal, Jerónimo Cid

El Secretario del Tribunal, Carlos Domingo

Firma del aspirante: Fran.co Garzón Sevillano

Repetido en el día de hoy el Primer ejercicio, el Tribunal acordó que .... há lugar á la aprobación.— .... de .... de 188 .

El Presidente, El Vocal, El Secretario del Tribunal,

Firma del aspirante: ....

EXTRACTO del EXPEDIENTE ACADÉMICO de D. Francisco Garzón Sevillano

natural de Ciudad Rodrigo de 26 años de edad.

Verificó los ejercicios del GRADO DE BACHILLER en el Instituto de Salamanca el 22 de Junio de 1880, con la calificación de Sobresaliente en el primero y Sobresaliente en el segundo, habiéndosele expedido el Título correspondiente con fecha 24 de Mayo de 1882, autorizado con la firma del Ilmo. Sr. Rector y Secretario general de esta Universidad.

Tiene además probados los estudios de Facultad que á continuación se expresan:

ASIGNATURAS DE LA	MATRICULADO EN	EN LA UNIVERSIDAD	SE EXAMINÓ EN	CALIFICACIÓN en los exámenes (Extraordi...	PREMIOS	OBSERVACIONES

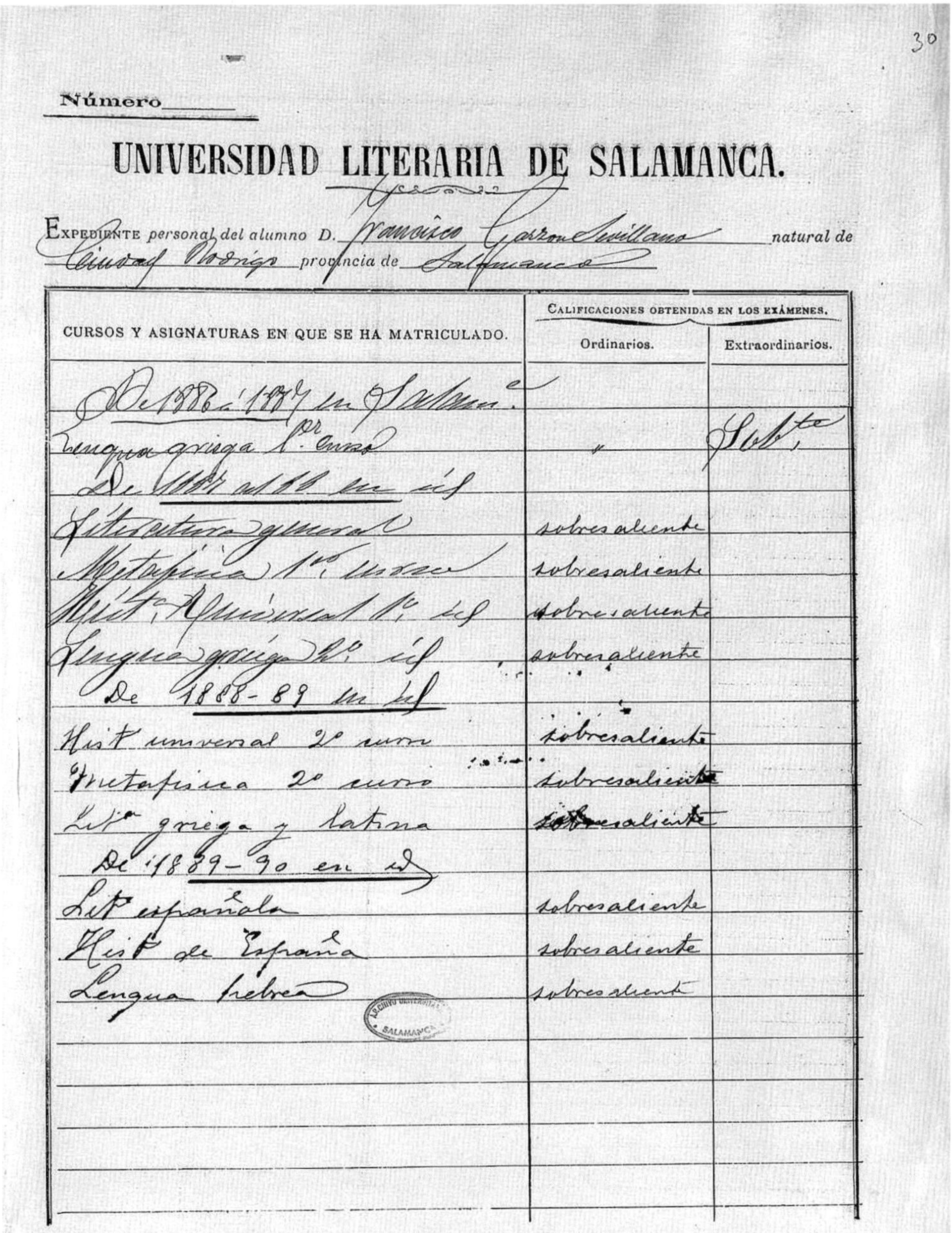

30

Número ______

UNIVERSIDAD LITERARIA DE SALAMANCA.

Expediente personal del alumno D. Francisco Garzón Sevillano natural de Ciudad Rodrigo provincia de Salamanca

CURSOS Y ASIGNATURAS EN QUE SE HA MATRICULADO.	Calificaciones obtenidas en los exámenes. Ordinarios.	Extraordinarios.
De 1886 á 1887 en Salamanca		
Lengua griega 1er curso		Sobte.
De 1887 al 88 en id		
Literatura general	sobresaliente	
Metafísica 1º curso	sobresaliente	
Hist. Universal 1º id	sobresaliente	
Lengua griega 2º id	sobresaliente	
De 1888-89 en id		
Hist universal 2º curso	sobresaliente	
Metafísica 2º curso	sobresaliente	
Litª griega y latina	sobresaliente	
De 1889-90 en id		
Litª española	sobresaliente	
Hist de España	sobresaliente	
Lengua hebrea	sobresaliente	

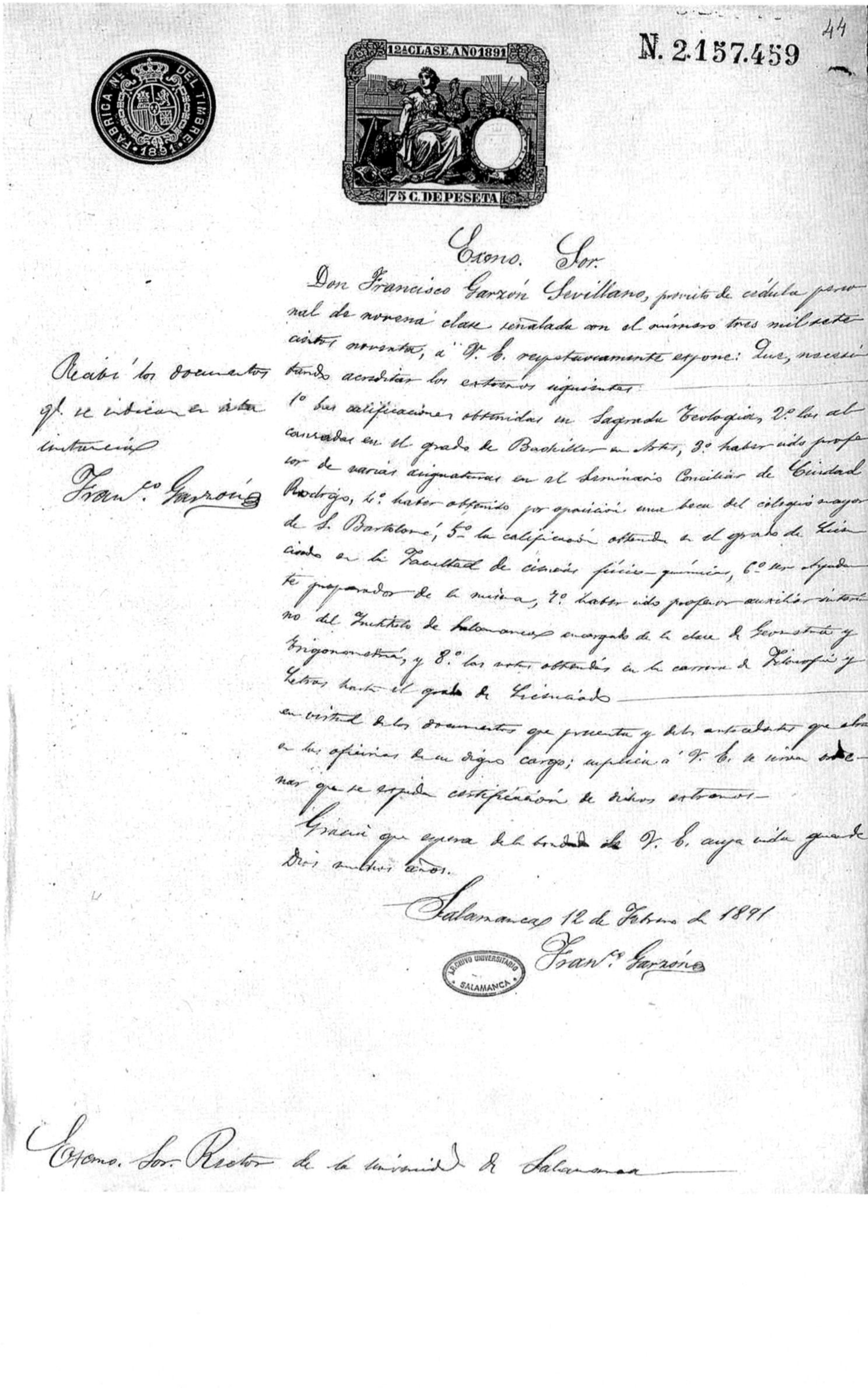

44

12ª CLASE. AÑO 1891

75 C. DE PESETA

FABRICA NL DEL TIMBRE 1891

N. 2.157.459

Excmo. Sor.

Don Francisco Garzón Sevillano, provisto de cédula personal de novena clase señalada con el número tres mil setecientos noventa, á V. E. respetuosamente expone: Que, necesitando acreditar los extremos siguientes:

1º las calificaciones obtenidas en Sagrada Teología, 2º las alcanzadas en el grado de Bachiller en Artes, 3º haber sido profesor de varias asignaturas en el Seminario Conciliar de Ciudad Rodrigo, 4º haber obtenido por oposición una beca del colegio mayor de S. Bartolomé; 5º la calificación obtenida en el grado de Licenciado en la Facultad de ciencias físico-químicas, 6º ser ayudante preparador de la misma, 7º haber sido profesor auxiliar interino del Instituto de Salamanca encargado de la clase de Geometría y Trigonometría, y 8º las notas obtenidas en la carrera de Filosofía y Letras hasta el grado de Licenciado

en virtud de los documentos que presenta y de los antecedentes que obran en las oficinas de su digno cargo; suplica á V. E. se sirva ordenar que se expida certificación de dichos extremos.

Gracia que espera de la bondad de V. E. cuya vida guarde Dios muchos años.

Salamanca 12 de Febrero de 1891

Fran.co Garzón

Recibí los documentos q. se indican en esta instancia

Fran.co Garzón

ARCHIVO UNIVERSITARIO SALAMANCA

Excmo. Sor. Rector de la Universidad de Salamanca

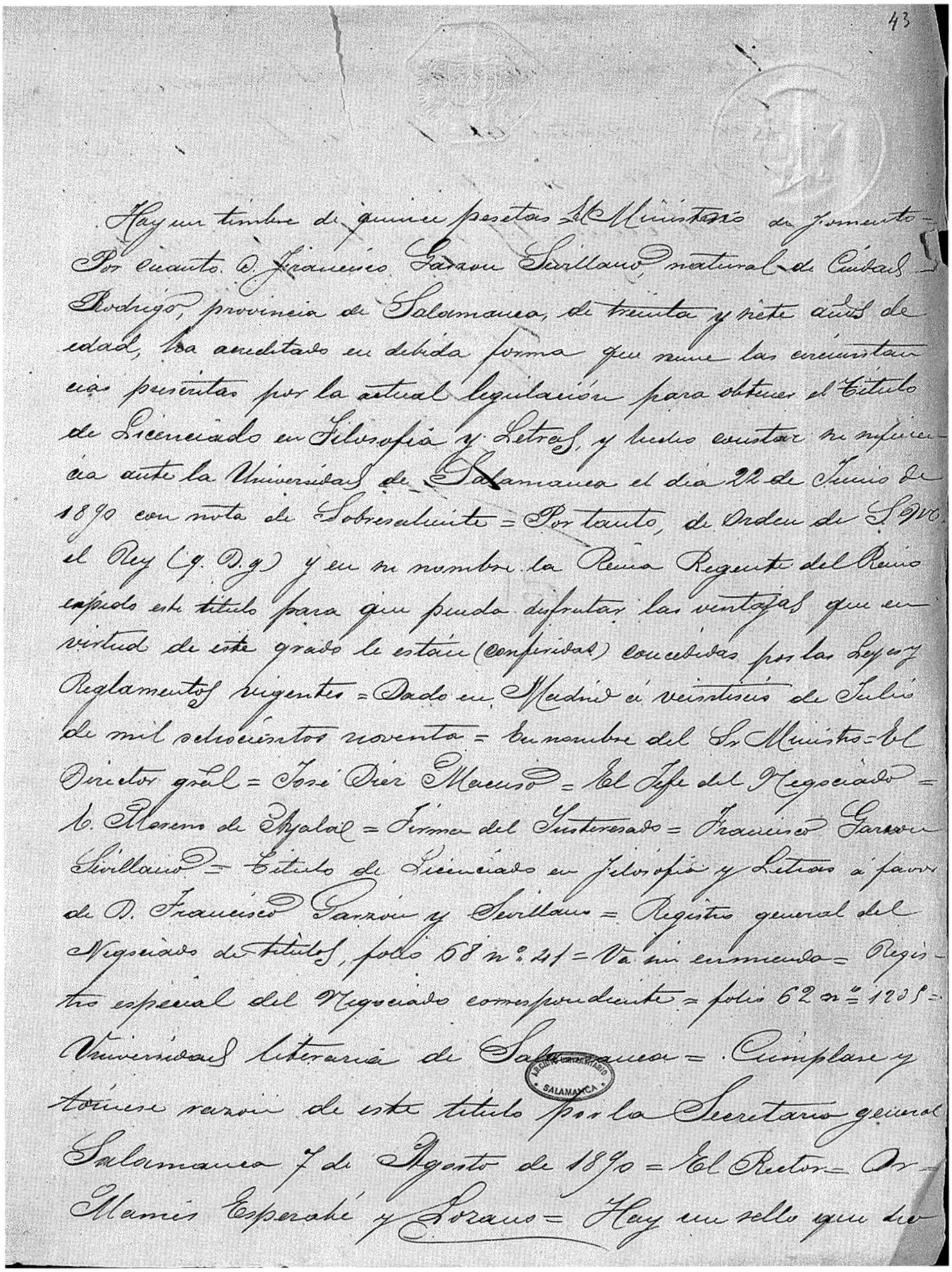

43

Hay un timbre de quince pesetas del Ministerio de Fomento-
Por cuanto D. Francisco Garzon Sevillano natural de Ciudad
Rodrigo, provincia de Salamanca, de treinta y siete años de
edad, ha acreditado en debida forma que reune las circunstancias prescritas por la actual legislación para obtener el Título
de Licenciado en Filosofía y Letras, y hecho constar su suficiencia ante la Universidad de Salamanca el día 22 de Junio de
1890 con nota de Sobresaliente = Por tanto, de Orden de S.M.
el Rey (q. D. g.) y en su nombre la Reina Regente del Reino
expido este título para que pueda disfrutar las ventajas que en
virtud de este grado le están (conferidas) concedidas por las Leyes y
Reglamentos vigentes = Dado en Madrid á veintiseis de Julio
de mil ochocientos noventa = En nombre del Sr Ministro-El
Director gral = José Díez Macuso = El Jefe del Negociado =
C. Moreno de Ayala = Firma del Interesado = Francisco Garzon
Sevillano = Título de Licenciado en Filosofía y Letras á favor
de D. Francisco Garzon y Sevillano = Registro general del
Negociado de títulos, folio 68 nº 41 = Va sin enmienda = Regis-
tro especial del Negociado correspondiente = folio 62 nº 1205 =
Universidad literaria de Salamanca = Cúmplase y
tómese razon de este título por la Secretaría general
Salamanca 7 de Agosto de 1890 = El Rector = Dr
Mamés Esperabé y Lozano = Hay un sello que dice

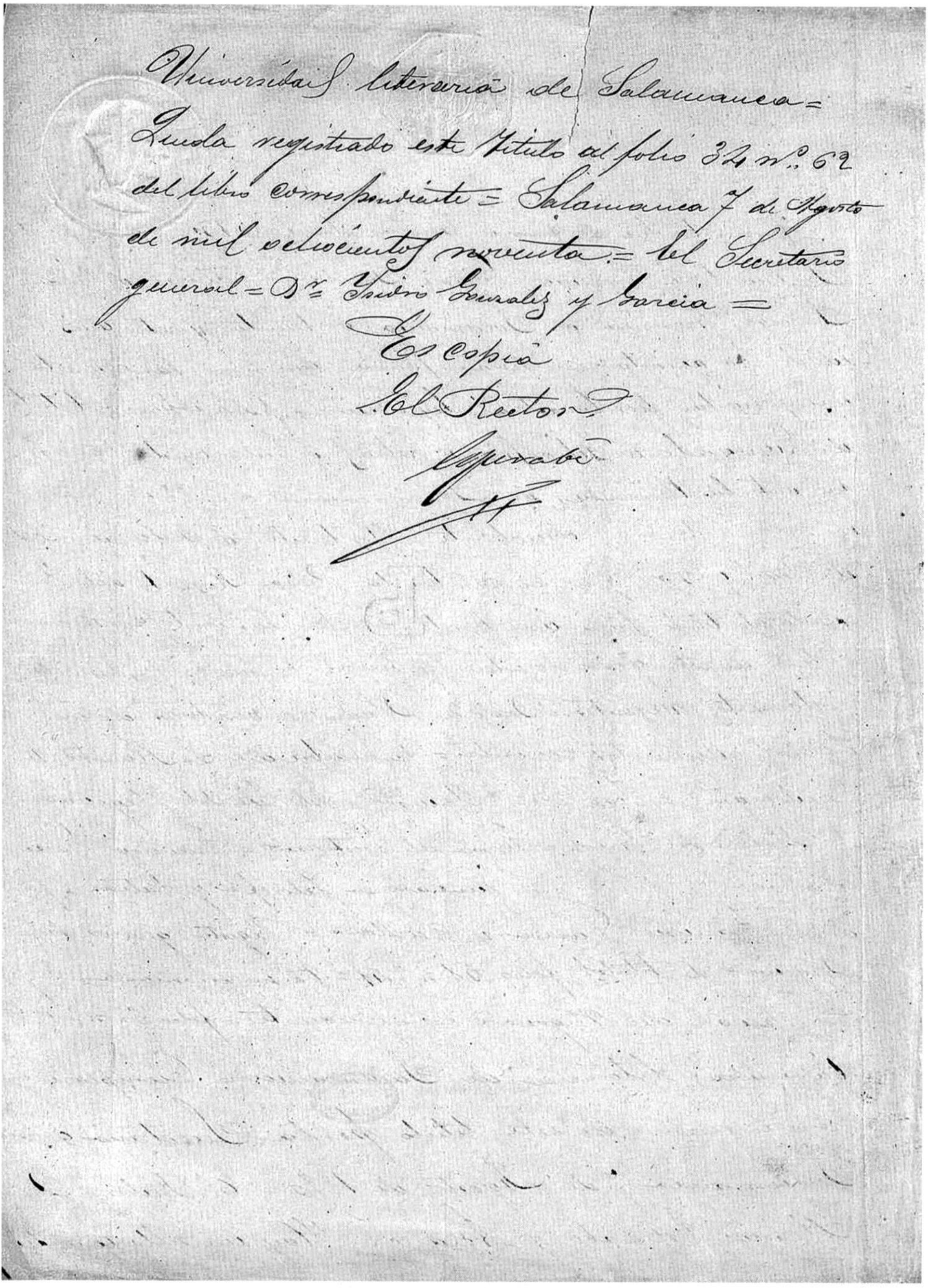
Universidad literaria de Salamanca =
Queda registrado este Título al folio 34 nº 62
del libro correspondiente = Salamanca 7 de Agosto
de mil ochocientos noventa = El Secretario
general = Dr. Isidro González y García =
Es copia
El Rector
Esperabé

Documento 4. AHUSAL. Fondo Colegios. Caja n.º 10008/23. Expediente académico de Francisco Garzón Sevillano (11 páginas).

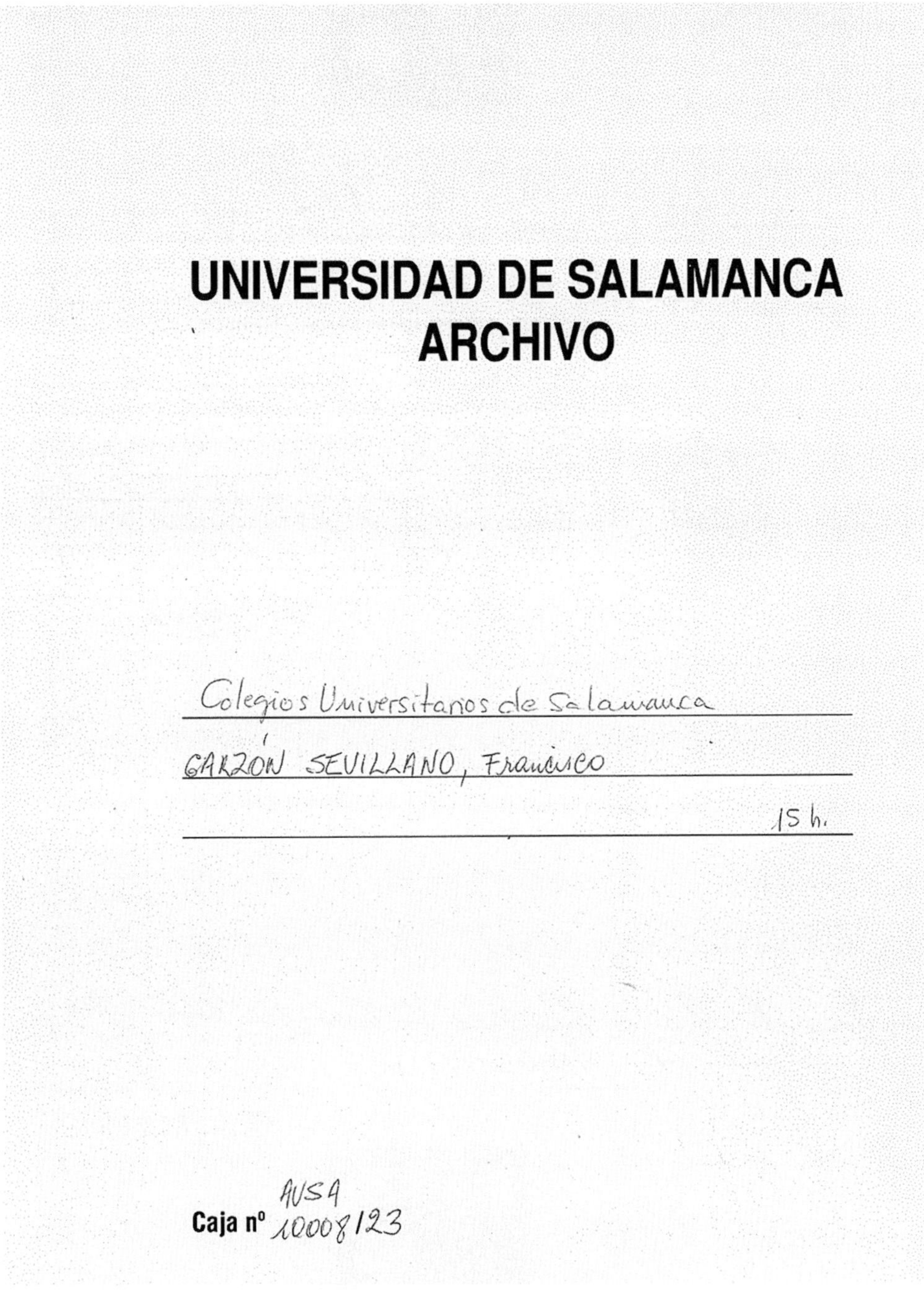

UNIVERSIDAD DE SALAMANCA

ARCHIVO

Colegios Universitarios de Salamanca

GARZON SEVILLANO, Francisco

15 h.

AUSA

Caja nº 10008/23

Excmo. Sor.:

Francisco Garzon Sevillano, natural de Ciudad Rodrigo y residente en Salamanca, á V. E. con la sumision y debido respeto expone: Que, hallándose vacantes tres becas correspondientes á la Facultad de Filosofía y Letras, cuyas becas han de proveerse mediante oposicion segun anuncio (publicado el primero de los corrientes) en el Boletín oficial de esta provincia, y creyendo reunir las condiciones en aquel detalladas, á cuyo efecto acompaña certificados de estudios y buena conducta así como la partida bautismal; suplica á V. E. se digne admitirle á la referida oposicion.

Gracia que espera merecer de la notoria bondad de V. E. cuya vida guarde Dios muchos años.

Salamanca 29 de Noviembre de 1886

Fran.co Garzon

Excmo. Sor. Rector Presidente de la Junta de los Colegios Mayores de esta Universidad (Salamanca)

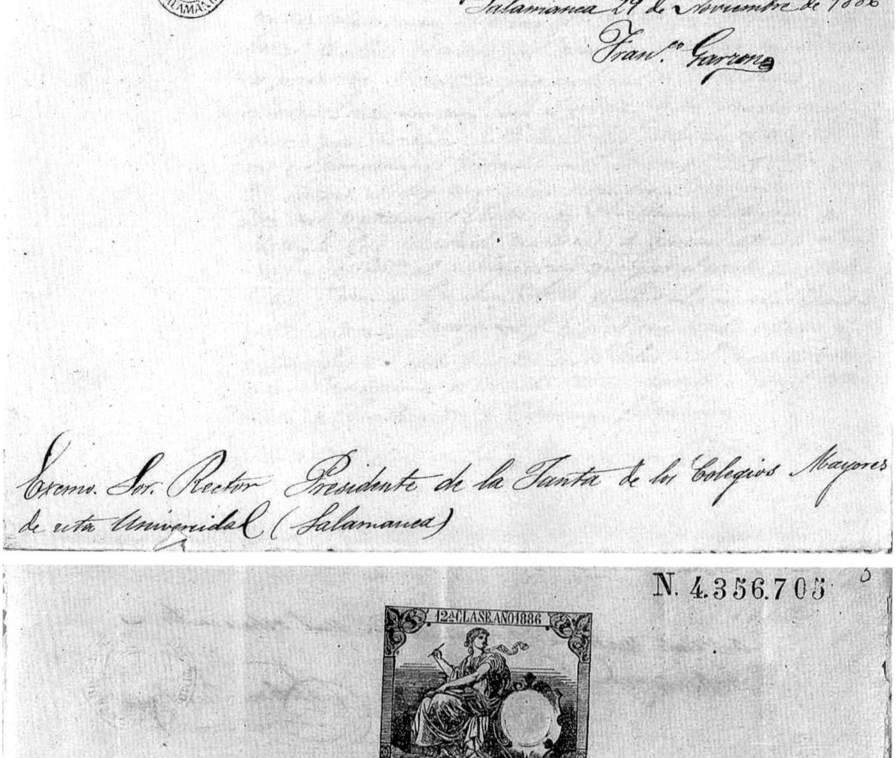

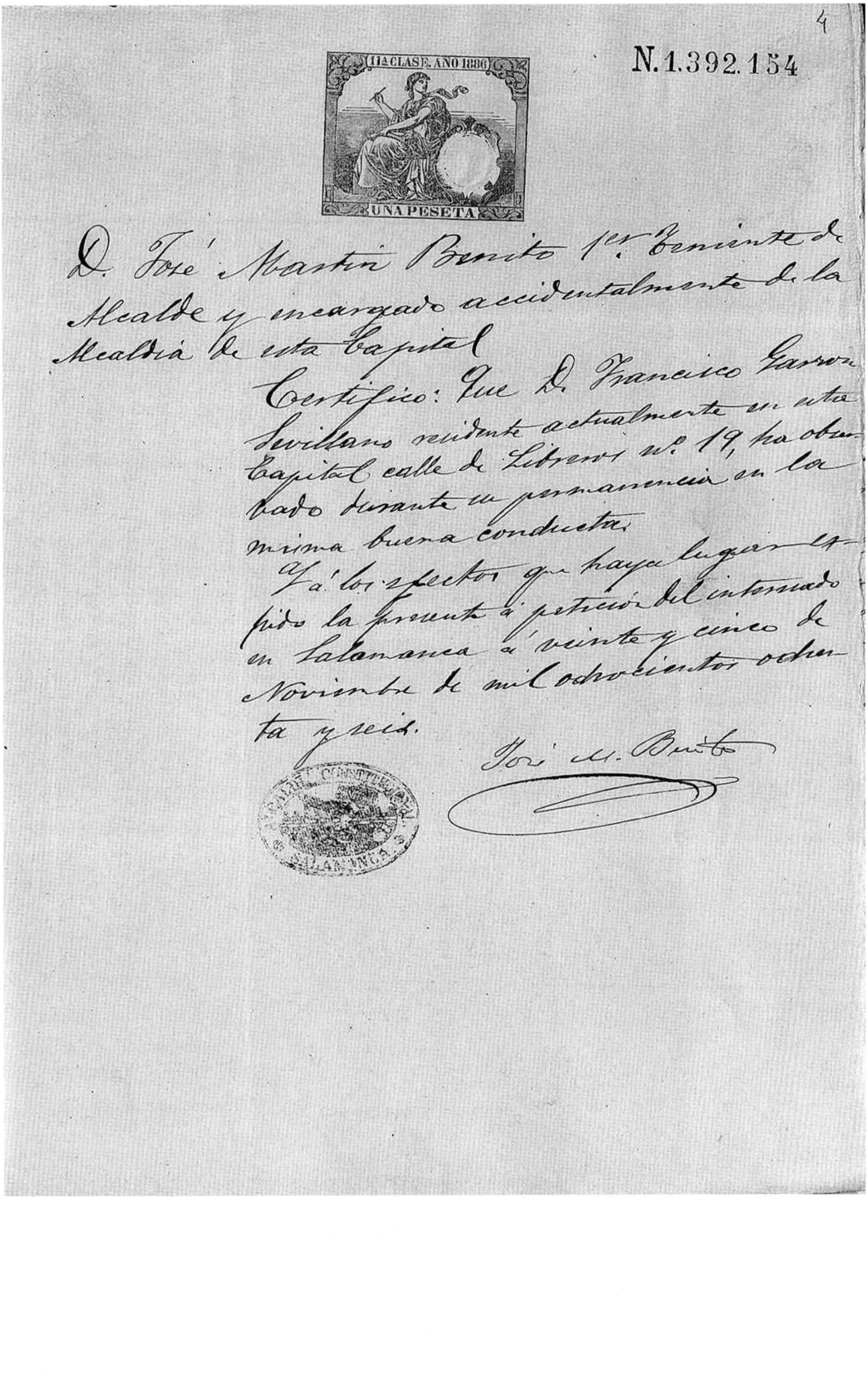

4

11ª CLASE. AÑO 1886

N. 1.392.154

UNA PESETA

D. José Martín Benito 1er Teniente de Alcalde y encargado accidentalmente de la Alcaldía de esta Capital

Certifico: Que D. Francisco Garzón Sevillano residente actualmente en esta Capital calle de Libreros nº 19, ha observado durante su permanencia en la misma buena conducta.

Y á los efectos que haya lugar expido la presente á petición del interesado en Salamanca á veinte y cinco de Noviembre de mil ochocientos ochenta y seis.

José M. Benito

ALCALDÍA CONSTITUCIONAL SALAMANCA

12.ª CLASE. AÑO 1886

UNA PESETA

Esta parte se entrega al interesado después de abonados los derechos que señalan las disposiciones vigentes.

DISTRITO UNIVERSITARIO DE *Salamanca*

INSTITUTO DE *Salamanca*

CERTIFICACIÓN ACADÉMICA PERSONAL.

CURSO DE 188*6* á 188*7*.

Núm. *15*.

CERTIFICACIÓN ACADÉMICA PERSONAL

Don *Angel Gonzalo Goya, Catedrático y* SECRETARIO DE ESTE INSTITUTO

Certifico: *Que D. Francisco Garzón Sevillano*

natural de Ciudad Rodrigo provincia de Salamanca,

tiene aprobadas todas las asignaturas de segunda enseñanza en la forma siguiente: Durante el curso académico de mil ochocientos setenta y seis á setenta y siete, en el Seminario Conciliar de Ciudad Rodrigo, Perfección de Latín, Griego, Retórica y Poética, y Geografía con la nota de Meritissimus; cuyas dos últimas asignaturas le sirvieron después de abono en la segunda enseñanza. = Durante el curso siguiente y en la misma forma, Matemáticas con la de Benemeritus y Psicología, Lógica y Etica, y Francés con la de Meritissimus; cuyas tres primeras también utilizó en dicho concepto. = Verificó después el exámen de Ingreso el dia veinte y nueve de Setiembre de mil ochocientos setenta y ocho en el Colegio de Ciudad Rodrigo, agregado á este Establecimiento oficial; habiendo continuado en él los estudios de las restantes asignaturas del Bachillerato, del modo siguiente: Durante el curso de mil ochocientos setenta y ocho á setenta y nueve, probó Latín y Castellano (primer año), Física y Química, y Agricultura con la nota de Sobresaliente, é Historia Universal con la de Notable. = Y por último, durante el siguiente curso académico, Latín y Castellano (segundo año), Historia de España, Historia Natural, y Fisiología é Higiene con la de Sobresaliente. = Practicó asimismo en este Instituto los dos ejercicios del grado de Bachiller con fechas de diez y nueve, y veintiuno de Junio de mil ochocientos ochenta respectivamente, habiendo obtenido en ambos la nota de Sobresaliente; hallándose provisto del correspondiente Título, que se le expidió por este Rectorado en veinte y cuatro de Mayo de mil ochocientos ochenta y dos.

Y para que conste donde convenga al interesado, y á su instancia, libro la presente de orden y con el V.º B.º del Señor Director de este Instituto y con el sello del mismo, en Salamanca á veinte y seis de Noviembre de mil ochocientos ochenta y seis.

V.º B.º
EL DIRECTOR,
Vazquez

El Secretario,
Angel Gonzalo

El Oficial de la Secretaría,
José Dominguez

Madrid.—Imprenta Nacional.—1885.

6

12.ª CLASE. AÑO 1887

75 C. DE PESETA

N. 2.076.446

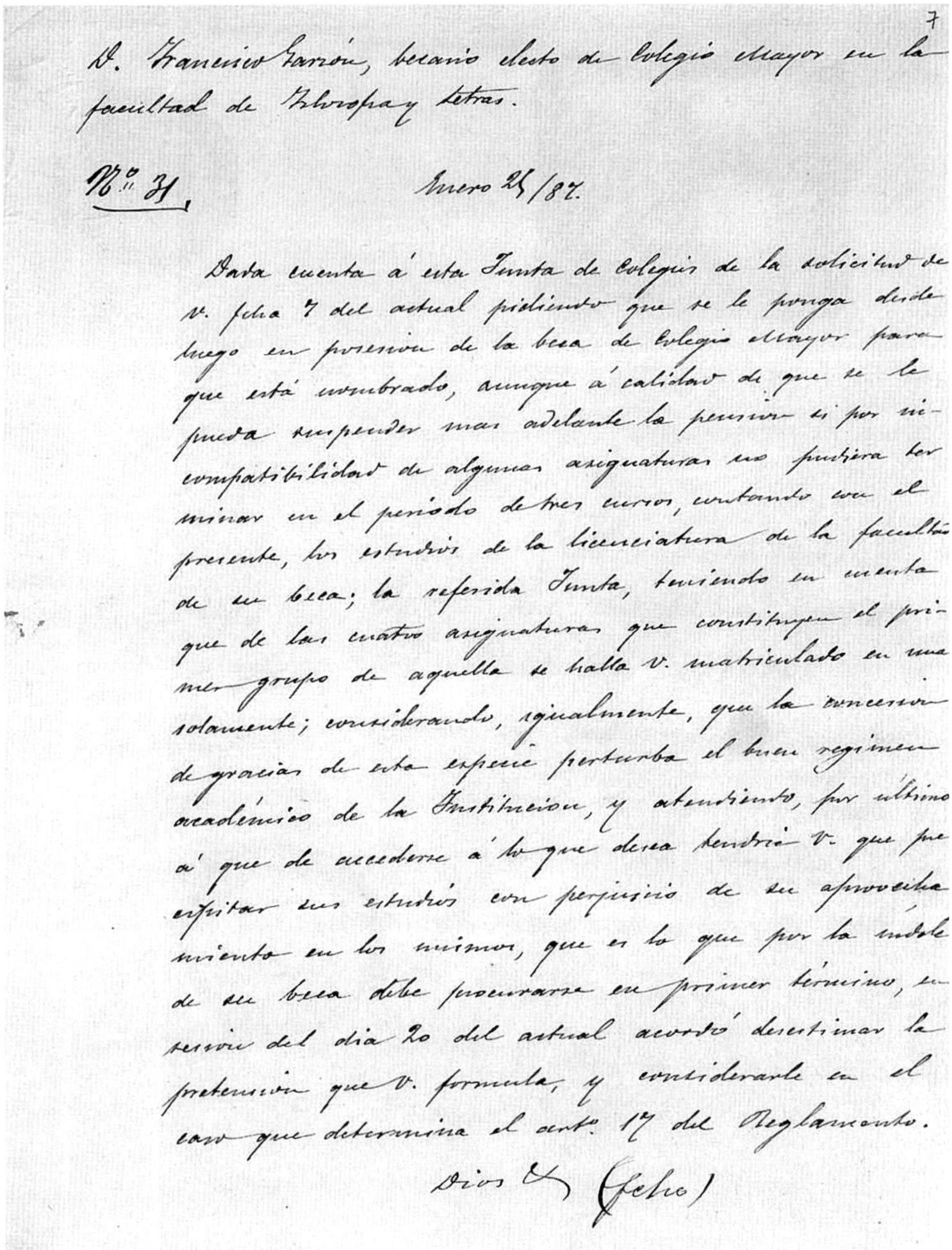

7

D. Francisco Garzón, becario electo de Colegio Mayor en la facultad de Filosofía y Letras.

Nº 31. Enero 24/87.

Dada cuenta á esta Junta de Colegios de la solicitud de V. fecha 7 del actual pidiendo que se le ponga desde luego en posesion de la beca de Colegio Mayor para que está nombrado, aunque á calidad de que se le pueda suspender mas adelante la pension si por incompatibilidad de algunas asignaturas no pudiera terminar en el período de tres cursos, contando con el presente, los estudios de la licenciatura de la facultad de su beca; la referida Junta, teniendo en cuenta que de las cuatro asignaturas que constituyen el primer grupo de aquella se halla V. matriculado en una solamente; considerando, igualmente, que la concesion de gracias de esta especie perturba el buen régimen académico de la Institucion, y atendiendo, por último á que de accederse á lo que desea tendria V. que precipitar sus estudios con perjuicio de su aprovechamiento en los mismos, que es lo que por la índole de su beca debe procurarse en primer término, en sesion del dia 20 del actual acordó desestimar la pretension que V. formula, y considerarle en el caso que determina el artº 17 del Reglamento.

Dios &ª (Fecho)

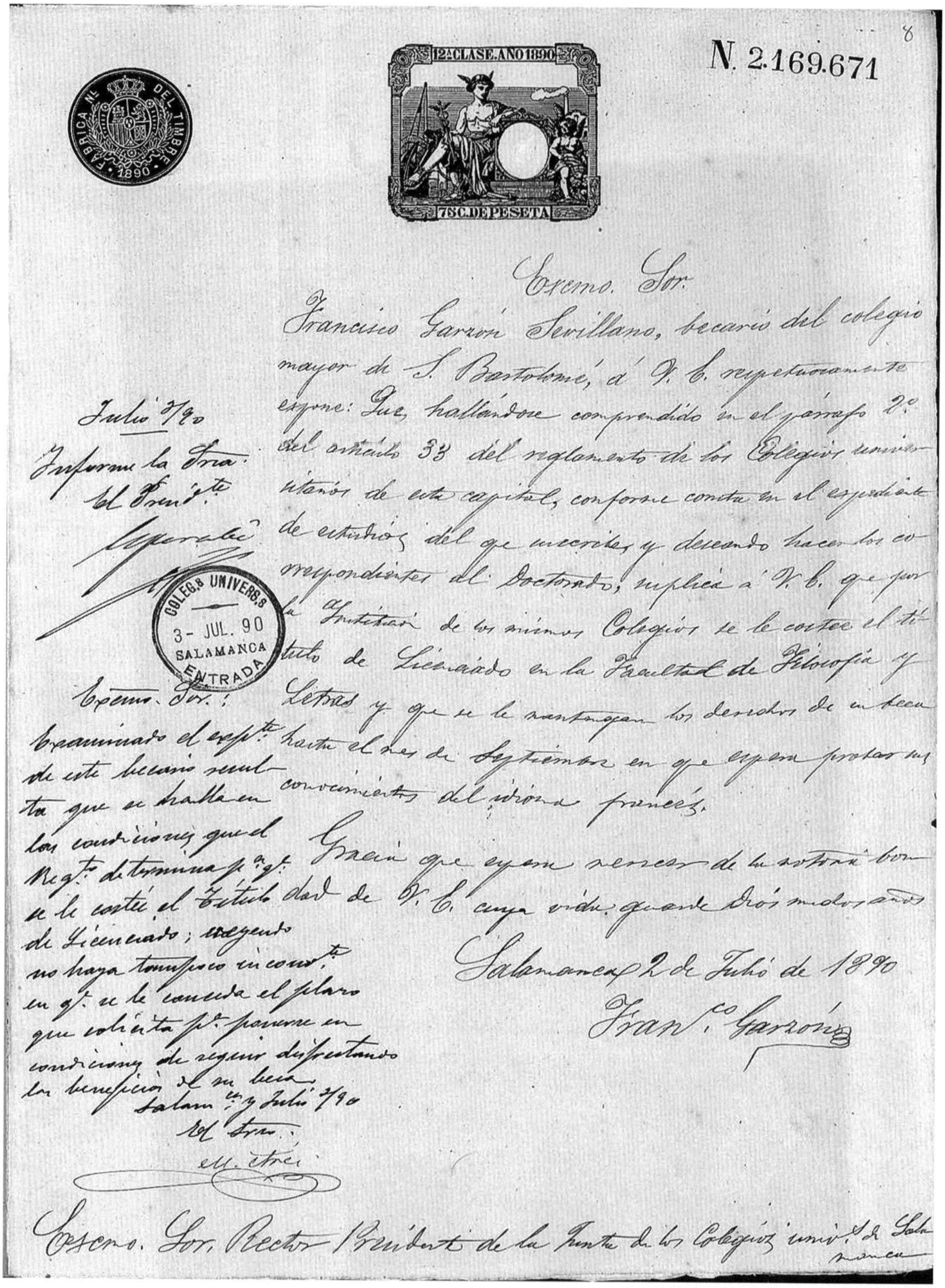

FABRICA Nl. DEL TIMBRE 1890

12a CLASE. AÑO 1890

75 C. DE PESETA

N. 2.169.671

8

Excmo. Sor.

Francisco Garzón Sevillano, becario del colegio mayor de S. Bartolomé, á V. E. respetuosamente expone: Que, hallándose comprendido en el párrafo 2º del artículo 33 del reglamento de los Colegios universitarios de esta capital, conforme consta en el expediente de estudios del que suscribe, y deseando hacer los correspondientes al Doctorado, suplica á V. E. que por la Intendencia de los mismos Colegios se le costee el título de Licenciado en la Facultad de Filosofía y Letras y que se le mantengan los derechos de su beca hasta el mes de Septiembre en que espera probar sus conocimientos del idioma francés.

Gracia que espera merecer de la notoria bondad de V. E. cuya vida guarde Dios muchos años.

Salamanca 2 de Julio de 1890

Franco. Garzón

Julio 2/90

Informe la Secría.

El Presidte.

[illegible]

COLEG.S UNIVERS.S 3 - JUL. 90 SALAMANCA ENTRADA

Excmo. Sor.: Examinado el expte. de este becario resulta que se halla en las condiciones que el Regto. determina p.a q. se le costee el título de Licenciado; siendo no haya inconvte. en q. se le conceda el plazo que solicita p.a ponerse en condiciones de seguir disfrutando los beneficios de su beca.

Salamca. 3 Julio /90

El Srio.

[illegible]

Excmo. Sor. Rector Presidente de la Junta de los Colegios univ.s de Salamanca

Acta de exámen de Lengua francesa

Sres.: Benito y Endara, Dorado y Montero, Onís y López.

En Salamanca, á veintisiete de Septiembre de mil ochocientos noventa; Reunidos los Señores que al margen se expresan para examinar de Lengua francesa al becario del Colegio Mayor de San Bartolomé, en la facultad de Filosofía y Letras, Don Francisco Garzon Sevillano, presentose al efecto este Señor; y verificado que fué el examen, resultó que tiene el conocimiento de dicho idioma que requiere el nº 2º del artº 22 del Reglamento general de la Institución de Colegios.
Y para los efectos consiguientes expedimos esta en Salamanca, fecha ut supra.

Lorenzo Benito   José Mª de Onís

Pedro Dorado

El examinando:
Franc.co Garzón

Negdo. fol. 27 - nº 491

N. 1.441.690

12

FABRICA NAL. DEL TIMBRE 1892

11a CLASE

AÑO 1892

UNA PESETA

COLEG.S UNIVERS.S 2 - DIC 92 SALAMANCA ENTRADA

Excmo. Sor.:

2 Dicbre. 92

Don Francisco Garzón Sevillano, becario del Colegio mayor de S. Bartolomé de Salamanca, con cédula personal de novena clase número mil cuatrocientos setenta y uno, á V. E. respetuosamente expone: Que hallándose comprendido en el párrafo cuarto del artículo treinta y tres del vigente reglamento general de los Colegios universitarios de esa ciudad, por haber obtenido la calificación de Sobresaliente en todas las asignaturas y ejercicios del Doctorado de Filosofía y Letras, verificados los exámenes de las primeras en los ordinarios y los ejercicios del grado dentro del mismo curso, conforme acredita la certificación oficial que acompaña; suplica á V. E. se digne ordenar que se le sufraguen por la Institución referida de los Colegios universitarios los gastos del título de Doctor en la facultad mencionada.

Gracia que espera merecer de la notoria bondad de V. E. cuya vida guarde Dios muchos años.

Madrid 27 de Noviembre de 1892

Franco. Garzón

Excmo. Sor. Rector de la Universidad de Salamanca Presidente de la Junta de los Colegios univs. de dicha Ciudad

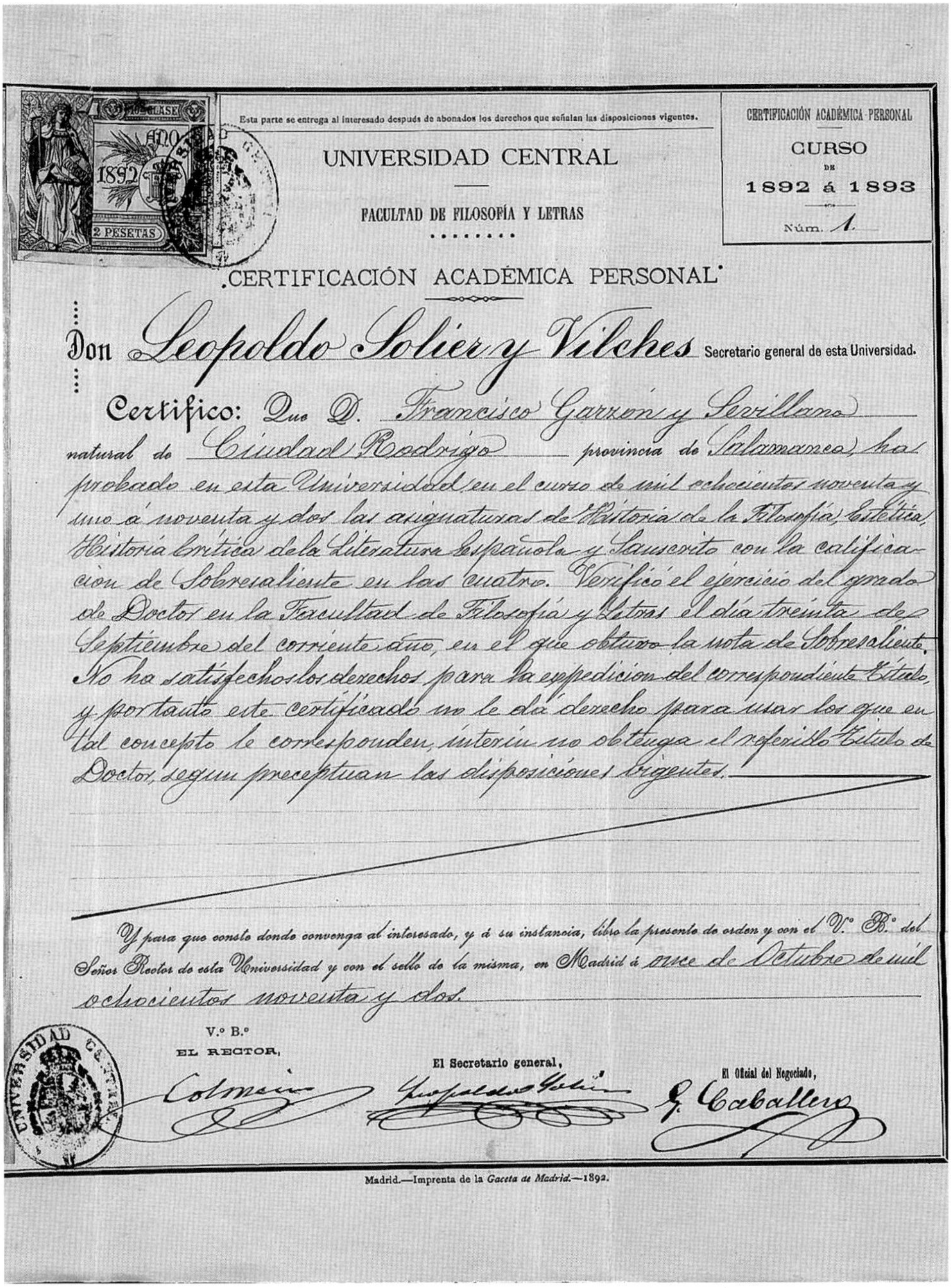

10ª CLASE — AÑO 1892 — 2 PESETAS

Esta parte se entrega al interesado después de abonados los derechos que señalan las disposiciones vigentes.

UNIVERSIDAD CENTRAL

FACULTAD DE FILOSOFÍA Y LETRAS

CERTIFICACIÓN ACADÉMICA PERSONAL
CURSO DE 1892 á 1893
Núm. 1.

CERTIFICACIÓN ACADÉMICA PERSONAL

Don Leopoldo Solier y Vilches Secretario general de esta Universidad.

Certifico: Que D. Francisco Garzón y Sevillano natural de Ciudad Rodrigo provincia de Salamanca, ha probado en esta Universidad en el curso de mil ochocientos noventa y uno á noventa y dos las asignaturas de Historia de la Filosofía, Estética, Historia Crítica de la Literatura Española y Sanscrito con la calificación de Sobresaliente en las cuatro. Verificó el ejercicio del grado de Doctor en la Facultad de Filosofía y Letras el día treinta de Septiembre del corriente año, en el que obtuvo la nota de Sobresaliente. No ha satisfecho los derechos para la expedición del correspondiente Título, y por tanto este certificado no le da derecho para usar los que en tal concepto le corresponden, interín no obtenga el referido Título de Doctor, según preceptúan las disposiciones vigentes.

Y para que conste donde convenga al interesado, y á su instancia, libro la presente de orden y con el V.º B.º del Señor Rector de esta Universidad y con el sello de la misma, en Madrid á once de Octubre de mil ochocientos noventa y dos.

V.º B.º
EL RECTOR,
Colmeiro

El Secretario general,
Leopoldo Solier

El Oficial del Negociado,
G. Caballero

Madrid.—Imprenta de la *Gaceta de Madrid*.—1892.

Documento 5. Primeras cuatro páginas de cada uno de los capítulos o epígrafes de las Notas de Francisco Garzón Sevillano (24 páginas).

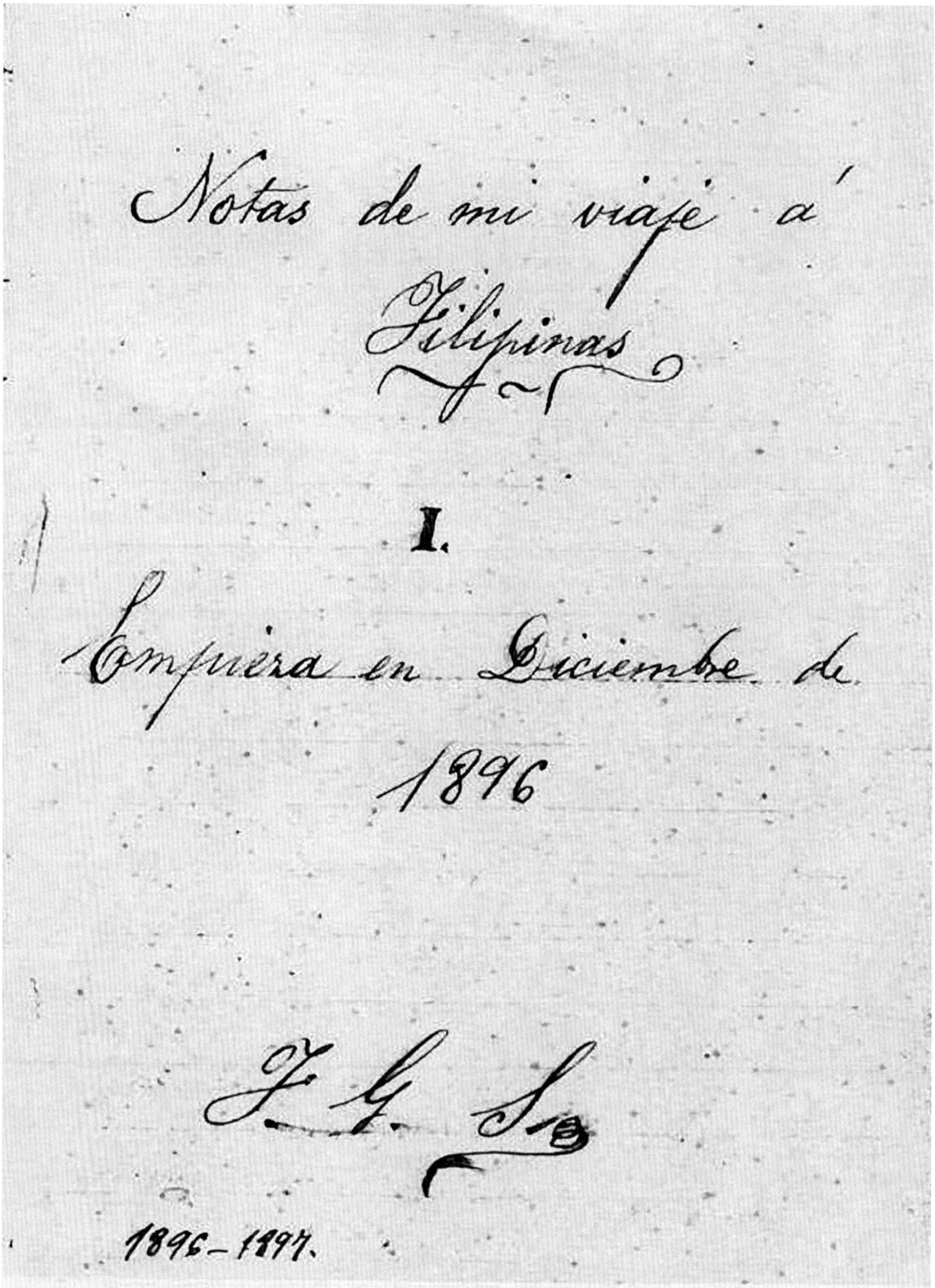
Notas de mi viaje á
Filipinas

I.

Empieza en Diciembre de
1896

F. G. S.

1896-1897.

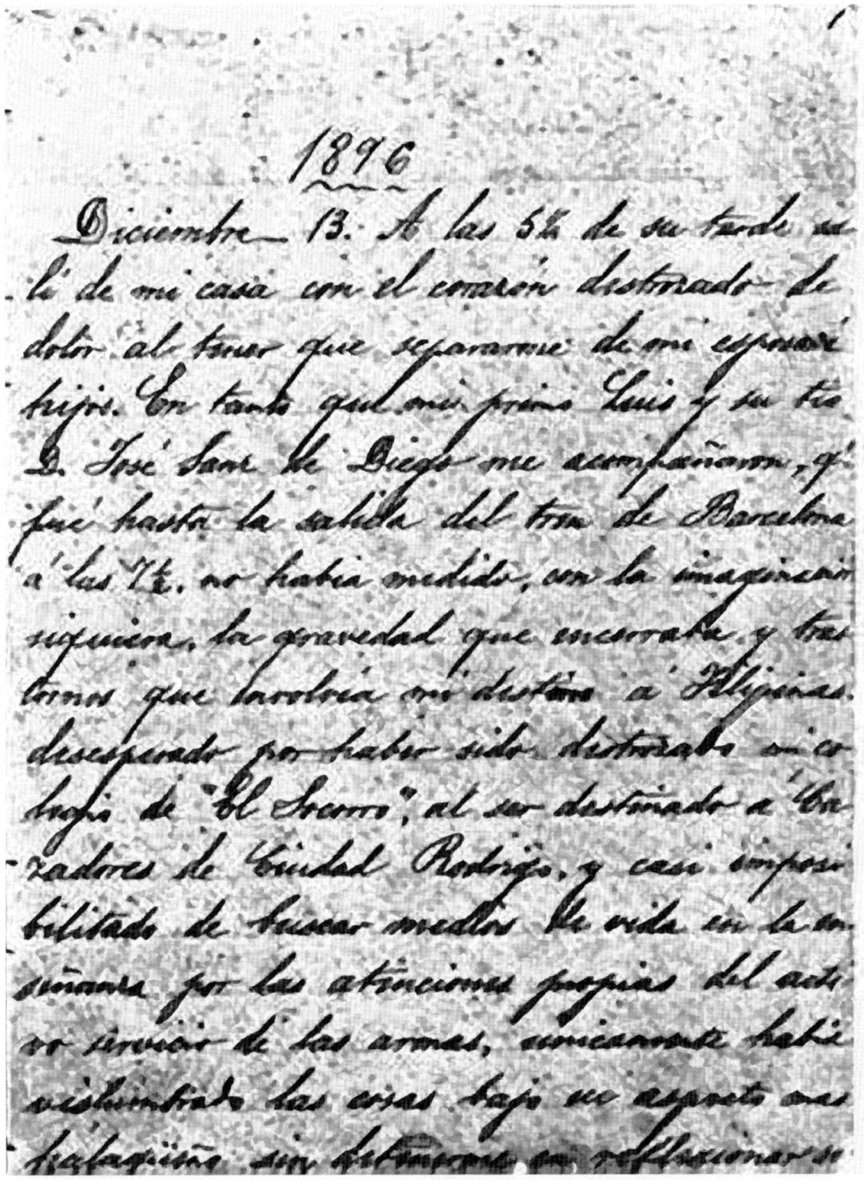

1876

Diciembre — 13. A las 5½ de la tarde salí de mi casa con el corazón destrozado de dolor al tener que separarme de mi esposa é hijos. En tanto que mi primo Luis y su tío D. José Sanz de Diego me acompañaron, q. fué hasta la salida del tren de Barcelona á las 7½, no había medido, con la imaginación siquiera, la gravedad que encerraba y trastornos que envolvía mi destino á Filipinas. desesperado por haber sido destrozado mi cobijo de "El Ferrol", al ser destinado á Cazadores de Ciudad Rodrigo, y casi imposibilitado de buscar medios de vida en la mañana por las atenciones propias del activo servicio de las armas, únicamente había vislumbrado las cosas bajo su aspecto más halagüeño sin detenerme en reflexionar sobre los puntos negros inherentes á toda empresa. A medida que el tren avanzaba y que el vendabal y la lluvia arreciaban furiosos, algo provechoso esperaba de las fatigas inherentes á la campaña, y si la muerte me sorprendía en el combate mi mujer é hijos podrían percibir la viudedad ú orfandad de comandante; además me había hecho la ilusión de que la guerra, sobre ser de escasa importancia, se terminaría en un plazo muy breve. Quiera Dios que estas ilusiones mías no se trunquen!

El frío de la noche me iba impresionando cada vez mas, y en Sigüenza tuve necesidad de apearme del tren para tomar una copa de vino que me calentara algo el estómago. Entre soñoliento y pensativo pasé el resto de la noche, que me pareció una de las mas crudas del mes de Diciembre.

14.- A las 6 de la mañana tomé café

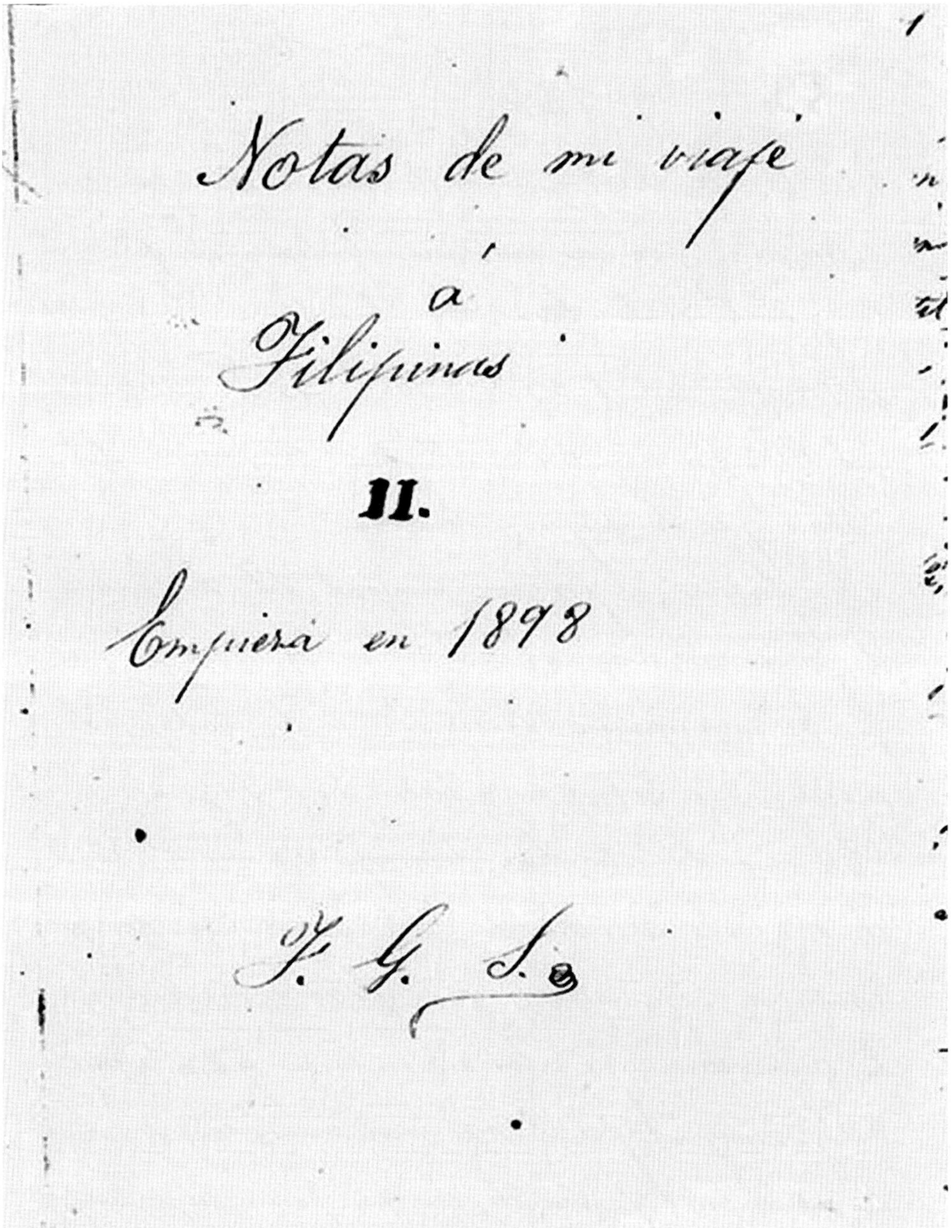

1

Notas de mi viaje

á

Filipinas

II.

Empieza en 1898

F. G. S.

Enero 1

1898

1 al 17. En S. Fernando de la Pampanga con instrucción por la mañana y lista de presente por la tarde, haciendo el servicio de cuartel alternando con el capitán de la 1ª D. Jenaro Caballero, por no haber allí mas compañías del Bon. que la suya y la mía.

Por fortuna, y por ser huésped del Sr. Castellá, dispongo de un mal cuarto con cama, en el que puedo consagrarme libremente á los trabajos de la compañía. Es donde mejor he dormido en Filipinas.

En uno de estos días, domingo por cierto, pasó el Tte. Corl. D. Miguel Primo de Rivera acompañando á Aguinaldo y principales cabecillas de la insurrección, que debian embarcar para Hong-Kong. Ningún oficial nos molestamos en ir á la estación del ferrocarril, en que pararon algún tiempo.

2 Enero del 98

18. A las 11 de la noche salimos de S. Fernando yendo en tren hasta Calumpit, donde muy mal

Enero del 98.

20. De madrugada salimos de Cabiao y continuamos la marcha hasta S. Isidro de Nueva Ecija, siendo alojada mi compañía en el barrio de Tolo, a 2 km. del pueblo. Aunque mal acondicionados los oficiales, pues ocupábamos un cuarto entre la tropa y para llegar al cual había que pasar por donde estaban los soldados, no fue el peor alojamiento que tuve, pues conseguí que el Tribunal me llevara un catre y un sillón.

Por la mañana, a las 12, y por la noche, a las 8, tenía que hacer el viaje a S. Isidro para comer en casa del Sr. Carretero, de cuyo menú no estábamos muy satisfechos los comensales. Nunca se veía otro postre que el plátano.

21 al 31. En idéntica situación y trabajos de campaña; en uno de estos días fui con el capitán Caballero a Gapan, pueblo próximo a mi destacamento de S. Nicolás. Algunos días llegaron columnas a dicho pueblo

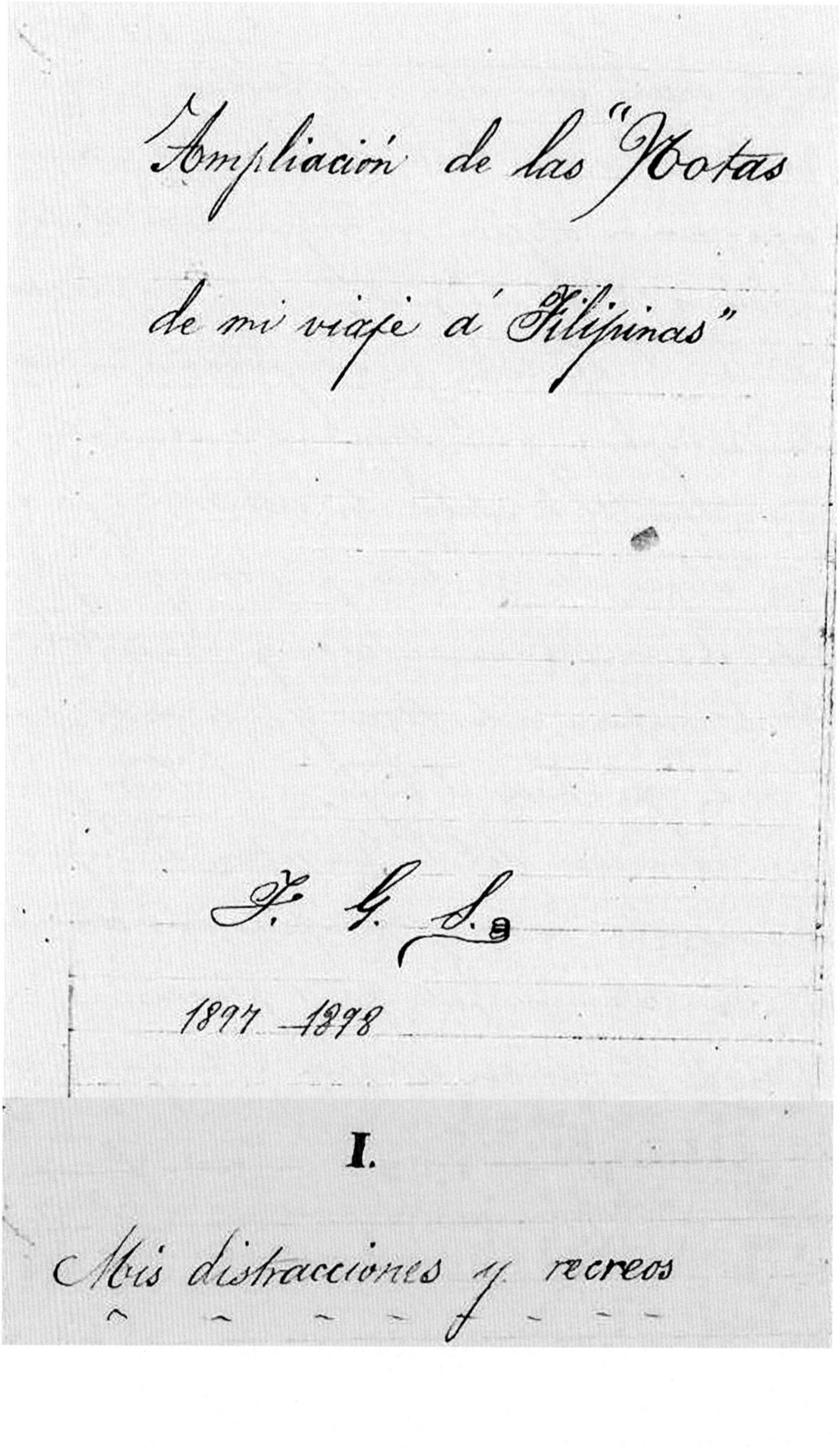

Ampliación de las "Notas de mi viaje á Filipinas"

J. G. S.

1897 – 1898

I.

Mis distracciones y recreos

2

y tenía que conformarme con las noticias contenidas en las cartas que me escribían mi mujer é hijos, algunas de las cuales ó no llegaban á mis manos, ó las recibía mucho después de lo debido. El placer y alegría que el alma experimenta al saborear, en estos lejanos y desagradecidos paises, unas cuantas líneas por las cuales se convence de que no hay novedad alguna en la familia son indescriptibles, y la inmensidad de ellos parece agrandarse cuando le dicen, ó se forja la ilusión, que todos aquellos que se llaman hijos suyos se mantienen ó procuran mantenerse dentro del cumplimiento de sus deberes. Ante dicho placer y alegría son efímeros cuantos aquí he podido disfrutar amargados, como es consiguiente, por la falta de solución á las preguntas: "¿Habrá novedad en casa?. ¿Qué harán los chiquitines y los mayores? ¿Ocasio-

3

narán disgustos á su madre?"

Veamos pues, cuales han sido mis distracciones y recreos. En Parañaque, unas veces al regresar

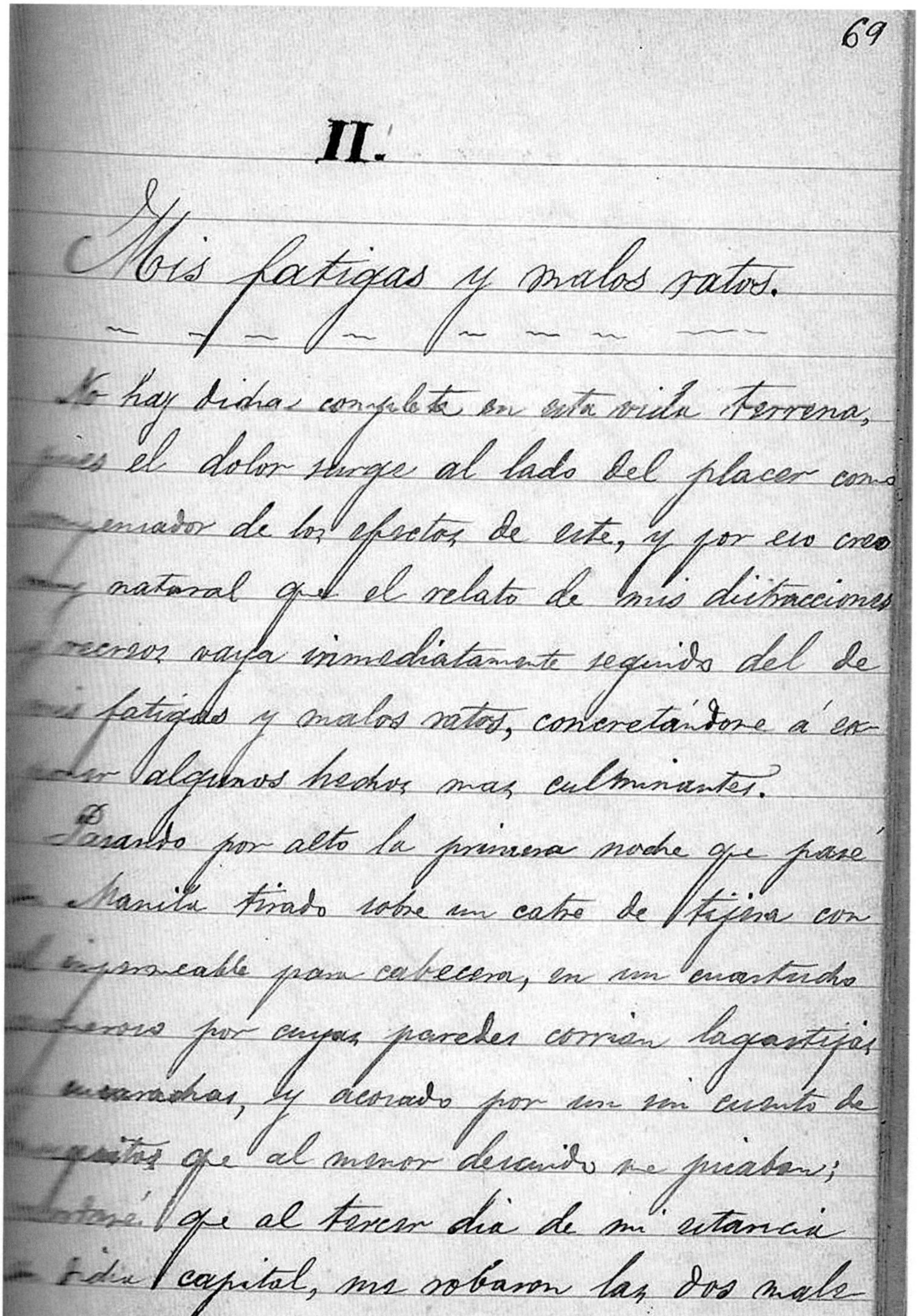

69

II.

Mis fatigas y malos ratos.

No hay dicha completa en esta vida terrena,
pues el dolor surge al lado del placer como
compensador de los efectos de este, y por eso creo
muy natural que el relato de mis distracciones
primeros vaya inmediatamente seguido del de
mis fatigas y malos ratos, concretándome á exponer algunos hechos mas culminantes.
Pasando por alto la primera noche que pasé en
Manila tirado sobre un catre de tijera con
un impermeable para cabecera, en un cuartucho
tenebroso por cuyas paredes corrían lagartijas
y cucarachas, y acosado por un sin cuento de
mosquitos que al menor descuido me picaban;
diré que al tercer día de mi estancia
en dicha capital, me robaron las dos male-

40

tas que traía de España con todos cuantos efectos
encerraban, quedándome únicamente lo puesto, el impermeable que estaba en la percha y unas seis ó
siete pesetas que llevaba en el bolsillo. El robo
había tenido lugar en la casa particular donde
yo me alojaba, los criados de ella eran indios y
al preguntarles por las maletas me decían que no
entendían: el dueño de la casa tenía visita y
yo no me resolvía á molestarle para saber si
aquellas habían sido trasladadas á otra habitación por disposición suya, y en tal estado
de incertidumbre pasé cerca de dos horas hasta
que dicho señor me dijo que él no había dispuesto cosa alguna respecto al particular. Como
de raza india se quedó tan tranquilo, y, sin preguntar cosa alguna á sus criados, se conformó con
decirme que á él nunca le habían robado; é
ni que yo solo, por calles desconocidas, preguntando á esta y á la otra pareja de guardias,

41

fuí hasta cerca de Sampaloc al cuartel de
la guardia veterana, á cuyos oficiales referí lo
que me pasaba. Uno de estos vino conmigo á mi
alojamiento, se enteró de la situación del cuarto
entrando que yo ocupaba y, desde luego, se convenció de que los ladrones eran gente de la casa; se
llevó tres criados y me dijo que volviera con él
por si resultaba algo, con lo cual entre doce y
una de la noche me dirigía á mi habitación
completamente desconsolado. La noche pasó en claro, á las cuatro de la mañana me levanté para ir
á la instrucción, terminada la cual marché
al cuartel de la veterana con objeto de informarme: nada se había podido sacar de aquella gente, y con esto perdí toda esperanza de
volver á encontrar mis maletas. La señora de
un Tte. de la veterana me hizo tomar chocolate
con ellos, y esto con dos copas de anís del mono,
que me obligaron á tomar la noche anterior, era

72

cuanto había yo tomado desde las 12½ del día anterior. Cada una de las dos comidas que hacía
en el restaurant de París me costaba cuatro pesetas, de modo que no tenía suficiente dinero p.
las de este día; sin embargo, hice la de mediodía y
pensaba pedir fondos a Casa para disponer de
ellos y atender á mis necesidades, pero Dios
me ayudó pues se dió orden para que los capitanes extrajéramos de caja dinero para las compañías, y mí Tte. Corl. me entregó 50 pesos que
le había dado para mí D. José Rodas.
Ya quedaba resuelta la crisis, aunque el
disgusto nadie podrá quitármelo de encima; y qué triste es, cuanto desalienta una
situación como por la que yo pasé; pero me
apenaba mas aun el no tropezar con un compañero que, por mero cumplido siquiera, me
ofreciera dos céntimos. Desengaños de la
vida se llaman estas cosas.

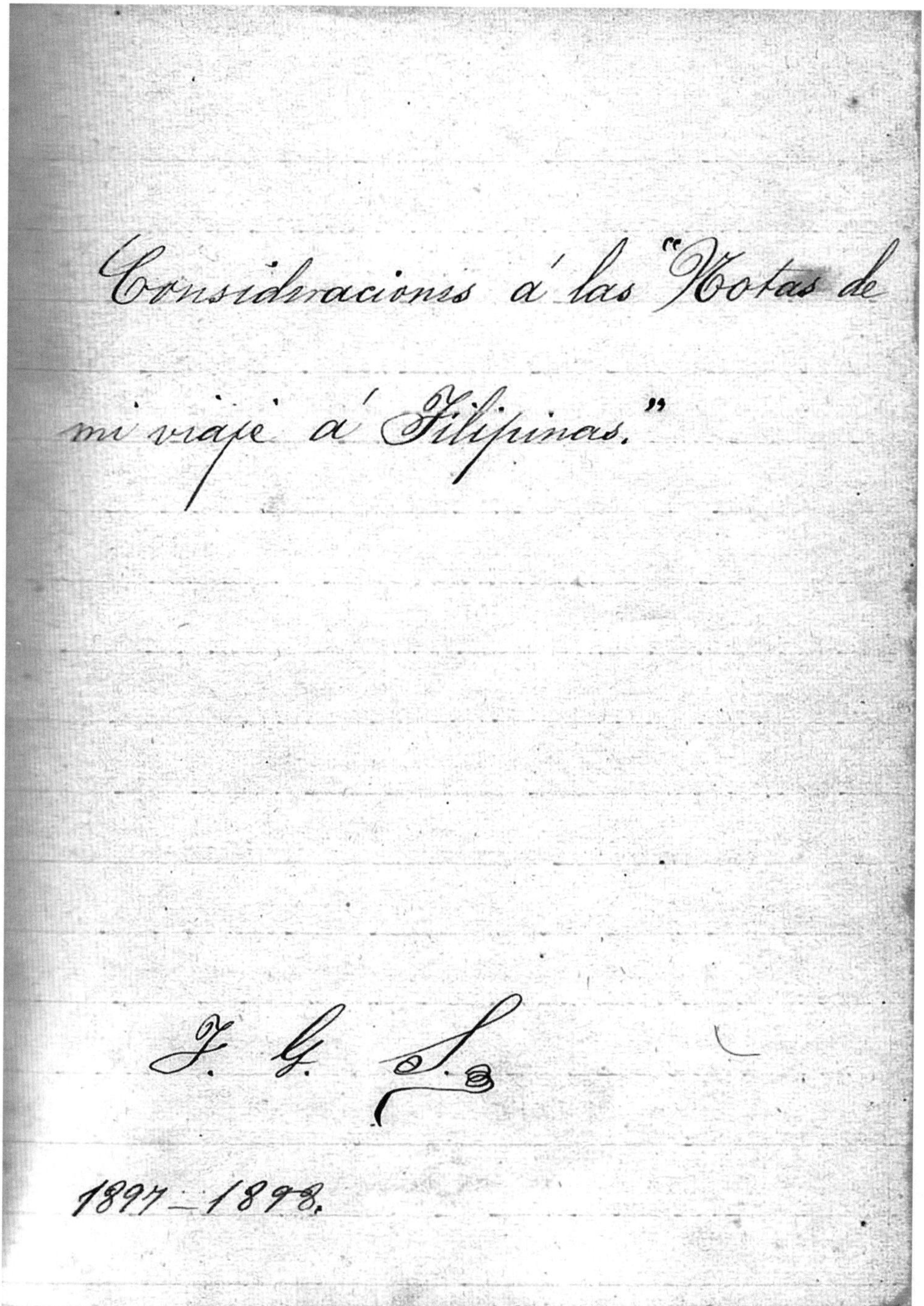

Consideraciones á las "Notas de mi viaje á Filipinas."

J. G. S.

1897-1898.

1

I.

El Batallón Cazadores Expedicionario N.º 11.

Este Bon., tanto por su oficialidad cuanto por el lucido personal de tropa que lo formaba, estaba llamado á figurar en primera línea y á que sus trabajos y fatigas de campaña obtuvieran el merecido premio. Efectivamente, su primer jefe D. Enr.º Sánchez Salcedo acababa de cesar como ayudante de campo del Cap.ª Gral. de Cataluña, Sr. Despujols, había sido profesor de la Academia gral. cuando la dirigía el general Galvis, á cuya brigada quedó afecto el Bon., y tenía buenas relaciones en Filipinas donde había pasado algunos años siendo capitán; el capitán ayudante, D. Juan Calero,

2

dejaba de ser profesor de la Acad.ª de Infantería, contaba con poderosos amigos y venía á probar fortuna con objeto de tener valor acreditado; el 1º

3

llanos, era lucidísimo, venía ansioso de medir sus armas con los insurrectos y de regresar pronto á España, cuyo segundo extremo no podía abarcar sin terminar con la insurrección; los cornetas, cabos y
sargentos adolecían de falta de instrucción, como
que en su mayoría eran clases improvisadas para Filipinas, pero esa falta de instrucción podía haberse remediado bastante durante el viaje, si
el Ten.te Cor.l no hubiera ido tan pesado con las
constantes reuniones de capitanes, y dicha falta
desapareció ante los buenos deseos y constante
trabajo de los oficiales.
El comandante mayor D. Fran.co Abot, el de armas D. Primo González que ya había estado en
este país, el capitán cajero D. Pedro Población
coincidente en venir á Filipinas, el de la 1.ª D.
Genaro Caballero, el de la 2.ª D. Fran.co Martín

37

II.

Comparación entre mis fatigas y recompensas.

Asunto es de suyo delicadísimo y difícil de tratarlo yo con la imparcialidad debida, porque el amor propio nos lleva mas allá de lo regular y, cegando nuestra inteligencia, nos ofrece como bueno, grandioso y extraordinario aquello que nos halaga y seduce. Me propongo abordar el problema de solución mas intrincada, ó acaso insoluble á juzgar por aquel lema tan en boga para la culta Grecia: "Conócete á tí mismo"; y en verdad que al conocimiento de nuestra propia personalidad, á la justa apreciación de nuestros méritos ó deméritos, á formar juicio exacto de nosotros mismos creo firmemente que es imposible llegar, por mucha sangre fría que domine en nuestros

38

raciocinios y por habituados que estamos á juzgar de otros.

Sin embargo, huyendo de los extremos á que inconscientemente suelen arrastrar una desmedida soberbia ó una excesiva humildad, quiero hacer que mi pensamiento se refleje, lo mas fielmente posible, en estas frases mal coordinadas, que á continuación expongo.

¿Mis servicios y fatigas de campaña hallan justa compensación en las recompensas que por ellos se me han concedido? Examinada la cuestión en absoluto, puedo afirmar desde luego que he sido suficientemente recompensado; pero mirada aquella en relación á las otorgadas á otros muchísimos, es innegable que me se debe bastante para aproximarnos á lo justo.

Cuando reflexiono sobre las innumerables noches en que, frente al enemigo, no me he acostado

39

por vigilar el servicio y enterarme de lo que aquel
proyectaba; cuando recuerdo las que he pasado soño-
lintó tendido sobre un petate en el piso de algún
destartalado bahay, ó sobre un mal lancape de que-
a caña, ó sentado en algún sillón mal acondicionado, ya que no sobre un poco de hierba húmeda; cuando tiendo la vista sobre los caminos que he atravesado bajo la influencia de un sol abrasador, pasando
hambre y sed ya por descuido del asistente, ya por
falta de tiempo para proveerse de alimentos; cuando pienso en los muchos aguaceros que, sorprendiéndonos en despoblado, me han ablandado desde la
cabeza á los pies, y en las varias veces en que,
con el agua hasta la cintura y aun hasta el
pecho, me he visto obligado á cruzar arroyos
y ríos; cuando vislumbro los empinadísimos cerros
de Lumban, de Paete, de Cavinte, de Lian, de Valez,
de Dargader, de Bayabas y de Anabó que con

40

suma dificultad he tenido que escalar; cuando me parece estar atravesando, unas veces á pie y otras á caballo, fangales inmensos, barrancos casi cortados á pico cuya bajada es tanto ó mas penosa q. la subida, pues mas que pasos para personas lo son para ciervos y cerdos del campo; y cuando creo estar oyendo el silbido de los proyectiles que, lanzados por el enemigo, han pasado muy próximos á mi, sin que por la misericordia de Dios ninguno haya llegado á tocarme el pelo de la ropa; no puedo menos de decir: "todo esto es inherente á la carrera de las armas; por todas estas fatigas nos paga el Estado, que á los oficiales de Ultramar nos da un sueldo que es el doble mas la mitad del que percibimos en España. ¿Como recompensa al soldado que es el que mas sufre en las citadas circunstancias?... Luego, con cruces sencillas basta para estimu-

DOCUMENTO 6. Cabecera y recorte de la página 4 del diario *El bien público* de Mahón, n.º 7.720, de 16 de diciembre de 1898, donde se describe el desembarque de repatriados de Filipinas en el vapor Buenos Aires el 8 de diciembre de ese año.

EL BIEN PÚBLICO

Oficinas. Bastion, 39 — Mahon, Viérnes, 16 de Diciembre de 1898 — Año XXVII. Núm. 7.739

4 — EL BIEN PÚBLICO

BARCELONA 10

Los repatriados del "Buenos Aires"

Por mucho que se diga, resulta pálido al presenciar la realidad. El desembarque de los enfermos y heridos llegados anteayer de Filipinas á bordo del vapor «Buenos Aires» fué una de las notas más tristes que se han registrado en Barcelona y que arrancó á muchas personas lágrimas de indignacion y amargura. De las expediciones llegadas hasta ahora á Barcelona la de ayer fué la en que venian los repatriados en peor estado. A medida que se desembarcaban los enfermos de los vaporcillos «golondrinas» eran colocados en camillas y trasladados al pabellon de la Cruz Roja, en donde gran número de asociados les atendian dándoles tazas de caldo y vino generoso ofrecido por el Hotel de Inglaterra. El Beneficiado de San Agustin reverendo don Felipe Pesas administró á varios moribundos el sacramento de la Extremauncion, alentándoles con frases cariñosas. El Capitan general y varios jefes visitaban á todos los enfermos, prodigándoles tambien sentidas palabras de consuelo. Las exclamaciones de los infelices repatriados llegaban al alma de los presentes. Algunos al llegar al Hospital militar eran ya cadáveres De á bordo fueron trasladados en camillas otros siete.

Cuando desembarcaron los *sanos*, que no parecen otra cosa que calaveras en movimiento, separóse de las filas un jóven imberbe, demacrado, con una pierna solamente y, como es natural, con muletas. Paseó su mirada por un grupo de mujeres que estaba cerca del embarcadero, y ¡cuál seria su sorpresa al divisar á su propia madre!

—¡Madre mia!—exclamó derramando copioso llanto.

Adelantóse enseguida la pobre mujer, y extrañada y estupefacta, miró al que le dirigia tan cariñosa palabra, y despues de vacilar unos momentos reconoció á su hijo, en cuyos brazos cayó sin sentido. ¡Tanta fué la emocion y pena que causó en su alma ver á su hijo mutilado y con tan desencajado semblante! La pobre mujer tuvo que ser trasladada al pabellon y auxiliada convenientemente. Dicha escena fué en extremo conmovedora.

Desembarcaron tambien varios soldados convalecientes, y la gente que les rodeaba le[illegible] muchas preguntas sobre los padecimientos que pasaban. En coro contestaban todos que lo que más les habia perjudicado fué el hambre.

Tambien llamó la atencion del público un caballero de Manila que sirvió á la patria durante treinta años. Al contar los horrores perpetrados por los tagalos, manifestó de qué manera eran juzgadas en el Archipiélago las torpezas del Gobierno. Se dolia de la indiferencia que manifestaba el pais al recibir á los heridos, cuyo proceder contrastaba con el de la colonia española en Filipinas, que habia dado pruebas de patriotismo y caridad. De una sola «Golondrina» desembarcaron 70 heridos, cuyo conjunto producia verdadera pena. Unos venian sin pierna, otros sin brazos, uno con sólo una mano, algunos sin piés... en muletas, en brazos, apoyados en una caña. La procesion de mutilados era dolorosísima.

Los comentarios que se hacian eran por demás gráficos y justos.

—Hé aquí la obra del Gobierno.—dijo un caballero con acento de coraje

—¿Por qué no viene Sagasta á presenciar el desfile?—exclamaban otros

—Y asi por el estilo se condenaba la política de imprevision que ha ocasionado tantos desastres. De los enfermos

nado tantos desastres. De los enfermos

fueron trasladados al depósito de Ultramar, en los cuarteles nuevos, 406. Al hospital militar, 111. Al hospital provisional, instalado en los cuarteles de Alfonso XIII, en Hostafranchs, 100, y al Sanatorio de la Cruz Roja, 110. De los embarcados, á 8 debieron administrarles inyecciones de morfina en el entoldado de la Cruz Roja. A otros cinco se les administró la Extremauncion en el mismo local. Uno falleció al servirsele nna taza de caldo.

Otro de los enfermos, al pasar junto á él el Capitan general, se levantó trabajosamente y dijo, quitándose el cigarrillo de la boca: «¡Hola, general!»

Otro, al ser depositado en tierra la camilla en que era conducido, separó la manta que le cubria y con desfallecida voz gritó: «¡Viva Barcelona! ¡Viva el Ejército!» Y como si al dar estos gritos hubiera agotado toda su energia, cayó desplomado. Varios de ellos fumaban, y causaba penosa impresion verles con el cigarrillo entre los lábios chupando con fruicion como si de ello dependiera su salud. No todos eran jóvenes, pues veinte ó treinta usaban luenga barba y pelo canoso.

El desembarque duró hasta las dos y media de la tarde.

DOCUMENTO 7. Cabecera y recorte de la página 2 del diario *El Clarín. Semanario mirobrigense*, n.º 68, de 18 de diciembre de 1898, donde se publica la muerte del capitán Garzón Sevillano.

DEPOSITO LEGAL

AÑO II — Ciudad-Rodrigo 18 de Diciembre de 1898 — NÚM. 68.

EL CLARIN.

SEMANARIO MIROBRIGENSE.

PRECIOS DE SUSCRIPCIÓN.

Trimestre: En Ciudad-Rodrigo, 75 céntimos de peseta.—Fuera de la población, 1 peseta.—Todos los pagos son adelantados.

DIRECTOR, ADMINISTRADOR Y PROPIETARIO PEDRO HERNANDEZ MORO. CIUDAD-RODRIGO.

SE PUBLICA LOS DOMINGOS.

Anuncios y comunicados á precios convencionales.—No se devuelven los originales.

Sección de Noticias.

El dia 13 del actual, falleció en el Hospital militar de Barcelona, nuestro querido amigo é ilustre paisano el bizarro capitán de infantería D. Francisco Garzón Sevillano, que procedente de Filipinas, donde luchó con heroismo por el pátrio honor, arribó, gravemente enfermo á las playas españolas en el vapor «Buenos Aires.»

Ciudad-Rodrigo ha perdido uno de sus más preclaros hijos; el ejército español uno de sus más ilustrados capitanes; la Pátria un bravo defensor; su esposa un buen compañero; sus hijos un amantísimo padre, y nosotros un cariñoso y fiel amigo, á cuya memoria derramamos abrasadoras lágrimas de dolor, á la par que lamentamos no haber tenido el consuelo de estrechar contra nuestro corazón aquel noble y generoso pecho, que abrasó durante toda su vida la ardiente fiebre del saber, bajo la guerrera del pundonoroso militar envuelto en el rico manto de la más sencilla modestia.

A esta noble Ciudad que fué su cuna, al ejército, á la Pátria, á su esposa é hijos, y á toda la familia del mártir del deber, enviamos nuestro sentido pésame, y á ellos nos unimos para elevar al Cielo fervientes plegarias, por el eterno descanso del alma del que nos honró con su amistad, nos ilustró con su ciencia y nos cautivó con su modestia ejemplar.

6. FUENTES Y BIBLIOGRAFÍA CONSULTADA

6.1. Fuentes

- Archivo Diocesano de Ciudad Rodrigo, libro 6/1 de la parroquia de San Andrés de Ciudad Rodrigo, folios 24 vuelto y 25. *Partida de bautismo de Francisco Garzón Sevillano.*
- Manuscrito inédito de Francisco Garzón Sevillano *Notas de mi viaje a Filipinas. (1896-1898).*
- Archivo de la Universidad de Salamanca. Fondo Histórico. Caja n.º 4097/9, *Expediente de Garzón Sevillano, Francisco,* natural de Ciudad Rodrigo (Salamanca), (29 de septiembre de 1880 / 12 de febrero de 1891).
- Archivo de la Universidad de Salamanca. Fondo Colegios Universitarios de Salamanca, Caja n.º 10008/23, *Expediente de Garzón Sevillano, Francisco.*
- Archivo Histórico Nacional (AHN), Código de referencia: ES.28079.AHN//UNIVERSIDADES,6553, EXP. 6. Expediente personal de Francisco Garzón Sevillano.
- Archivo General Militar de Segovia. Sección 1.ª: Legajo G-2059, *Expediente personal de Garzón Sevillano, Francisco.*

6.2. Bibliografía

- Buzeta, Manuel y Bravo, Felipe (misioneros agustinos): *Diccionario geográfico-estadístico-histórico de las Islas Filipinas,* Madrid 1851.
- Castillo y Jiménez, José M. del: *El Katipunan o El filibusterismo en Filipinas*, Crónica ilustrada con documentos, autógrafos y fotograbados, Madrid 1897.
- Díaz Arenas, Rafael: *Memorias Históricas y Estadísticas de Filipinas, particularmente de la grande isla de Luzón,* Manila 1830.
- Flecha García, Consuelo: *Las primeras universitarias en España, 1872-1910.* Madrid 1996. p. 178.
- Guerrero, Rafael:, *Crónica de la guerra de Cuba y de la rebelón de Filipinas (1895-96-97)*, Barcelona 1897.
- Jagoe, Catherine, Blanco, Alda y Enríquez de Salamanca, Cristina: *La mujer en los discursos de género: textos y contextos en el siglo XIX*. Barcelona 1998. p. 126.

- Lozano Guirao, Pilar: *Filipinas durante el mandato del General Camilo García de Polavieja. Anales de la Universidad de Murcia.* Letras, vol. 41. Murcia 1983.
- Monteverde y Sedaño, Federico de: *La Campaña de Filipinas - La División Lachambre.* Madrid 1898.
- Moreno, Rafael: *Manual del cabeza de barangay en castellano y tagalog,* Manila 1874.
- Primo de Rivera, Fernando: *Memoria dirigida al Senado por el capitán general D. Fernando Primo de Rivera acerca de su gestión en Filipinas,* Madrid 1898.
- Ramón y Cajal, Santiago: *El mundo visto a los ochenta años,* Madrid 1939.
- Rovira Murillo, José Enrique: *1898 La pérdida de las Islas Filipinas,* Madrid 2016.
- Sotto y Abbach, Serafín María de: *Historia orgánica de las armas de infantería y caballería,* tomo XIV, Madrid (1851-1854).
- Toral, Juan José: *El sitio de Manila 1898, Memorias de un voluntario (1898).* Manila 1898.

6.3. Artículos en revistas de historia y derecho

- Adán García, Ángel Manuel: *La pérdida de las Islas Filipinas y la Micronesia española Guerra Hispano Americana 1898,* Revista de la Real Academia de Cultura Valenciana, Valencia 2015.
- Asúnsolo García, José Luis: *La Compañía Trasatlántica Española en las Guerras Coloniales del 98.* Mililitaria, Revista de cultura militar. Número 13, Madrid 1999.
- Celdrán Ruano, Julia: *La administración municipal de Filipinas en el último tercio del siglo xix: Reformismo versus Autonomismo.* Revista Anales de Derecho. Universidad de Murcia. Número 25, 2007.
- Elizalde Pérez-Grueso, María Dolores: *Filipinas en las cortes de Cádiz,* Revista Historia y Política, Centro de Estudios Políticos y Constitucionales, Número 30, julio/diciembre 2013.
- Flores Thies, Jesús: *Los repatriados de Filipinas,* Militaria Revista de Cultura Militar, número 13, año 1999.
- Puell de la Villa, Fernando: *Guerra en Cuba y Filipinas- combates terrestres,* Revista Universitaria de Historia Militar, vol. 2, n.º 3, 2013.
- Togores Sánchez, Luis Eugenio: *La revuelta tagala de 1896/97. Primo de Rivera y los acuerdos de Biac-na-Bató,* Revista Española del Pacífico, n.º. 6, año 1996.

6.4. Prensa diaria y otras publicaciones periódicas

- Gaceta de Madrid, del día 13 de octubre de 1843.
- El gobierno, diario político de la tarde, de 5 de enero de 1874.
- El constitucional, diario liberal, de 6 de enero de 1874.

- Crónica meridional, diario liberal independiente y de intereses generales, de 08 de enero de 1874.
- Gaceta de instrucción pública, del día 5 de marzo de 1891.
- El fomento, diario de Salamanca, 12 de marzo, Año 1891.
- Gaceta de Madrid, del día 29 octubre 1891.
- El reservista, publicación periódica, 17 de julio de 1893.
- Gaceta de instrucción pública, del día 5 de agosto de 1894.
- Gaceta de Madrid, de 28 de marzo de 1895.
- Diario oficial del ministerio de la guerra, de diciembre de 1896.
- Colección legislativa del ejército. Ministerio de la guerra. Madrid 1 8 9 6.
- La ilustracion española y americana. Revista de bellas artes, literatura y actualidades, Año XXXIX, n.º 9 de 8 de marzo de 1895.
- La ilustracion española y americana. Revista de bellas artes, literatura y actualidades, Año XL, n.º 48. Madrid, 30 de diciembre de 1896.
- El siglo futuro, del lunes 11 de abril de 1898
- Gaceta de Madrid, de 16 octubre 1898.
- El Clarín. Semanario mirobrigense, de 18 de diciembre de 1898.
- El bien público. Diario de Mahón, de 9 de diciembre de 1898, y de 16 de diciembre de 1898.
- Revista de historia y genealogía española. Segunda época. Año III. septiembre-octubre, n.º 17. 1929.
- Hidalguía. Revista de genealogía, nobleza y armas, números 310-311 mayo-agosto, Madrid 2005.

ÍNDICE DE IMÁGENES